民國滬上初版書·復制版

中國鹽政史

曾仰丰 著

上海三聯書店

图书在版编目(CIP)数据

中国盐政史 / 曾仰丰著. ——上海:上海三联书店,2014.3
(民国沪上初版书·复制版)
ISBN 978-7-5426-4639-2
Ⅰ.①中… Ⅱ.①曾… Ⅲ.①盐业史—研究—中国 Ⅳ.①F426.82
中国版本图书馆 CIP 数据核字(2014)第 035540 号

中国盐政史
著　　者 / 曾仰丰
责任编辑 / 陈启甸 王倩怡
封面设计 / 清风
策　　划 / 赵炬
执　　行 / 取映文化
加工整理 / 嘎拉 江岩 牵牛 莉娜
监　　制 / 吴昊
责任校对 / 笑然
出版发行 / 上海三联书店
(201199)中国上海市闵行区都市路 4855 号 2 座 10 楼
网　　址 / http://www.sjpc1932.com
邮购电话 / 021-24175971
印刷装订 / 常熟市人民印刷厂

版　　次 / 2014 年 3 月第 1 版
印　　次 / 2014 年 3 月第 1 次印刷
开　　本 / 650×900　1/16
字　　数 / 240 千字
印　　张 / 19.5
书　　号 / ISBN 978-7-5426-4639-2/F·669
定　　价 / 98.00 元

民国沪上初版书·复制版

出版人的话

如今的沪上，也只有上海三联书店还会使人联想起民国时期的沪上出版。因为那时活跃在沪上的新知书店、生活书店和读书出版社，以至后来结合成为的三联书店，始终是中国进步出版的代表。我们有责任将那时沪上的出版做些梳理，使曾经推动和影响了那个时代中国文化的书籍拂尘再现。出版“民国沪上初版书·复制版”，便是其中的实践。

民国的“初版书”或称“初版本”，体现了民国时期中国新文化的兴起与前行的创作倾向，表现了出版者选题的与时俱进。

民国的某一时段出现了春秋战国以后的又一次百家争鸣的盛况，这使得社会的各种思想、思潮、主义、主张、学科、学术等等得以充分地著书立说并传播。那时的许多初版书是中国现代学科和学术的开山之作，乃至今天仍是中国学科和学术发展的基本命题。重温那一时期的初版书，对应现时相关的研究与探讨，真是会有许多联想和启示。再现初版书的意义在于温故而知新。

初版之后的重版、再版、修订版等等，尽管会使作品的内容及形式趋于完善，但却不是原创的初始形态，再受到社会变动施加的某些影响，多少会有别于最初的表达。这也是选定初版书的原因。

民国版的图书大多为纸皮书，精装（洋装）书不多，而且初版的印量不大，一般在两三千册之间，加之那时印制技术和纸张条件的局限，几十年过来，得以留存下来的有不少成为了善本甚或孤本，能保存完好无损的就更稀缺了。因而在编制这套书时，只能依据辗转找到的初版书复制，尽可能保持初版时的面貌。对于原书的破损和字迹不清之处，尽可能加以技术修复，使之达到不影响阅读的效果。还需说明的是，复制出版的效果，必然会受所用底本的情形所限，不易达到现今书籍制作的某些水准。

民国时期初版的各种图书大约十余万种，并且以沪上最为集中。文化的创作与出版是一个不断筛选、淘汰、积累的过程，我们将尽力使那时初版的精品佳作得以重现。

我们将严格依照《著作权法》的规则，妥善处理出版的相关事务。

感谢上海图书馆和版本收藏者提供了珍贵的版本文献，使“民国沪上初版书·复制版”得以与公众见面。

相信民国初版书的复制出版，不仅可以满足社会阅读与研究的需要，还可以使民国初版书的内容与形态得以更持久地留存。

2014 年 1 月 1 日

中國鹽政史

曾仰豐著

中華民國二十五年十二月初版

序

昔史遷傳貨殖，述及食鹽之運銷，孟堅志地理，備敘重要之產區，論古者已推為鹽史之鼻祖，要屬於一時一事之記載。厥後杜君卿之通典，馬貴與之通考，撮取鹽事，敘列於篇，而歷史食貨之志列朝會要之作，皆於鹽法有所纂錄，雖歷代沿革，可資考證，然依類分載，非專書也。明弘治時，創編蘆東淮浙等區鹽法志，清時續有增補，民國復事編纂，固專屬於鹽務，但區自為書，且以一代為斷；其他私家撰述鹽事者，亦復著作如林，然大都依年記事，分代論列，欲求上自往古，下迄近今，就鹽政之重要變遷，以事為綱，具有系統之記載者，初無聞焉。今春商務印書館就商於余，屬編一鹽史，須便於學子之研討者，余自慚學譾，曷敢操觚，第以鹽為人人日用所必需，一舉箸間，實為財政命脈所係，國家存亡所關，矧以新法行將實行，政府方力謀整理，用不揣固陋，將古人所行之鹽事，略分系統，拉雜書此以獻，聊供關心鹽務者減省檢討之勞而已，是為序。

例言

一、爲便於學者參考起見，是書分爲鹽制、鹽產、鹽官、鹽禁、四篇，至於民國以來鹽務之改革，以及鹽務之最近統計，則列於附篇，以資參考。

一、是書取材於各史食貨、職官、地理、各志，通典、通考、通志、各書，各鹽法志及左君樹珍之鹽務講議，鹽務總所及鹽務署印行之鹽務實錄、鹽務年鑑，丁恩改革鹽務報告書暨鹽務檔案文書等。

一、是書以記事爲主，其有須加說明者，亦偶及之，以期明晰。

一、是書事實，截至二十五年八月爲止。

一、是書擔任分篇編集者，鹽制爲葉君屏侯郭君民源，鹽產陳君季梓，鹽官左君習勤，鹽禁史君渭漁，特此鳴謝。

一、是篇倉卒成書，難免誤漏，尚祈讀者匡正。

目錄

中國鹽政史

第一章　鹽制

中國鹽制，代有變更。而一代之中，或因時而屢易，或因地而各殊，紛紜複雜，誠不勝其枚舉；然歸納言之，要不外無稅、徵稅、專賣三種制度。無稅制，謂鹽爲人生日用所必需，對於吾人身體上之健康，至有關係，且無他物可以代替，非惟不宜專賣，且不宜徵稅，應聽人民之自取自給；行此制者，爲三代以前及隋代唐初是也。徵稅制，謂鹽雖爲人人日用不可缺，然所需之量甚微，其負擔之加諸民者雖創痛而非深鉅，其徵收時視他稅爲簡易，而所入至豐，宜榷之以爲軍國之用。大率在產地徵收，國家徵稅以後，任民自由販運買賣，不加限制。行此制者，若夏、商、周三代秦及漢初與東漢六朝是也。專賣制，謂鹽爲大企業，不宜由商擅其利，居間剝削，應收歸國有，以國有營業代租稅，既可免資本家之專利，又可輕人民之負擔，且以增國庫之收入。其制亦可分爲五種。一曰一部分官專賣，亦卽狹義專賣。以民製爲主，官製爲輔，凡民製之鹽，須由政府盡數收買，由官運銷。若春秋時管子之法是也。一曰全部官專賣，卽廣義專賣，凡產製運銷，皆收歸政府，完全爲國有營業。若西漢武帝時之制是也。一曰就場官專賣，亦可稱爲間接專賣。產製歸民，由政府收買，轉賣於商，歸其運銷。若唐代劉晏有宋中葉及金元與明萬歷以前之法是也。一曰官商並賣，亦可稱爲混合專賣。將行鹽地方，劃分爲二，一由官運官銷，一歸商運商銷，各有經界，不相侵越，如五代宋初及遼、金元之法是也。一曰商專賣，亦可稱爲兩重專賣，卽政府將收買運銷之權，授之專商，而居間課其稅。如明末及淸代之制是也。民國鹽制，雖未明定。考其二十年來，對於整理場產，開放引岸，整齊稅率諸端，均次第進行，似採取徵稅制，然在新鹽法（二十年五月三十日公布）未實行以前，重要各區鹽之運銷，多有專商及引岸，仍應認爲商專賣制。爰將各制源流沿革分述如次。

第一節　無稅制

三代以前，俗淳事簡，山海之利，未有禁榷，自邃古以至唐、虞，凡二千二百六十九年，皆爲無稅時代。史稱「黃帝之世，人民不夭，百官無私，市不預賈，城郭不閉，邑無盜賊，相讓以財。」蓋當時人類得共有天然一切產物，尤足爲自由制之徵焉。

隋文帝開皇三年，除禁榷，通鹽池鹽井，與百姓共之，遂復無稅制。唐初沿隋之舊，國用所資，皆賴租調，租調以外概不稅斂。自隋開皇三年迄唐開元九年，其間共一百三十七年，（唐開元初左拾遺劉彤請榷收鹽利，爲議者所阻，事不克行）均未徵收鹽稅，爲無稅主義。此實我國鹽政史上値得紀念之一大時期也。

第二節　徵稅制

榷鹽之制，始於有夏。禹貢載青州厥貢鹽絺。夏時有貢而無稅，貢，即稅也。商因夏，周因商，周禮太宰以九賦斂財賄，九貢致邦國之用，九貢之中，其九曰物貢，物貢云者，卽徵稅於魚鹽橘柚等雜物之謂。是則三代榷鹽，同爲物貢，固皆屬於徵稅制。蓋彼時爲封建制度，諸侯歲有常貢，各以其地之所徵，貢於王室，鹽爲地徵之一，則貢其所有，以資國用焉。然其時稅斂甚輕，且係徵取本色，對於鹽之產製運銷，皆是聽民自由，僅在產地設有虞衡之官，掌其政令，許民以時採製，並不與民爭利。春秋時，除齊國用管子之法，行專賣制度外，其他各國之鹽法，大都循周之舊，採用徵稅制。秦用商鞅法，廢井田，將山澤之利，盡行開放，民得買賣產製運銷，聽民自由，惟徵稅過重，鹽價昂貴。史載當時鹽利收入二十倍於古，鹽商且富累鉅萬。其苛徵橫斂，民困可知矣。

西漢在未改專賣以前，仍行徵稅制，鹽稅之重，不減於秦，小民困病，鹽商專利，董仲舒謂「秦用商鞅之法，改帝王之制，民得專川澤之利，管山林之饒，荒淫越制，踰侈以相高，邑有人君之尊，里有公侯之富，鹽鐵倍稅，小民貧困，漢興循而未改，宜塞併兼之路，鹽鐵皆歸於民，薄稅斂以寬民力。」蓋重稅雖行，商人得轉嫁於民，乘時射利，於鹽商仍無所損，所謂利不歸國，徒損於民，鹽稅之不宜過重，卽此其徵矣。

東漢時，光武除專賣之法，弛私煑之禁，任民製鹽，自由販運，於產鹽較多之郡縣，設置鹽官，徵收鹽稅，其法與近代就場徵稅制相似。中經章帝建初末年至章和二年之六七年極短時間行專賣制，自後由和帝永元元年迄獻帝建安三年，凡一百有九年，均行徵稅制。晉遷江左，南北遂分。南朝東晉行徵稅制，宋、齊、梁、陳，沿而未改。北朝於後魏延興時，仿南朝制度，亦行徵稅。厥後屢廢屢興，乃無常制、永熙以降，國分爲二。西魏猶行徵稅，宇文周繼之，亦未改制。蓋南、北朝時代，除東魏高齊於滄、瀛、繼、靑四州行專賣外，大都主行徵稅制，固可知也。

隋初尙依周制，收取鹽利，鹽池鹽井，悉禁人民採用，開皇三年，罷除鹽禁。唐開元十年，復行徵稅，凡三十餘年。隋、唐間之無稅主義，至此遂替。

第三節　專賣制

鹽制階段，先始於無稅，後變爲徵稅，再變而爲專賣，專賣復變爲徵稅，徵稅復變爲無稅，三者如循連環，終而復始，今就專賣制略爲分析如左。

第一目　一部分專賣

春秋時，管仲相齊，謹正鹽筴，創官海之策，行專賣之制。其製鹽法，有官製、有民製，大都灘場散漫之地，則歸官製，其整聚之處易於管理者，則歸民製。但以民製爲主，官製爲輔，凡民製之鹽，仍由政府收買，歸官運銷，故稱爲一部分專賣。「請君伐菹薪，煑泲水爲鹽，」此有官製之證也。「山林梁澤，以時禁發，草封澤鹽者之歸，譬若市人。」此主要鹽產屬於民製之證也。其賣鹽法，則無論本產或由外輸入，均歸政府統制經營。如「積鹽以令糶於梁、趙、宋、衞，」是內鹽出境由政府運銷之謂。如「通東萊之鹽，而官出之，」是外鹽輸入亦由政府收買出售之謂。他如孟春既至，農事將起，禁北海之衆無得煑鹽，此爲限制鹽之產額，使供求得以相應。綜算人口數目，雖少男少女食鹽，皆欲計之，此爲確定國家之收入，且使人民負擔得以公允。管子之意，以鹽爲人民日用所必需，若明令徵稅，則人民鮮有不疾首蹙額呼號相告，以圖抵抗者，不如寓租稅於專賣之中，使人民於不知不覺之間，無從逃脫，則鹽利收入，其數必鉅，公家可不必另籌稅源，而國用已足，此乃專賣制之優點，故海王一篇，實爲千古言鹽政之祖。史稱管仲設魚鹽輕重之利，齊人皆悅，則其法之美善，固可知矣。

洎春秋末，鹽制復變，將民製之例，完全改爲官製，盡奪民利，賣價昂貴，故晏子對齊景公語，有「藪之薪蒸，虞侯守之，海之鹽蜃，祈望守之，徵斂無度，人民苦病」之言，蓋極言其苛也。齊自桓公至景公時，凡一百八十餘載，雖行專賣，已非當時之舊。厥後陳氏蓄謀僭竊，利用鹽政，厚施於民，以小斗受之，而以大斗與之，賣鹽價格賤於公家，行之數年，齊政卒歸陳氏。迨夫戰國，而齊猶以負海之饒，號稱強大，雖曰地利，毋亦管子遺法有以致之歟。

第二目　全部專賣

西漢武帝時，內修法度，外勤遠略，頻年用兵，財用不足，而鹽商富累鉅萬，不顧公家之急，元狩四年，御史大夫張湯建議，籠羅天下鹽利歸官，抑豪強，塞兼併。又因產鹽灘竈，悉為豪富佔有，於是收歸政府，官自煮鹽，與管子法中有歸民製者不同。又官自轉輸銷售，並不假手商販，產運銷三項均完全國營，故稱為全部專賣。其製鹽法，由公家備煮鹽器具，僱民煮鹽，給以工費，後世煮鹽有用官鐵官鍋及發給竈丁工本錢之例，或昉於此。其賣鹽法，則設鹽吏坐列市肆，販物求利。蓋當時因徵稅制度，行之既久，積弊已深，必須澈底改革，方能瀰除積弊。惜其仍多用舊商，筦領鹽事，立法雖善，而行法非人，故鹽價昂貴，致有強迫人民賣鹽之舉，本以除弊，轉以滋弊，此鹽鐵論所由作也。元封元年，桑弘羊領大農，筦天下鹽事，以各吏爭市，鹽價騰貴，私販乘機牟利，官鹽滯銷，鹽利所入，幾不敷其費用，乃請置大農部丞數十人分往各縣，平均配運，調節鹽價，專賣制度濟之以平準法，弊始少革，國用乃贍。昭帝始元六年，詔舉賢良文學，問民疾苦，皆對：願罷鹽鐵官，無與天下爭利。弘羊難之，以爲此國家大業安邊足用之本，實不可廢。昭帝卒依弘羊議，仍行專賣。自是以後，宣、元、成、哀、平五世相承，未之或改。綜計西漢自武帝元狩四年起，至平帝元始五年止，行全部專賣制者，歷一百二十有五年焉。

王莽篡國，命縣官售鹽，仍行專賣。產鹽一項，於官製之外，復有民製，似又屬於一部分專賣制。惟附會經文，依周禮地貢之說，人民所製之鹽，須計息出貢，既行官賣，復令人民出貢，殆成一種徵稅專賣之混合制。

東漢章帝時，以軍費增加，用度不足，依尙書張林之議，曾一度官自煮鹽，倣武帝舊制，行全部專賣。厥後魏、蜀、吳三國以迄於西晉，均趨重專賣制度。北朝之東魏、高齊，亦行專賣於滄、瀛、幽、青四州。雖其條目不可得詳，然晉承魏，魏依漢，則其爲全部專賣可斷言矣。

第三目　就場專賣

就場專賣，創於劉晏，蓋本於第五琦，又實源於顏眞卿。唐天寶末，祿山反，河朔州郡，盡爲所陷，肅宗卽位，眞卿爲河北招討使，因軍費困竭，乃收景城鹽，（景城卽今河北滄縣）運銷諸郡，以資軍用。至德乾元間，第五琦循用其法，推行諸道，國用以饒。自開元十年行徵稅以來，至是復變爲專賣。琦法，凡製鹽之人，須經政府許可，著其戶籍，名曰亭戶，亭戶所製之鹽，悉數由官收買，更由官轉賣於民。質言之，所謂製・造・歸・民・運・銷・歸・官・是已。寶應時，劉晏繼之，就琦舊法，略有變通，鹽仍歸民製，仍由官收，但將官運官銷，改爲・商・運・商・銷，由官將在場所收之鹽，寓稅於價，轉售商人，商人於繳價領鹽後，得自由運銷，卽民・製・官・收・官・賣・商・運・商・銷・五大綱領，若以今語釋之，實爲就場專賣制，比之管子及漢武專賣法，形式雖同，精神各異。蓋管子法以民製爲主，官製爲輔，晏法爲純粹民製，管子爲官運官銷，晏法爲商運商銷，此管劉不同之點，而其爲官收則相同也。至若漢武鹽法，製造運銷，悉歸於官，完全爲國有營業。然官自煑鹽，官自賣鹽，論者謂其壟利過甚。晏法則僅官收其鹽，仍由商運銷。既不奪鹽民之業，亦不奪商販之利，爲專賣制中之最善者也。抑又考之，劉晏治鹽，其事例多有足爲後世取法者，特舉其顯者數端言之。鹽政整理，在於得人，不在官多。劉晏以鹽吏多，則州縣擾，故其總領鹽政，首以省官爲第一要義。唐書言：「晏所辟用，皆新進銳敏，盡當時之選。卽有權貴，或以親故爲託，晏亦應之，俸給多少，必如其志，然未嘗使任事務。『晏謂士有爵祿，則名重於利，吏無榮進，則利重於名，』故檢校出納，一委士人，吏惟奉行文書而已。所屬官吏，雖居數千里外，奉教令如在目前，寢興晏語，無敢欺紿，四方動靜，莫不先知。」此其用人之方，足以取法者一。鹽產於場，整理場產，實為治鹽之本。晏當時領東南鹽務，凡屬海鹽，皆晏主之，而山南道屬所有井鹽，亦有歸其兼領者，產區不為不廣，然所設鹽監，僅有嘉興、海陵、鹽城、新亭、臨平、蘭亭、永嘉、大昌、侯官、富都、十處，大都擇旺產之地置吏及亭戶，其滷淡產稀者則行消滅。此其整理場產之方足以取法者二。晏既採用商運商銷，然商人重利，大都趨易避難，僻遠之地，不免有缺鹽之患。故晏轉官鹽於彼貯之，以備不時之需，如商絕鹽貴，則減價以糶之，名曰常平鹽。其始也，場無棄地之貨，其既也，市無驟漲之價，民無淡食之苦。其終也，官獲其利而民不知。此其常平鹽之法足以取法者三。採行專賣，官收場鹽，必須多建倉棧，以為場鹽貯積之所。故晏於吳越、揚、楚，設立鹽廪至有數千之多，既可杜場鹽之透漏，又可免銷市之缺乏。此其多建倉棧之制足以取法者四。晏法就場糶商，縱其所之，固無引界之說，為自由運銷。然於場竈之漏私，商人之夾私，未嘗不設法查緝，故於監場之外，酌擇要地，別設巡院，凡十有三，曰揚州、陳許、汴州、盧壽、白沙、淮西、埇橋、浙西、宋州、泗州、嶺南、兗鄆、鄭滑。一以防止私鹽，一以調節盈虛。唐書言：「諸道巡院，皆募駛卒，置驛相望，四方貨殖低昂及地利害，雖甚遠，不數日即知。」此其布置緝私之方，足以取法者五。他如蠲除加榷鹽錢，使民無複稅之累，禁止堰埭邀利，以輕商人負擔，此皆足爲後世治鹽者之借鏡。史稱「唐當代宗之世，兵事未息，賦稅所入，不足供濟，晏專用榷鹽法，充軍國之用，凡宮闈服御，百官俸祿，全國軍餉，皆倚辦於晏，斂不及民，而用度足。」於此可想見其法之美善者矣。

德宗建中時，劉晏既罷，鹽法漸紊，其時兩河用兵，軍費日增，貞元四年，淮南節度使陳少遊奏加鹽價，諸道踵之，於是鹽價寖貴，遠鄉貧民，困於高估，有以穀數斗易鹽一升，甚至有淡食者；而各場產鹽，政府又不能盡收，以致亭戶售私，私鹽充斥。長慶二年，戶部侍郎判度支張平叔請改爲官自運賣，蓋欲恢復第五琦之舊。其法：於州縣附近之處，令州府差人自糶官鹽，於去州縣較遠之鄉村，則令「所由」所由乃掌管官物之吏因各事必經由其手故曰所由將鹽就村糶易，其價由官定之，每斤爲三十文，每二百里，每斤收加二文，以充腳價，量地遠近險易，加至六文爲止，若腳價再有不足，則由官補出。平叔之意，以此法若行，則不問貴賤貧富，士農工商道士僧尼諸色人等，凡食鹽者，無一人能遺漏，則收入必多，歲計必有所餘。穆宗詔令公卿議其可否，兵部侍郎韓愈則逐條論駁，中書舍人韋處厚亦發十難以詰之。穆宗稱善，以示平叔，平叔屈服，其事遂寢。蓋自建中初至大宗末八十年間，官收官運法雖未改，而加價厚斂，積弊已深，實非晏之初制矣。

宋仁宗慶歷末年，范祥因官搬折中兩俱敗壞，乃創行「鹽鈔法」，主商運商銷，仍爲就場專賣制，比之劉晏法，祇多一種買鈔手續，其法，將官賣各地概改通商，沿邊州郡入中芻粟，一律停止。專令商人入中現錢，計錢給券，名爲鹽鈔，劃一斤重，印書鈔面，商人輸錢買鈔，按鈔支鹽，由場驗明鈔券，照數給運，雖名鹽鈔，實爲一種錢券，所謂現錢法也。（類如現代之收稅憑單）嘗考范祥鈔法，其優點有四。以現錢入中而不以芻粟，可革高擡之弊，此其一。改官搬爲商運，可省數十州郡搬運之勞，鄉戶得免於賠累逃亡，此其二。視產鹽之數量，爲出鈔之多寡，鹽有定額，鈔有定數，可杜虛估浮發之弊，此其三。商人於支鹽後，須運往鈔券內所載地點行銷，是爲有限制之自由貿易，既杜壅塞，復絕居奇，此其四。此外復師劉晏常平鹽之遺意，於京師設都鹽院，置庫儲鹽，鹽價低時，則斂而不發，如鹽價昂貴，則大發庫鹽，以壓商利。古今鹽制之善，無如劉晏，善師晏者，無如范祥，後世引鹽票鹽，其源皆出於鈔鹽。故自劉晏以後，范祥鈔法，亦足稱焉。

崇甯時，蔡京用事，改行「換鈔法」，更印新鈔，收換舊鈔，實行對帶貼納之例，凡以鈔至者，每十分內令輸現錢數分，謂之「貼納」。換給新鈔，仍帶舊鈔數分，謂之「對帶」。復創立引制，有長短引之分，凡商人輸錢請長引者，許往他路行銷，就所指州縣賣之。請短引者，祇許行銷本路，於近場州縣售賣。秤放鹽斤，官爲掣驗。又定裝運新例，凡商人運鹽，概以囊貯，謂之「官袋」，每鹽一袋，限定斤重，卽以一袋爲一引，並嚴封印之法，鹽袋祇用一次，禁止再用，受於場者，管秤盤囊，支於倉者，核對引據合同號簿，囊二十，則以一折驗，後世掣驗之例，卽始於此。其合同遞牒，仍給商人收執，有欲改指別場者，並批銷號簿及鈔引，仍用合同遞牒，報所指處支鹽，隨引護運，後世指場配銷之法，實源於此。繳銷引目，長引限一年，短引限一季，各視道路之遠近，以爲時日之期限。有特別事故，得予展限，限竟，鹽未全售者，卽行毀引，鹽沒於官，此爲引制之起源，質言之，卽爲一種新鈔。故當時鹽引，亦曰鈔引。大觀政和間，因出鈔過多，新舊紊亂，乃視其全用新鈔或帶舊鈔及完全現錢者，以定給鹽之先後。洎宣和初，鈔法屢改，初用對帶法，後又變對帶爲「循環」。循環者，已賣鈔，未授鹽，復更鈔，已更鈔，鹽未給，復貼輸錢，前後凡三輸錢，始獲一貨之值，民若無資更鈔，則從前已輸之錢，悉爲官沒收，往往有朝爲豪商，而暮儕流丐者，攘利罔民，莫此爲甚。宣和二年，王黼用事，循用蔡京弊法，改行新鈔，所有舊鹽須貼納對帶方許出賣，初限兩月，再限一月，剝下益上，甚於盜賊，未幾而靖康之禍作矣。南渡以後，建炎初年，仍用對帶法，三年復改貼納法，紹興間則「對」「貼」並行，而建炎舊鈔，支尚未絕，又立「倂支法」，視繳資先後，依次支給。淳熙時，復改用循環鈔法，慶元初，又罷除循環，改增膽鈔，名爲「正支」，亦以繳資次序先後支鹽，蓋南宋鈔鹽，雖多變更，大都循用蔡京貼納對帶循環之制，直爲殘民之具，不足以言法也。

遼之鹽制，採用徵稅。金初遁遼之舊，至貞元二年，始仿宋鈔引法，設官置庫，印造鈔引，鹽載於引，引附於鈔，鈔以套論（當時有大套小套之別，石數多者爲大套，小者爲小套）引以斤計，至零星鹽斤，則別給小鈔引給之。商人行鹽，按引繳價，請領鈔引，赴場支鹽，批引則鹽司主之，繳引則由各州縣主之，此與宋時鹽鈔正復相同。

元起漠北，政事簡易，鹽稅甚輕，初入中原，仿宋折中之例，募民入粟，優其值，給以鹽引，繼復改爲現錢，按引收價，憑引支鹽，仍爲就場專賣制。中統四年，以近場州縣，私鹽充斥，遂倣「食鹽法」計口授鹽，於是有行鹽地食鹽地之分。凡通商各地，商人買引領運者，名曰「行鹽地」。近場各地，由官司派散民戶者，名曰「食鹽地」。然按戶派散，不免抑配，追呼誅求，固食鹽法之弊也。至元二十一年，以行鹽各地，商人壟斷牟利，民食貴鹽，窮民類多淡食，乃設立常平鹽局，以平鹽價。凡額定鹽數，半給商支，半歸常平，鹽斤配運，先儘常平，次給商販，自此官賣制度亦與商賣並行。至商販售鹽，則大都倣崇甯大觀間之制，而予以變通，專用鹽引，不復用鈔。其法：戶部主印引，運司主賣引，每年按照所銷引額，由部印造，頒發各路運司，用運司印信，各照行鹽區域，隨時塡給商人「勘合，」勘合卽合同，宋曰合同，元曰勘合，每引一號，書前後兩券，用印鈐蓋其中，折而爲二，以後券給商人，謂之引紙，以前券作底簿，謂之引根，凡商人到場支鹽，照號覆勘，驗其合否，故有勘合之稱，猶今之收稅憑單與運照，出場有掣簿，過所有批簿，行鹽有水程，驗引有截角，每引一張，祇准運鹽一次，鹽已賣盡，隨卽退引，限五日赴所在地方官繳納，如違限匿而不繳者，同私鹽處斷。立法之嚴密，視宋猶有過之，故引制之行，肇於宋而實備於元。其時場鹽出產，歲有定額，鹽戶依額製辦，輸納於官，由官酌給工本錢，蓋沿宋舊例，行民製官收法也。至元二十四年，僧格爲相，加收鹽課，引價日增，先是每鹽一引，值中統鈔九貫，迨延祐二年，每引累增至一百五十貫，官鹽既貴，則私鹽愈多，而當時軍人復違禁販私，權豪親貴，更託名買引，或夾帶斤重，或增價轉售，藉勢營私，百弊叢生，兼以課額愈重，辦課愈難，各場餘鹽又復積滯不銷，於是推廣食鹽區域，強配民食，不分貧富，一律散引收課，農民有糴終歲之糧，不足償一引之價者，玩法擾民，莫此爲甚。至順二年，因錢法日壞，鈔本日虛，而徵收鹽課，概以鈔納，引價雖增，無異虛估，乃將鹽課以十分之一折收現銀，鈔價愈賤，得銀愈艱，徵斂無度，民生益困。至正間，始罷免食鹽，及抑配餘鹽，然民困已深，禍機潛伏，鹽梟張士誠、方國珍等倡亂淮、浙，揭竿一呼，而元社遂屋，讀史者謂元之亡，亡於鹽政之紊亂，非無故也。

明初鹽政，循元舊制，洪武元年，整理場產，簽民爲竈，按戶計丁，名曰鹽丁，按丁計鹽，名曰額鹽，每鹽一引，歲給竈戶工本，不許私賣，凡屬竈戶，免其雜役，有唐時民製官收遺意。三年，以籌備邊儲，雖行「開中法」，而場鹽官收，仍爲就場專賣制。開中者，乃倣宋之折中而變通之，其法：令商人輸糧於邊，給以鹽引，謂之開中。凡遇缺糧地方，先由戶部出榜，召商輸納，編置勘合及底簿，分立字號，一發收糧機關，一發各轉運提舉司，商人於納糧後，由收糧機關將所納糧數及應支鹽數，塡給倉鈔，由商人持投各轉運提舉司比對相符，按數給引，派場支鹽，自行運售，其掣放截角繳引及發給水程等手續，均仍元舊，惟元制買賣鹽引，須用現錢，此則納糧取鹽，爲一種鹽糧之兌換劵，蓋利用商人運糧充實邊儲也。當時開中商人，並就各邊地招民墾種，建築臺堡，自相保聚，謂之「商屯」，寓屯於鹽，實爲殖邊之妙法。永樂初專於京衛開中，其餘各處，悉行停止，此法一行，已失殖邊之初旨。旣而因大軍征安南，軍糧不敷，餉需難繼，復令各邊依舊召商中鹽如故。又以出鈔過多，物重鈔輕，乃行「食鹽納鈔法」按戶散鹽，計口收鈔，每戶大口月食鹽一斤，納鈔一貫，小口半之。其意固欲救濟鈔弊，實則轉增鹽弊，徒爲民害。洪熙初，仍以鈔法不通，權令各處中鹽，一倂納鈔。宣德初，停止納鈔，復行納糧。正統初，以商人赴各場支鹽，多寡懸殊，多則不敷支給，少則壅滯不銷，於是酌議疏銷，遂創「兌支」之例。其法：於淮、浙鹽額不敷分配時，准許商人持引赴河東、閩、廣諸場支取。不願兌者，聽其守支。五年，仍因商人守支，年久不能得鹽，中納者少，復議補救之法，將鹽分作常股與存積兩種。淮、浙、長蘆之鹽，皆以十分爲率，將其中八分給與守支商人，年終挨次行支，謂之「常股」，其餘二分，則收貯於官，邊防有事，召商入中，不分次第，引到即支，謂之「存積。」中常股者價輕，中存積者價重，商人因苦於守支，多爭趨存積。由是常股之鹽益形壅塞，而存積鹽乃呈供不及求之象，於是更行「兌支法」。淮、浙未能支取者，配兌長蘆、山東鹽以給之，一人兼支數處，道路遼遠，莫克親赴，邊商乃將鹽引賣與近地之富人，自是有邊商內商之分。內地守支者，謂之「內商，」赴邊中引者，謂之「邊商，」內商之鹽不能速獲，邊商之引，又不賤售，中納漸怠，存積鹽之壅滯，遂與常股等矣。兼以商人將鹽引典當與人，名為「夥支，」轉賣與人，名為「賣支，」或以假引賣與商人冒頂眞引，或以舊引影射重用，弊端百出，不可究詰。成化間，李敏於畿輔、山西、陝西等州縣，創「折銀」之例，易粟為銀，不之邊而之部。弘治五年，戶部尚書葉淇推廣李敏之法，盡改本色為「折色，」召商納銀，彙解國庫，分給各邊，以濟餉需。開中之法，由此變矣。先是弘治二年，以商引壅積，無鹽支給，准許守支各商收買餘鹽，補充正引，由是正引之外，復有餘鹽，餘鹽者，乃鹽戶正課外所餘之鹽也。明初引制，商人支鹽，例有定場，不得越場買補。買補之例，蓋自餘鹽始矣。餘鹽價輕，領有勘合，即行支給，故願中者多。正鹽價重，且須挨次守支，躭延歲月，故願中者少。利之所在，悉歸權要，甚至奏開殘鹽。殘鹽者，謂以舊引而買餘鹽也。正德、嘉靖間，增添鹽引，每正鹽一引，准買餘鹽二引，餘鹽引目，倍於正額。餘鹽日增，正鹽日滯，商竈俱困。姦黠者，藉引爲據，越場收買，勾結鹽戶，私製私販，私鹽盛行，積引益多。其時鈔幣已壞，所給鹽戶工本鈔，無異敗楮，乃將鹽課改折，責令鹽戶改納銀兩。官收場鹽之法，由此寖廢，政府空賣鹽引，引制精神遂失，而就場專賣制，亦隨之以俱亡矣。

第四目　官商並賣

朱梁簒唐，是爲五代之始，十餘年間，尚循就場糶商遺制。沿及後唐，乃行官商並賣法，於州府縣鎮各置榷鹽場院，由官自賣，鄉村僻處則許准通商，（即商運商銷之意）因慮人民買鹽，不能皆與官府直接交易，官銷或有不暢，於是巧立名稱，按戶俵配，以顧銷額。凡州府縣鎮，計口授鹽謂之「屋稅鹽」。（即按繳納屋稅之數目而授與鹽斤並徵取鹽錢之謂）鄉村人戶，計口授鹽，照夏稅限，隨絲納錢，謂之「蠶鹽」。（即在育蠶時期以鹽俵散於鄉村至放絲時納錢之謂）籍列戶口，計口授鹽，逐年俵賣，祇准供食，不得轉售，謂之「食鹽」。名目既多，鹽價復貴，強迫勒買，民甚苦之，此乃採用唐時張平叔之政策，而韓昌黎以爲大不可者，至是已一一實現。後晉天福中，曾一度核減鹽價，除蠶鹽外，諸道州郡按人戶配徵食鹽錢，計其貧富，分爲五等，自二百文至千文，廢除官賣，一律通商，人民得將所配鹽斤，自由販賣，商民頗爲稱便。未幾又於關津要路，徵收過稅錢，城鎮店鋪，徵收住稅錢，既納鹽價，又收稅錢，鹽稅複徵，蓋始於此。開運初，復罷除通商，市易糶鹽，仍歸官場自賣，後漢繼之，剝削益甚，後周顯德間，城鎮官賣，鄉村仍許通商，其漳河以北，因逼近遼境，遼鹽價賤，易於侵銷，不得不弛禁，乃將配徵人戶食鹽錢，均攤於田賦之內，名曰「兩稅鹽錢」。後世課歸地丁，實昉於此。綜計後唐同光迄後周顯德，僅三十餘年，而鹽制凡數變，大都官賣通商，二者並行。

宋初鹽制，尚依周舊，及宇內統一，始廢繁苛，乃明定官賣通商，得各隨州郡所宜，以京西、陝西、河東、河北等處行通商，京東、淮、浙、廣東等處行官賣，但無城鎮鄉村之分。其法將鹽戶所製之鹽，盡行收貯入官，由官發賣，官賣各路，鹽由官運，謂之「官般」。官般之法，差役鄉戶，使任運輸之勞，另以里正一人主其事，名曰「帖頭」。水陸轉遞，不勝疲勞，後復量貲產之厚薄，定役法之重輕，貧者破產不能償，往往逃匿，追呼督責，閭里騷然，此官般之弊也。雍熙間，以遼人數犯河北州郡，頻年用兵，軍需不足，因令河東、河北商人輸納芻粟於沿邊州郡，謂之「入中」。凡商人於入中後，按道路遠近，折合市價，優給其值，授以要券，謂之交引。引字名詞，蓋始於此。此項引券，定例由商人持赴京師，按照券面價格，償付現錢，或移文江淮及解池，以鹽償之，謂之「折中。」明代開中法，實昉於此。端拱二年，又於京師置折中倉，聽商人輸粟京師，給以江、淮鹽。其時京師有一種坐賈商，設交引鋪，專以買賣交引爲業，從中操縱，虛估芻粟，抑勒鹽價，賤值買劵取鹽，以射厚利，此又折中之弊也。考官搬本以實州縣，折中本以備邊儲，無如立法之初，規劃未臻詳密，而官商競賣，矛盾滋甚，商人利於折中高價入粟，賤值取鹽，利歸豪商，帑藏困乏，至是官賣通商，兩法俱壞。

第五目　商專賣

明萬曆四十五年，兩淮鹽法疏理道袁世振以積引日多，乃師劉晏綱運遺意，創行「綱法，」疏銷積引，分年派銷，將商人所領鹽引，編設綱册，分爲十綱，每年以一綱行積引，九綱行現引，依照册上窩數，按引派行，凡綱册有名者，據爲窩本，綱册無名者，不得加入，商人得專引岸之利，專商之制，蓋源於此。其時官不收鹽，政府所賣之引，無鹽支商。乃令鹽戶將應納鹽課，按引繳銀，謂之「倉鹽折價，」商人支鹽，卽以此項折價給付，令其自行赴場購運。政府將收買運銷之權，概授之專商，故稱爲商專賣制。是明代末季，實爲古今鹽制轉變之劃時期。世振又創減斤加價之法，以銷積引。先是每引正餘鹽共重五百七十斤，定價納銀五兩六錢，改綱後，每引減爲四百三十斤，（臕出引窩疏銷積引）定價納銀六兩，論鹽則每引反輕一百四十斤，論價則每引反多納銀四錢，故對於綱册登記之商，許其永佔引窩，據爲窩本，利之所在，人必趨之，所以綱法初行，商人爭先認引，尚能收效一時。天啓間，加徵遼餉，引價益貴，增引超掣，恣意搜括。崇禎時，復加勦練諸餉，浮課日增，商資益竭，私鹽盛行，而積引如故，鹽制至是又壞。時給事中黃承昊欲有所改革，因時事危急，莫克實施，而明遂亡。

清承明弊，沿而未改，各省行鹽，循用綱法，招商認窩，領引辦課，引從部發，謂之部引，歲由各運司具文請領，於開徵時由商人按引納課，指定某場買鹽，限期出場，其秤掣截角繳銷等手續，悉沿明舊，凡各省沿海及有池井之地，均聽民開闢，置場製鹽，與商交易，定爲民製商收商運，視其產之多寡，與其運之遠近，以配引，而行於各岸，主行鹽者謂之運商，主收鹽者謂之場商，鹽業之利，乃專擅於商矣。先是商人所認額引，（卽窩數）皆應照額運銷，應繳引課，皆須按年繳完，如有引未運完，課未繳足者，卽將該商引窩革退，別募殷實商人接充，所欠課款，著落該商家產追賠，原有出結各官，交部嚴加議處。其無力辦運者，亦照例革退引窩，另招新商，凡窩單均不准轉租與人。是則專佔引窩，例禁本嚴，無如歷來鹽官利有專商，於公可藉資籌款，於私可遂其索費，每遇提議改革，無不力持反對，非曰招商辦課，爲國家大經大法，即曰根窩裁而失業者衆，袒護商人，任其誤運虧課，遂致商人藉窩本之說，專引岸之利，子孫相承，世襲其業，由是佔岸者曰「業商」，租引者曰「租商」，代租商辦運者曰「代商」，業商得以一紙虛根，坐收鉅利，其「租」「代」各商亦復層層剝削，弊竇百出，此非盡綱引制之不善，乃鹽務官吏貪婪縱容有以釀成之也。初入關時，以明末加派新餉練餉及雜項等名目甚多，深爲商累，曾悉行蠲免，與民更始，照萬歷四十八年舊額，繳課行鹽。順、康間，因有前後三藩之禍，復行增課增引，以助軍需，而兵燹之餘，戶口減少，額引難銷，乃改行二引之鹽，納三引之課，帶銷帶徵，疲弊已甚，兼以鹽務官吏，巧立名目，私取規費，積習成弊，積弊成例，是則鹽務之弊，順、康時已開其端。雍正元年，曾行禁革，將查出規費留充公用，仍令商人隨引帶納，商累既未輕減，而鹽官復於歸公之外私行勒索，商受誅求，非拖欠引課，即高擡鹽價，因而國與民交受其弊。二年，將各省榷運制度量爲變通，以廣西僻遠，商辦欠課誤運，乃改爲官運官銷。福建則裁商廢引，將鹽課攤歸各場，由州縣徵解，其距場遠者及近場各縣改行官賣，餘均就場徵稅，聽民自由運銷。廣東場鹽，改由官發帑本收買，裁廢場商，僅留埠商運鹽辦課，其懸埠之地，則歸官辦。甘肅因土鹽侵銷官引，乃將引課攤入地丁，隨同丁銀徵解，廢引裁商，歸民運賣。八年，以山東登、萊、青三屬附近鹽場，私鹽充斥，無商承運，因將商名革除，聽民領票自行運銷，應徵課額，亦攤歸地糧帶徵。九年，復以甘肅民運窒礙難行，依舊招商。其時運銷制度，雖有官運商運民運之分，徵榷方法，雖有權商、就場、歸丁之別，要皆枝節爲之，初無整個劃一計畫，且大多數行鹽，仍以引商爲主，故對於蘆、淮、河東、山東、浙江各區無所更改，僅將滯岸引鹽，勻令暢岸通融代銷，暫資調劑而已。洎乾隆時，用度奢廣，報效例開，每遇大軍需大慶典大工程，淮、蘆、東、浙各商捐輸，動輒數十萬至數百萬。（總計乾嘉時各區鹽商報效軍需將及三千萬此外若河工賑務慶典等項捐輸尤不可勝計）加以南巡數次，供應浩繁，差費取給，出自商捐者居多。國家因鹽商勇於報效，於獎給職銜之外，復加優恤，初則准其「加價」，繼則准其「加耗」，以資調劑。然加價徒以病民，蓋一加之後，不能復減，人人皆受其累也。加耗徒紊鹽法，蓋鹽商藉口加耗，捆載大包，任意多帶，夾帶日多，正鹽日壅，鹽法遂至敗壞。其時商本偶缺，內府亦嘗發帑金數百萬給商領借，俾資周轉，謂之帑本，商交息銀，謂之帑利，課項帑息，兩重負擔，商力已屬不支，而報效款目，又復分年帶徵，款項愈繁，積欠愈多，各省鹽務，皆有不可收拾之勢。說者謂前清鹽法，壞於乾隆一朝，而其致病之原，實「報效」二字爲階之厲，誠篤論也。嘉、道間，軍需報效，照例捐輸，河工經費，復兩次加徵，商力益困。於是略事變通，陝、甘鹽課改歸地丁，雲南則就場徵稅，廣東則改綱歸所，（廣東場鹽雍正時原由官發帑收買乾隆五十四年始行停止改令商人公捐鹽本收買場鹽運貯省倉由省局總商經理配運分給六櫃謂之改埠歸綱及嘉慶十七年裁去總商並將省局改爲公所配運繳課責成櫃商官不與聞謂之改綱歸所）河東則仍舊復商，（河東鹽課於乾隆五十七年改歸地丁嘉慶十七年改行招商）山東則商運之外，輔以官運。（山東滯銷各地如臨朐等九州縣於道光十七年改行官運徐州歸德各屬於道光二十九年改歸官辦）惟兩淮引多課重，銷區最廣，而積弊亦最深。兩江總督陶澍因倣浙江、山東引票兼行，及雲南票鹽民運法，（浙江山東雲南等區票鹽法係明嘉靖年間事）於淮北先行廢引改票。其法：於場區適中地點，設局收稅，無論何人，祇須照章繳納稅課，卽可領票運鹽販賣，規定每票一張，運鹽十引，（清初每引約以二百斤爲率）如請百引者，給票十張，至附近鹽場則以百斤起票，其掣驗等手續，略與引法相類，凡無票及越境者，仍以私論。厥後陸建瀛踵行於淮南，遂變引商爲票商。其時於揚州設局收納課稅，照淮北成例，每運鹽十引，塡票一張，以十張爲一號，凡商販請運自百引起至千引止，祇須領票十號或百號，並不作爲常額，所運鹽斤，准在淮鹽界內行銷。蓋票法主旨，在取消引窩，無論官紳商民，皆可承運，且在銷界以內，無論何縣，悉聽轉販流通，所以革除專商專岸之弊，票課卽在場內收納，已等於就場徵稅，特因票課較輕，慮有侵銷，以及交通狀況關係，故行鹽大範圍依舊限定，不能任其所之，爲一種有限制之自由貿易。自是論鹽法者，咸以改引行票，爲救弊良策。邵陽、魏源以講究鹽務，著名於時，兩淮引票，多所擘畫。其論綱商票商利弊有云：「票鹽特革中飽之利，以歸於商販，故價減一半，而商仍有贏餘。夫以疲乏之綱商，勉支全局，何如合散商之力，衆擎易舉。以一綱商，任百十厮夥之侵蝕，何如衆散商各自經理之核實。以綱埠口岸規費，無從遙制，何如散商勢渙，莫可指索。以綱商本重費重，反增夾帶之私，何如散商本輕費輕，可收化私爲官之益。總之，弊乃出於繁難，防弊必出於簡易，此兩淮所同，亦天下鹽政所同，淮鹺明，而浙、粵、盧、潞之利害皆明，淮鹺效，而浙、粵、盧、潞之推行皆效。」又咸豐初年，戶部疏陳引票利害，請將各省鹽務，仿照兩淮，通改票鹽，事雖未行，而於票法綱法之優劣，論列甚詳，其原疏謂：「自設立長商（即引商）以來，各省官紳皆視鹽務爲利藪，或藉口辦公，巧爲侵蝕，或受人請託，曲爲通融，他若陋規黑費之類，不可枚舉。且課項則有時展緩，而規費則無處減輕，浮費日增，成本日重，鹽價日昂，銷路日滯，私鹽日盛，課額日虧。爲今之計，欲增課必先暢銷，欲暢銷必先敵私，欲敵私必先減費，而欲敵私以暢銷而增課，則又莫若改長商而行票鹽。票鹽之利，愈於長商者何也。長商受有管束，官吏因之侵漁，長商無可如何，故有費而鹽日滯；票鹽隨時認領，官吏即欲需索，票商立許告發，故無費而鹽易銷，則減費即所以裕課，其利一。長商有費則鹽價日貴，貴則不能敵私，而銷路日壅；票商無費則鹽價日賤，賤則可以敵私，而銷路日寬，則敵私即所以裕課，其利二。長商積疲已久，每致先鹽後課，而課易拖欠；票商挾本而來，故皆先課後鹽，而課無短絀，則免欠課之積弊，其利三。長商按綱領運，必挾資鉅萬而後可以承充；票商量力納課，即爲無多，而亦准其販運，則廣民間之生計，其利四。長商則把持官鹽，迫人以不敢不食，故鹽多攙私；票商則各自銷售，恐人之或有不食，故鹽皆潔白，則便各省之民食，其利五。長商價重，則人願食私，而梟徒因之以多；票商價輕，則人願食官，而私販因之以戢，則化天下之莠民，其利六。今兩淮改票，既有成效，則各省亦可做照成案，量加變通。雖因地制宜，情形各有不同，而銷鹽之地，食鹽之人，初無稍異。惟變法伊始，總以裁費爲要圖，恐向日漁利之人，無利可獲，必致藉詞阻止，搖撼百端，設各省大吏於鹽務情形，未能深悉，或以浮詞之眩惑，轉致良法之中阻，請簡居心公正通曉鹽務大員，先擇一省，前往酌量情形，倣照兩淮，妥爲籌辦。不過數年，各省盡行改票，課額之增，將有加倍於今日者。」是當時公家官文書所載，及私人著述，皆謂票法優於引法，故兩淮先後改票，均能行之有效。惜其時對於場產銷區二者，未及澈底整理。議者謂其綱領是而條目非，不其然歟。咸豐二年，河東留原引商，改行票鹽，就池收稅。同治三四年間，左宗棠督撫閩浙，亦將兩浙、福建改行票運。時東南有事，長江梗阻，鹽運不通，票販星散，兩江總督曾國藩乃改定票章，聚散爲整。凡行鄂、湘、贛三岸者，須以五百引起票，名爲大票。行皖岸者，須以一百二十引起票，名爲小票。並於各岸設立督銷局，規定「保價」「整輪」之法。保價者，鹽斤到岸，由局經理批銷，按銷市之暢滯，酌量情形，核定價格，不准任意漲跌。即今之牌價整輪者，鹽船抵岸，赴局掛號，按其先後，榜示局門，挨次發售，鹽不到輪，毋得搶賣。即今之輪檔由是承辦票運者，盡屬大販，小本商販，無力領運，而票法精神遂失。同治五年，李鴻章任兩江總督，又因籌備餉糈，復將票法，參以綱法，就原有票商，報效捐款，當時核定西岸每引捐銀一兩四錢，皖岸一兩，鄂岸六錢，湘岸五錢作爲票本，准其繼續遞運，作爲世業，不復再招新商，謂之「循環轉運」。自此票商專利，同於引商，票捐增重，倍於窩本。其後馬新貽踵行於淮北，楊昌濬更行於浙江，票鹽良法，乃根本推翻，而綱法弊害，遂流傳至今焉。其時百貨抽釐之制興，因復推及於鹽務，謂之「鹽釐」，肇始於兩淮，其後各省皆倣行之，鹽款收入，且持鹽釐爲大宗。光緒間，復疊行加價，或爲賠款，或爲練兵，或爲要政，或爲海防，或爲抵補藥稅，或爲興築鐵路，因事立名，款目繁多，釐價並計，數逾正課，自此鹽價日貴，私鹽愈甚，官不敵私，引岸多廢，不得不收歸官辦，若山東省之滕縣、嶧縣，河南省之歸德九屬及西、遂、確三岸，江蘇省之銅山及淮、徐六岸，安徽省之滁、來、全及宿州、渦陽二縣，長蘆之永七岸、天津、武清二縣及直、豫縣岸六十一縣與大興縣之釆育營、東安縣之舊州營，廣東潮橋之二十九埠及恩、開、新、陽與東江等埠，河東之陝、豫等岸，江西之建昌五屬，福建之西北二路，及四川雲南貴州之計邊各岸，或因商倒引懸，或因防止私銷，而先後改行官運。至若吉林黑龍江，則因設立行省，而行官運。口北、熱河，則因並銷蒙鹽，而行官運。夫改行官運，本以濟商運之不及，然而辦運者，則扣費以入私囊，批銷者，則賣私以取盈餘。上下分肥，馴至所領官本亦侵蝕殆盡，此官運之弊也。其時各區鹽務，省自爲政，或主官運官銷，或主官督商銷，或主民運民銷，制度不一，毫無系統，要以官督商銷，居全國之多數，官督僅有虛名，仍屬商擅其利，所謂官運民運，亦皆因循敷衍，初無澈底之整理，二百六十餘年，大都拘守綱法，專商積弊，遂與清相終始。

第四節　近代鹽制之變遷

民國肇造，承清之弊，各省鹽務未遑整理，梟販活躍，倍蓰平時，加以省自爲政，形同割據，統系之紊，實較晚清爲尤甚。民國二年一月，政府審於整頓鹽務，不容再緩，始於財政部附設鹽務署及稽核總所，當時言鹽法者，多以官運爲主。蓋有清之季，綱情疲敝，引岸多廢，官貴私盛，不得不收歸官辦，以求補救，若山東之南運，長蘆之六十一縣，淮南之滁來全，河南之汲鄭，廣東之潮橋，及恩開新陽等埠，河東之陝豫兩岸，淮北之汝光及淮徐六岸，四川之滇黔邊岸，皆先後踵行官運。此外猶有議辦官運，尚未實行者，以官運言，或爲官辦，或爲局辦，歸官辦者，各地方官並不辦運，率多招商代辦，名爲運夥，實同包商。歸局辦者，上下分肥，扣費賣私，無所不至，實皆有害無利。二年四月，大借款合同成立，聘英人丁恩爲顧問，任稽核總所會辦，此爲中國鹽政聘用客卿之始。丁恩居英領印度久，治理鹺政，經驗極宏。既就任，因上條陳於財政部，主張採用印度鹽制，在產鹽地方，管理場產，凡所產之鹽，於未自鹽場或政府指定之鹽坨起運之先，直接收稅一次，任其所之，不再干涉，以提倡自由貿易，減輕鹽價爲宗旨，實卽就場徵稅制。此議旣興，反對者蜂起，不惟舊商以權利所在，羣起力爭，而主官運者，亦復一唱百和，是非顚倒，阻力橫生，政府改革方針，遂亦因而遷延不決。

丁恩以二年七月出外調查，首至長蘆，次及東三省，又次及山東，繼巡揚子四岸，復至兩淮，次年至兩浙福建廣東河東，其明年赴雲南，陸行入川，隨地實行考察，旋又巡視口北晉北花定諸地，凡中國產鹽各區，無不身歷其境，審知中國幅員遼闊，情形複雜，乃取漸進主義，所擬改革辦法，如開放引岸，停止官運諸端，必以地方情形爲依據，皆切實可行。至七年，丁恩雖去職，而稽核所組織，已具規模，所擬重要改革，仍能次第推行。惜未幾內亂踵作，災患頻仍，稽核機關，橫遭破壞，一切計畫，由此停頓，及國民政府成立，恢復稽核所職權，始又入整理時期。迨民國二十年，立法院通過新鹽法，可謂爲鹽史開一新紀元。惟中國地廣人稠，地方情形各異，運銷制度，亦大相懸殊，新鹽法之推行，必各就其特殊狀況，詳加研究，始能規定相當步驟，此實新鹽法不能立卽實現之主因。玆將二十四年來各區鹽制變遷情形，分區略述，言鹽政者，或有取焉。

東三省　遼省五十九縣，吉省四十一縣，黑省四十三縣，均專銷奉鹽，原爲自由販運。淸末改建行省，吉黑始改辦官運，遼省則以各地距場較近，仍行自由販運，民國因之，至今未改。

長蘆　長蘆銷岸，仍清之舊，皆係引商專運。額行之數，直岸永七岸共四十六萬九千三百五十八引，豫岸十九萬三千一百三十九引，共爲六十六萬二千四百九十七引，約合市秤四百十八萬擔。惟津武口岸，係由運使選商委任包辦，至今承之。其永平七岸，則自道光時，已改官運。宣統末年，蘆綱引商，因商情疲敝，濫借外債，無力償還。政府將負債各商所認引岸，收歸國有，改爲官運。計清末長蘆引地中，一百二十七州縣營爲商運引地，六十一州縣營爲官運引地。稽核所旣成立，主張取消引權，改行自由貿易，已定三年七月一日實行。舊商肆力反對，政府恐過急生變，乃取漸進主義，先將官運引地中直岸三十五縣，口北十三縣，豫岸十五縣，計六十三廳州縣營，嗣又增永平七縣，豫岸四縣，前後共爲七十四廳州縣營，於民國三年七月一日，開放自由貿易。試辦如有成效，仍擬再將引商專岸，分期抽籤取消，一律開放，實行自由制度。尋發覺已開放之官運引地，竟由長利公司包運，而長利公司祇向蘆綱公所購鹽，轉包散商運銷，並不直接營運，顯與開放精神違悖，乃於五年將長利公司取消。於時鹽務署又欲令散商納稅運鹽時，指明運達地點，先儘定額請運，以杜侵銷鄰岸，並令散商交納保證金。又因大淸銀行債款關係，擬於開放區域，加價籌還。經此周折，而七十四縣開放計畫，竟告停頓，旋改由蘆綱引商承辦，名爲蘆綱公運。開放長蘆引岸之計畫既告失敗，整頓全國鹽務計畫，亦因之大受影響。迨後，蘆綱公所雖經取消，而開放之官運引地，復歸包商認運，仍爲有名無實。二十二年長蘆查驗引票，除已開放各岸外，所有冀豫綱商包商，均經認繳驗費登記，綱商由運使發給查驗憑證，包商亦由運使發給部照。

河東　淸末潞鹽銷岸，爲山西之晉岸四十五縣，陝西之陝岸三十六縣，河南之豫岸二十五縣，鞏孟八縣，共爲一百一十四縣。額定行鹽六十三萬五千八百三十九引，約合市秤二百零九萬九千五百擔，爲官民幷運。惟實際仍以民運爲主，官運爲輔，而民運各販，亦皆世業相承，與專商無異。民國三年，晉岸四十五縣，先後招商承包，六年陝岸渭北等十九縣，官運引地開放，亦招商承包。渭南等十七縣，仍舊由散商販運。豫岸之洛陽等二十五縣，係自由貿易。其鞏孟八縣，原爲潞鹽銷地，四年改爲蘆潞並銷，亦開放爲自由貿易。晉北南部三十四縣，原爲蒙土鹽銷區，七八年間，開放蘆鹽後，十年又開放潞鹽，成爲自由競銷區域。

晉北　晉省太原陽曲以西，沁縣隰縣以北，綏省、武川、五原以南，共七十一縣，皆屬晉北鹽區，在昔均銷蒙土鹽，爲自由區域。清末平定等各州縣，太谷等八縣，先後借運蘆鹽，爲官運商銷。其時曾將各種蒙鹽，蘆、潞及本地土鹽劃分口岸，統歸官辦，定爲官運官銷。民初賡續規畫，但實行仍多窒礙。民國八年，將包頭至磧口，沿黃河東岸各地，九年將包頭至磴口一帶之蒙土鹽，先後停止官運，改爲自由貿易。蘆鹽行銷晉北者，於七八年間，先後取消官運，改爲自由運銷。十年，晉北南部三十四縣，又實行兼銷潞鹽，於是晉北成爲自由競銷之區。惟中南路土鹽，質劣產微，且極散漫，其徵稅辦法，係按鍋按月，包納鹽稅，不計鹽斤，名爲自由運銷，實又爲包課制度矣。

山東　山東清末額行正引四十萬零五百道，約合市秤一百九十一萬三千二百擔，票引十七萬一千二百四十張，約合市秤七十九萬九千八百擔，共合二百七十一萬三千擔。運商有引商、票商之別。而引票各地，又分官運、商運二種。官運中有官辦、有局辦。局辦者，設官運局，委員經理。官辦者，即以地方官任行鹽之事。近海產區，無商承運，由民販肩挑馱負，各就本地銷售，謂之民運。清末山東五十縣，及江蘇四縣，係商運。山東三十九縣，河南九縣，安徽二縣，江蘇、銅山一縣，係官運。東岸十八縣，爲民運民銷。民國二年，稽核所成立，以官運多積弊，將官辦各岸開放，招商租辦。三年，又將局辦南運各岸開放，招商租辦。濤雒六縣中，在清末臨沂、郯城、費縣，爲商辦票地。莒縣、日照、沂水，爲官辦票地。及官運票地開放，日莒兩縣，則改爲民運民銷。六年，六縣改爲東淮，幷銷，並將臨、郯、費、沂四縣專商取消。七年，由東綱公所承運，八年，改由協和公司承運，二十年，復招商租辦，二十一年，以專商銷額短絀，將四縣一律開放，爲自由貿易區域。民國十一年，青島租界收回，行銷膠澳鹽斤，爲民運民銷，輸出日本朝鮮鹽斤，訂有專約。永裕公司，爲食鹽輸出之專商。萬玉記等六家，爲工業鹽輸出專商，是爲指定商。

兩淮　清末，淮北綱、食岸，共行鹽三十六萬引，合市秤一百八十二萬八千八百擔。淮南綱岸，共行六十五萬二千七百六十引，合市秤六百六十三萬二千擔。食岸共行六萬九千六百四十八引，合市秤七十萬零七千六百擔。總共淮南北綱食鹽額行之數，爲一百零八萬二千四百零八引，約合市秤九百十六萬八千四百擔。自同治間改票復綱，循環給運，於是票商多不行鹽，大抵以所持之票，自由租典而坐享其利。民初湘、鄂、西三岸，有大票一千一百零二票，皖岸小票八百四十八票，照環運舊章，每年分春秋兩綱，循環配運。仍沿從前之弊，前後套搭，積欠累累。至民國十五年之頃，四岸積運，已有五十七綱。若以當時現行稅率計之，欠稅已達二萬五千餘萬元，他如淮北皖豫岸之專商，淮南食岸之食商，雖不若揚子四岸運商壟斷之甚，然其潛勢，亦足爲改革之阻。兩淮鹽運，在民初屬於商運者，有淮北之皖豫岸，爲票販。淮南之湘、鄂、西、皖四岸，爲票商，亦稱綱鹽運商。外江食岸內河食岸，爲食岸運商。屬於官運者，有淮北之近場五岸，爲官督商辦。淮徐六岸及淮南之建昌專岸，滁來全專岸，爲官運。當時近場五岸，爲無稅區，徐淮六岸受五岸私侵，幾於無稅可收。稽核分所成立後，雖經定有收稅辦法，然因政令不一，亦鮮實效。直至民五六之交，始將五六兩岸先後開放爲自由貿易區域。淮南之建昌專岸，於三年改行票鹽，招商租辦。滁來全官運，亦於九年招商租辦，均以三年爲期，至是兩淮官運，完全停止。淮北皖豫岸，包括皖北十九縣，河南汝光十四縣，原爲淮鹽銷區，運銷向由票商壟斷把持，從未足額。民國元年，皖督倪嗣冲將皖豫改爲蘆淮幷銷區域，並自組同益及裕源兩公司，運鹽行銷。票商反對甚烈。其時京漢鐵路運輸便利，蘆鹽南銷，勢難遏止。四年，政府從丁恩之請，取消皖豫票商專運，改爲自由貿易，其引權票本四十二萬六千零三十六兩，議由政府於鹽餘項下提款發給，以後無論何商，凡招章完稅者，均准販運淮北鹽斤。幷定皖北十九縣爲淮鹽銷區，汝光十四縣，爲蘆淮幷銷區域。其同益裕源兩公司，亦於八月間，飭令取消。惟同時行政機關，竟有乘開放之機，訂立新商繳租承運章程，令商人繳租領取販鹽特許證劵，以爲牟利者。開放自由，亦因而延擱，直至十年二月，始克將票權明令廢止，實行自由貿易焉。淮鹽積弊，本以四岸爲最深。當辛亥革命之際，國中秩序大亂。執有引票特權者，皆停止運鹽。民國二三年間，借運北鹽之風甚熾。淮鹽引岸之制，幾瀕於絕。於時，鄂省又有福利公司，由遼東運鹽至鄂行銷，舊日運商專運專賣之利盡奪，後又改爲恆利公司，及亂事平定，舊商羣起力爭，相持不決者久之。至五年五月，恆利公司取消，票商死灰復燃。使當引岸停頓之際，能利用時機，開放四岸，實行自由貿易，則積弊廓清，固易如反掌，政府計不及此，論者惜之。及十八年，財政部驗票，按引徵收驗費，頒發查驗憑證，於是票本益有保障。二十二年，稽核行政合併，始於鄂岸試辦有限制之自由貿易，立淮鹽售鹽處於漢口，凡歸處之鹽，得不分精次，自由競銷，並將挨票輪銷舊制，改爲每月開提十五票爲一檔，按到岸先後，依次遞開，已開各檔，聽憑各商提運外岸，或歸售鹽處銷售，或留作櫃銷，不加限制。所開各票無論已否售完，下月仍續開十五票，以促競銷。凡在鄂岸境內，無論何地，均准民販向售鹽處自由販賣，試辦以來，成績甚著。湘、皖、西三岸，亦次第推行。二十二年十月，長沙、蕪湖、南昌之售鹽處，相繼成立。票本雖未能完全取消，然已漸進光明之路矣。山東之濤、雒六縣，於二十二年五月，改歸淮北管轄，仍爲自由貿易區域。

兩浙　兩浙自同治八年，蘇五屬招商復引，浙東西由票整綱，定爲循環轉運，於是票鹽又廢。淸末行鹽四十七萬二千五百十七引，約合市秤一百八十萬擔。有綱引減肩住鹺地之分。綱地在浙者，有富陽等三十四縣，在皖者，有廣德等七縣，在贛者，有玉山等七縣，由綱商承運。引地有蘇五屬之二十三縣，及安徽之建平一縣（後改稱郎溪）由引商承銷。減地有蘇五屬之上、南、川三縣及寶山之結一結九兩圖，亦爲引商。肩地有杭縣、餘杭、海寧、崇德、海鹽、平湖、紹興、蕭山八縣，由肩商承銷。住地有上虞、新昌、嵊縣、餘姚四縣，由住商承銷。鹺地有溫屬六縣，處屬九縣，係官督商運，計斤抽鹺。其台屬四縣，金屬二縣，處屬縉雲一縣，寧屬鄞縣等五縣，及蘇五屬之上海租界，係商運包鹺，亦稱鹺地。定海及蘇省之海門崇明，則又係地方包課。民國七年，平湖海鹽兩縣，改肩爲綱。寧屬之鄞縣、慈谿、奉化、鎭海、四縣，及寧海北半縣，於三年七月規復引制，招商認辦，稱寧屬引地。其象山南田二縣，則仍爲包商，至八年始實行開放。肩地之蕭紹二縣，六年改招商認辦。十四年，紹興招商認引，亦爲引地。蕭山仍舊開放，至十六年，又招商認包。台屬鹽地各縣，於三年廢止包課，招商運銷。十年一律開放。溫處兩屬鹽地，十七年招商認包試辦，二十一年撤銷，同時開放，准散商自由報運。蘇五屬引商，當辛亥之際，地方不靖，停止運鹽，蘇紳自組公司，辦理運銷，引商旣羣起反對，公司亦因資本不足，陷於困境。於是兩浙運使取消引商，設官鹽採運局，試辦官運。松江場鹽成本昂貴，難與餘岱競爭。四年將官運停辦，復歸引商專運，惟上海租界仍爲包商。屬於特區者，有常陰沙、崇明、啓東、橫沙各島。常陰沙向無官銷，民國七年，劃爲特區，兼銷淮浙鹽，由專商承辦。崇啓向食淮私，七年始爲浙鹽引地。橫沙各島，爲十八年新開闢之特別輕稅區。以上除肩地住地鹽地外，所有綱地引地減地及常陰沙特區，均於十八年由財政部飭令按照近三年平均銷額，分別徵收照費，發給鹽商執照。

福建　閩省清末改行票鹽，商辦票岸居其多數。惟泉州屬之南安安溪二縣，建寧屬之浦城一縣，永春州幷所屬之德化大田二縣，爲官辦票岸。延平屬之南平順昌二縣，邵武屬之邵武、光澤、泰寧、建寧四縣，爲官商合辦票岸。民國初年，廢除商幫，改爲完全官運，是爲官專賣制。七年起，逐漸取消專賣，先將閩侯等二十六縣開放，改爲自由貿易。八年將霞浦等五縣開放，九年復開放莆田等二十四縣，自是閩省完全爲自由區域。十一年冬，閩局紛擾，軍人干涉鹽政，運銷大受影響。十六年冬，稽核分所停頓，運署改採官專賣並包商混合制度，稅銷銳減。十八年冬，稽核機關恢復，因自由貿易未能遽復，仍暫行包商制度。迨二十三年四月，始將上游之南平等十八縣，開放自由貿易。二十五年一月，福州之閩侯、閩清、永泰三縣，亦開放自由貿易。嗣長樂、福清、莆仙亦開放，改官運商銷。現時閩北、福寧、泉州各屬，及廈門之石碼雲詔東山各屬，均仍暫行包商制。漳浦一縣，原爲包商，十七年改爲官專賣。烏嶼漁鹽，民元以來，幾經改革，十八年改爲包商制，二十一年復改爲官專賣。又平潭一縣，亦爲官專賣。

廣東　粵鹽引地，跨廣東、廣西、福建、江西、湖南、貴州六省，統分省河沿海兩大區。內又析爲中西北東平南六櫃，及潮橋瓊崖兩區。省河區之中櫃，配銷南海等三十縣，及廣西懷集等四縣。西櫃配銷廣西蒼梧等八十四縣，貴州獨山等九縣。北櫃配銷英德等十三縣，湖南之桂東等十一縣，江西贛縣等五縣。沿海坐配區之東櫃，配銷惠陽等十縣，及江西安遠等五縣。平櫃配銷合浦等四縣及廣西鬱林等四縣。南櫃配銷茂名等九縣，及廣西北流陸川二縣。潮橋區配銷大浦等十五縣，福建長汀等八縣，及江西石城等七縣。瓊崖區配銷海南島十三縣。額定行鹽八十一萬四千五百十引有奇，約合市秤三百四十一萬六千六百擔。省河自改綱設櫃，久未按埠定商，按商定引，清末通綱包餉，完全爲包商制。辛亥革命之際，埠歇商散，乃將省河之中西北三櫃開放，改爲自由貿易，於民國元年一月開辦。惟將中櫃之恩春六縣劃出，與南櫃平櫃及東櫃之東江海陸豐併歸一商承包。中櫃之香安兩埠，卽今之中山寶安，亦准商人認餉包承。四年取銷各埠承商，始皆改爲自由貿易。十三年，中櫃之南海、番禺、順德、新會、鶴山、東莞、三水、增城、龍門、花縣、從化諸縣，又定由商人認額包銷。迨後恩春及南櫃等區，復改包商。東櫃及平櫃則均爲有限制之自由，潮橋區爲六櫃以外粵鹽一大分支，清末統歸全綱包辦。元年准由商人承充。四年取消各埠承商，潮橋亦改自由貿易。十五年，橋上劃分六區，分區招商承包。至二十三年五月，仍復爲自由販運。瓊崖孤懸海外，鹽田星佈，從前只由地方帶征歲課，並無管理，清末始招商認額承銷，踵行至今。

雲南　雲南鹽制，沿清之舊，分滇省爲黑井白井磨黑井三區。黑井區爲昆明等三十九縣，白井區爲大理等二十三縣，磨黑區爲建水等二十四縣，皆任聽商民自由運銷。販商多小本營業，並無富商巨賈認岸專賣，故無引商票商及引地票地之分。開廣、中甸、維西、騰越、龍陵各邊岸，外私充斥，運價奇昂，商民不敢承運，則歸官辦，爲官運票地。然所謂民運者，實際上並非絕對自由，其牌號商，須由運使特許，並繳納保證金，始准設立；散商無牌號者，大都零星小販而已。屬於官運各地，自民國四年先後均已改歸民運，惟開廣邊岸，又於十九年招商認辦。黑井區之武定、元謀等縣，白井區之鄧川、中甸等縣，及磨黑井區之元江、寧洱等縣，多有小井，其產銷均歸商人包辦，每年認銷鹽額，包繳課租，謂之包井包課，爲雲南特殊之制度。

四川　川省鹽務，本爲商運商銷。清光緒間，將本省計岸，滇黔邊岸，及商行濟楚岸，先後復辦官運，是爲官運商銷。其歸丁州縣，如川北票岸及陝西、南鄭等二十一縣之川甘幷銷區域，則仍行票鹽。清季額定行鹽水陸共計折合水引四萬一千二百三十六引有奇，合市秤五百七十六萬零七百擔。劃縣分區，界限井然，引無積滯，課鮮拖欠，一時稱盛。迨後清廷多故，加價不已，官引復滯。民國成立，川省首先舉義，以舊鹽法多苛政，悉罷之。鄧孝可主鹽政，取消官運，破除引岸，改爲就場征税。只於各場設榷税司，專管收税事宜。惜因改革過急，又值大亂之餘，成績殊尠。民國三年，政府任晏安瀾爲運使。川省鹽務稽核分所亦於是時成立。安瀾鑒於就場征税之失敗，遂擬恢復舊有引岸，仿照官運成法而變通之，爲官督商運商銷。並將岸區重新釐定，屬於貴州者，爲仁、綦、涪、永四邊岸，兼配富、犍兩廠之鹽。屬於雲南者，爲滇邊岸，專配犍廠之鹽。屬於鄂西及湖南澧屬者，爲濟楚岸，專配富廠之鹽。屬於本省者，川江上游爲府河、成華、南河三岸，兼配樂、犍兩廠之鹽；下游爲納萬、涪萬、江涪、瀘南、巫楚、萬楚各岸，兼配富、犍、射、雲、寧五廠之鹽。於各岸設運鹽公司十八家，旋復增至二十五家，額定花鹽水引一萬七千六百六十九張，巴鹽水引二萬四千九百六十五張，分派於各公司。同時井商又有設立富榮鹽業公司之請，互相攻擊，各不相下。至四年六月，運鹽公司始告成立，票鹽稅輕，足以侵引；則爲公垣以統之。於是引鹽歸公司，票鹽歸公垣。運鹽公司原定試辦一年，但因實力不充，加以軍興道阻，萑苻遍地，不能如額運鹽，短繳之稅，多至一百餘萬元。於是稽核總所會辦丁恩，力持廢除公司，改行自由貿易，於五年九月，將公司取消，一律改爲散商，自由販運。並定暫行引鹽辦法：（一）公司取消後，未繳欠稅，概行豁免。（二）各公司或合或分，悉聽自便，均准與散商一律營業。（三）暫行劃定水運鹽斤銷岸，以維持分岸分廠辦法，是爲有限制之自由販賣。民國十四年後，川中迭起政變，各地駐軍，就其防區，擅提鹽稅，以供餉糈；寖至預提稅票，派商認領，墊繳稅款。鹽商之資本雄厚者，尚可勉強具認。

其力薄不勝者，則多紛紛改業。積鹽積稅，多至一千四百餘載，擁本多至千餘萬元。新商不敢加入，每月稅款，則惟此二三十家舊商是賴。名爲散商，實爲派稅包商矣。各商所配之鹽，既積不能銷，後到者，耗少價廉，自由競售，先到者，高價則無人過問，同價又受折閱。因呈駐軍，爲輪運之舉，依其到鹽先後，輪流售賣，然稅款月派有定，運溢於銷，新到之鹽，列在最後，迨其到輪，往往須一年以外，子金累積，必待價高時而始出售，售價遂無平減之望。派稅爲餉源所寄，軍部對於商人，勢不能不予以維持，而商人藉爲護符，更時有逾越範圍者。久之，軍隊見大利所在，又向各商分稅，自行運鹽，謂之軍鹽。既可免繳附稅，又得隨地而賣，鹽業之弊，遂致不可收拾。幸其法只及於富榮廠岸，他場則仍舊章，爲自由販運也。派稅包商行之數年，商本已竭，竈鹽莫配，各岸滯銷如故。十八年冬，各軍及運署分所籌議，軍餉向商人借貸，另按鹽載抽收整理費，分十個月歸還，自十八年十二月起，停收引稅五個月，專銷積鹽，其廠鹽則以積鹽配銷。而各岸毫無系統，迨至十九年四月期滿，僅將積稅配清，而積鹽仍有一千四百餘載。川省軍政當局，知積鹽應求疏通，廠困須謀救濟，商本應爲保持，自由販賣既不能驟復，而派稅包商，負稅而不負銷，失敗前車可鑒；乃集廠岸各商，議定採取多數認商制，實行分廠分岸之法，以資過渡。先將富榮兩廠銷岸及應銷鹽數，另行分配爲十二區，月銷鹽二百六十載。其中以二百載按月繳稅四十萬零七千餘元，撥充軍餉，即以稅票配運新鹽；其餘六十載搭銷積鹽。每區商名無定額，有願認者，呈報運署，驗資取保，即可承運。實行以來，各方均能相安，積鹽漸能疏暢矣。

西北　甘肅寧夏青海及陝西之延安、漢中等府各屬，原爲花定行鹽區域，分爲隴東、隴西及陝岸三區。甘省天水等三十二縣，及寧省寧夏等十縣，三設治局屬隴東；甘省蘭州市及皋蘭等三十四縣，暨青省西寧等十五縣，屬隴西。其陝岸則現隸陝西收稅總局之膚施等三十五縣是也。又陝西興漢屬之南鄭等二十一縣，則爲川甘幷銷。花鹽亦稱甘鹽，在前清時代，課歸地丁，本係自由貿易，迨至清末，改爲招商包運，民國三年，花定榷運局成立，四年，仍採包商制，額定年銷二十八萬擔，由隴東、隴西、陝西三公司承運，壟斷把持，弊端百出。民國七年，取消公司，改爲自由運銷，至今仍之。新疆領縣五十有九，設治局六，內迪化等二十三縣屬北路，阿克蘇等三十六縣及六設治局屬南路，均本產本銷。清末北路伊寧區爲包商，迪化、塔城兩區爲官辦，元年塔城改招商承包，二年伊寧區改辦官運，繼復改爲商包，旋又改爲官辦。南路鹽稅，清末規定隨糧帶征，民國因之。所有產製運銷，悉聽商民自便，實一絕對自由區域。

精鹽　精鹽行銷地點，規定以全國通商口岸爲限，現時已准行銷之商埠，爲上海、無錫、蘇州、之青陽地、南京、杭州之拱宸橋、寧波、長沙、岳陽、湘潭、常德、漢口、武昌、沙市、九江、安慶、蕪湖、蚌埠、鄭州、濟南、烟臺、天津、秦皇島、張家口、哈爾濱、廣州等處。惟亦有因地方之需要，或製造者有特殊情形，特准行銷商埠以外者。通商岸埠向有引商售鹽者，精鹽公司應請當地鹽務機關，諭令引商代爲銷售。引商如於兩月內聲明不願代銷，或逾限不覆，精鹽公司得自行設店，或委託他商代售。精鹽公司無定岸，全爲自由商。最近民國二十四年久大等精鹽公司以全國精鹽公司於二十二年共繳司馬秤一百三十萬擔之登記費，而二十三年銷數驟減，僅及半數，爰呈財部，籲請救濟。經部令核准，將行銷辦法量予變通，限定全國通商口岸及商埠行銷精鹽總額全年司馬秤一百三十萬擔，申合市秤一百六十五萬一千擔，所有分銷額數，即照全國各該岸埠最近三年平均銷數分別攤定，並准湘、鄂、西、皖四岸及蘇五屬各岸埠精鹽在登記期內，得兼推銷各該岸埠內地，其所定每年銷額如下：

（甲）湘岸　二十萬二千市擔

（乙）鄂岸　五十三萬六千市擔

（丙）西岸　四十五萬三千市擔

（丁）皖岸　一十五萬四千市擔

（戊）蘇五屬　一十六萬八千市擔（上海租界在內）

以上共計一百五十一萬三千市擔。

（至餘額一十三萬八千市擔，係配銷天津、南京等處其他口岸。）

輸出鹽　我國鹽斤向未內銷國外輸出，始於光緒三十一年。時日本鹽荒，長蘆官商，公捐二十萬擔，輸往救濟。民國八年，准隆昌商號購運淮鹽一百萬擔，輸出日本。九年，復准福利公司，辦運黑河倉鹽二萬擔，輸出俄國阿穆爾省，接濟僑民。十四年，又准永裕公司輸出青島鹽二萬五千噸，前往美國西雅圖，一萬噸前往香港，皆係臨時性質。政府以鹽斤外銷漸盛，乃於十五年規定華鹽輸出辦法，分為外國政府借運及華商稟請呈運兩種，均須擔保不再運回國內侵銷。現在賡續輸出國外者，僅有山東之青島金口石島威寧各地場鹽。青島在未收回以前，並無專商。十二年，我國收回青島鹽田，首先指定永裕公司爲輸出日本食鹽專商。十五年，簽訂青鹽輸出協定，指定復誠、萬裕記等數家，爲輸銷日本工業鹽專商，運往朝鮮、日本行銷。其一般協定，亦准永裕公司輸出日本工業用鹽，及朝鮮鹽，是爲指定商。金口、石島、威寧各場，向以漁鹽名義輸出朝鮮。其由帆船輸運者，商無定名，惟出口船隻，應向場署登記。輪船運商，則須經核准，始准承運。二十四年，福建開始輸出菲列濱，尚無定制。二十五年，長蘆籌辦輸出日本鹽斤，正在協議中。

第二章　鹽產

第一節　產源

鹽之來源，或出於海，或出於池，或出於井，或出於山，要其體質皆爲水氣之所成。尙書洪範：「水曰潤下，潤下作鹹。」此鹽之根源也。五行之氣，水爲最多，水無所不至，故鹽亦無處不有。中國產鹽特富，資用亦最早。古者夙沙氏煮海爲鹽，是爲煎製之鼻祖。禹貢、青州厥貢鹽絺，是後世鹽用之源。管子海王篇：「伐薪煮水，自十月至於正月，得鹽三萬六千鍾，糶成金萬一千餘斤。」是後世鹽利之源。他如載籍所徵，若池若井若鬻海鬻鹻之屬，亘數千年取之無盡，用之不竭，實爲紘埏所莫及。蓋中國地勢，西北多山，東南濱海，西北高而東南下，東南之水，皆匯於海，西北之水，皆源於山，水氣布濩，山澤相通，於是有海鹽池鹽井鹽岩鹽之產生，誠哉地不愛寶也。請分類言之。

鹽以海水製成，謂之海鹽。中國海岸，南起廣東欽州明江口（卽北崙河口）北訖遼寧鴨綠江口，袤延一萬三千餘里，分屬遼寧、河北、山東、江蘇、浙江、福建、廣東七省。沿海之濱，鹽田相望，地含潟滷，產額豐富。論其位置，分爲四區：一曰渤海，居河北之東，遼寧之西南，山東之東北，爲遼東山東兩半島環抱而成。中分兩大海灣，在東北者曰遼東灣。東起旅順口，西至山海關，灣內東西兩岸，今遼寧區之復縣、營蓋、盤山、錦縣、興綏各場隸焉。在西南者曰直隸灣。東起山海關，西南至山東登州角，灣內沿岸，今長蘆區之蘆台、豐財二場，山東區之永利、王官、萊州三場隸焉。一曰黃海，居江蘇之東北，山東之東南，遼寧之南，北起鴨綠江口，西南經直隸海峽至長江口北，濱海沿岸，今遼寧區之莊河場，山東區之威寧、石島、金口、膠澳四場及兩淮區之各場均隸焉。一曰東海，居江蘇之東南，浙江福建之東，北起長江口，南訖臺灣海峽，濱海沿岸，今浙江區之各場及福建區之前下、莆田、山腰、潯美、蓮河各場隸焉。一曰南海，居福建之東南，廣東之南東起臺灣海峽，南至欽州明江口，濱海沿岸，今福建區之詔安場及廣東區之各場隸焉。其在往昔，遼寧河北場區，蓋周之幽州地域。周禮職方氏云：「東北曰幽州，其利魚鹽。」春秋時代，多屬於燕。故管子云：「燕有遼東之煑。」是則遼鹽蘆鹽，發源已古。山東爲禹貢兗青徐三州之域。禹貢「海岱爲青州，厥土白墳，海濱廣斥，厥貢鹽絺。」當時言鹽不及兗、徐者，蓋洪水初平，青州鹽業早興，特舉其著者言之耳。越及有周，青、兗二州地多屬於齊。史記云：「太公封於營邱，以齊地瀉滷，迺通魚鹽之利，而人物歸之。」是則山東鹽產，在虞夏之時，已開其源，迨及有周而益著其利者也。江、浙場區，古爲吳、越要荒，漢以前，古籍所載鹽事，無專指淮、浙者，至漢吳王濞都廣陵，煮海饒國用，淮、浙煎鹽，始見於紀載。閩鹽則傳述更晚，唐代以前，無可徵考，自寶應間，劉晏治江淮鹽，設立十監，而侯官居其一，閩鹽之見於載籍，殆莫先於此。廣東南海之鹽，西漢以前，書闕有間，武帝時，因桑弘羊之請，分郡置均輸鹽鐵官，凡二十八郡，南海居其一，是爲粵鹽見於史册之始。

就鹽池撈取煎晒之鹽，謂之池鹽。鹽池來源，與山脈河流，均有關係。高原之地，山脈圍繞，水易瀦積，地面鹹質，爲山水所沖聚，往往成爲鹽澤。此則關於山脈者也。河流爲山脈所阻，流注溢地，其曲屈之處，水易聚積，經蒸發作用，所留鹹質，成爲鹽滷，或鹽粒鹽塊，故中國黃河之曲，皆爲大鹽池所在。此則關於河流者也。中國鹽池，蒙古、西藏、青海、新疆、山西、陝西、甘肅各區皆有之，而以山西之解池，甘肅之花馬池爲最著。至若寧夏之擦漢池、雅布賴池，產量豐富，莫可與京，特以交通梗阻，運輸維艱，不獲儘量發展。他若西藏、青海、新疆之池鹽，則今仍閉塞，天然厚利，湮沒弗彰，重可惜也。考鹽池之位置，其根源於山脈者，以葱嶺（即帕米爾高原）爲主幹。葱嶺山脈，凡四大系。一自北行入科布多、新疆間者，曰阿爾泰山系。一自東北行入新疆者，曰天山系。一自東行入新疆、青海而分支者，曰崑崙山系。一自南行入西藏者，曰喜馬拉雅山系。其間支脈相連，山泓並湧，衆流所匯，悉成巨大鹽池。如蒙古科布多之哈拉泊（即哈拉烏蘇泊）都爾戛泊，爲科布多河所瀦，導源於阿爾泰山系者也。又如新疆北路之巴里坤湖、（即巴爾庫勒淖爾）阿雅爾淖爾、額畢淖爾（即布哈爾齊淖爾）爲伊犂河等衆水所瀦。新疆南路之羅布淖爾，爲搭里木河等衆水所瀦，皆導源於天山系者也。又如青海鹽池等，爲柴達木河等衆流所瀦，導源於崑崙山系者也。又如西藏之騰格里海等鹽池，爲達爾古河等衆水所瀦，導源於喜馬拉雅山系者也。其根源於河流者，皆當黃河之曲。黃河自青海東流，入甘肅境，至蘭州，轉而東北，至寧夏境，成一灣曲。河之東岸，甘肅花馬鹽池之所在也。西岸循賀蘭山麓，賀蘭山之西，爲寧夏阿拉善旗地，吉蘭泰鹽池之所在也。又東北流，入綏遠境，折而東，循陰山南麓，至托克托，折而南流，環抱三面，構成一大灣曲，名曰河套，套內鹽池之所在也。又南流入塞，蜿蜒於秦晉之間，至蒲州西南，折而東流，河水至此，又成一大曲，山西解池之所在也。解池以下，黃河流域，無有鹽池。蓋地勢漸落平原，不若西北高地河流伏脈，有陰潛之功，理固然也。論池鹽之發源，當以山西之解池爲最古。解池鹽產，必資南風。古人謂舜歌南風，以南風之時，可以阜財。蓋指解池晒鹽而言。周時池爲晉有，左傳言「郇瑕之地，沃饒近鹽」，是解池鹽利，由來已久。甘肅鹽池，見諸史册，始於漢代，三國魏明帝時，徐邈爲涼州牧，請修武威、酒泉鹽池，其青海、寧夏，亦爲甘肅所轄。若花馬大小鹽池，則至明代始行著稱。新疆爲古西域地，省制之設，始於清季，故記載多缺。漢書西域傳所謂「蒲類海」，殆即今之巴里坤湖。所謂「蒲昌海」，殆即今之羅布淖爾。蒙古鹽池，始見於漢，漢書地理志朔方之金連鹽澤，青鹽澤，即今綏遠之鄂爾多斯旗地。西藏原屬藩輔，鹽務向無經營，鹽池發端，無可考焉。

鑿井取滷，煎煉成鹽，謂之井鹽。井鹽根源，亦與山脈河流有關。緣地層內含有鹹質或鹽塊，經川流之漸漬，潛行地下，化生鹽滷，是即鹽井之所取汲者也。中國鹽井，聚於川滇二省，多在山脈綿亘川流環曲之處。此外僅甘肅之漳縣、西和二處有之。山西之解池，以堤岸失修，池水涸淡，改爲穿井汲滷。其餘各區，概無鹽井。此則地勢使然。四川重山迴合，岷山之脈，入其北境，衍爲邛崍山、鹿頭山、劍門山等支。巴山之脈，入其東北境，迤而東南，以接於巫峽。又有長江橫貫其中，岷江、沱江、嘉陵江、涪江、烏江、打沖河各流，涴演錯列。故其鹽泉深藏，取之不盡。其在長江流域者，爲奉節、雲陽、忠縣各場。在岷江、沱江間者，爲富榮、井仁、簡陽各場。在岷江右岸，控扼峨嵋者，爲犍爲、樂山各場。在嘉陵江、涪江流域循列於鹿頭山、劍門山諸脈者，爲大足、資中、樂至、蓬遂、射洪、綿陽、南閬、西鹽、南鹽各場。附近巴山支脈者，爲大寧、開縣各場。在打沖河流域者，爲鹽源場。在烏江流域者，爲彭水場。凡此皆四川著有之鹽井所在也。雲南位於橫斷山脈之南端，爲南嶺所由起。產鹽之地，皆在西境及西北、西南、兩部。蓋以北負雲嶺，西阻怒山，東憑烏蒙及哀牢山諸脈，而瀾滄江、潞江，曲折迴環，縱貫其間，水氣鬱積，蘊鹽特多。其產地有單純產滷者，有兼產硔滷者。如黑井、阿陋井、白井、喇雞井、雲龍井，皆單純產滷者也。如元永井、喬後井、磨黑井、按板井、香鹽井、益香井、石膏井，皆產滷而兼產硔者也。至若甘肅之漳縣、西和二處，亦產井鹽。其地左憑隴坂，右扼岷峨，據渭水之源，跨洮河之曲。鹽源所在，胥關山脈河流，此其證矣。考井鹽之發始，當以四川爲最先。華陽國志云：「秦孝王令李冰守蜀，冰察地脈，知有鹹泉，因於廣都等縣，穿鑿鹽井。」是爲川鹽發端之始。雲南一區，漢時有鹽官之設，漢書地理志，紀郡縣鹽官特詳，所載益州郡之連然縣，即今之滇地。又史載：漢鄭純爲永昌太守，與哀牢人約，歲輸鹽一斛。是則滇鹽之經始，在於漢代。至於甘肅井鹽，固亦自漢始焉。

就地層開取鹽硔，製煉成鹽，謂之岩鹽，一曰石鹽，即礦鹽也。岩鹽乃古海經地殼之變動，高出海面，又經地層拗曲受高壓而成，故岩鹽所在，皆地勢高聳山脈綿亘之區。中國岩鹽，以新疆、雲南、西藏爲盛。而新疆境內，阿爾泰山走其北，天山橫其中，崑崙山阻其南，爲各大山系主脈薈萃之所。雲南一區，半爲橫斷山脈所蟠結。西藏逼邇葱嶺，挾持於崑崙、喜馬拉雅兩大山系之間，地勢崇峻，爲世界第一高原。是則岩鹽產生，固有關於山脈者矣。惟中國岩鹽產源雖富，開發殊少，新疆、西藏地處邊陲，交通阻絕，迄未與發，僅有雲南之硔產，稍見國中，而產額無多，地利之興，所宜講求。新疆岩鹽產區，舉其著者凡六處，曰拜城、曰溫宿、曰庫車、曰烏什、曰疏勒、曰巴楚。雲南岩鹽，著者凡七處，即滷硔兼產之元永、喬後、磨黑、按板、香鹽、益香、石膏各場是也。西藏之烏蘭達布遜山，爲著名岩鹽產所，山爲赤色，產紫色鹽極多。其他地層聚積鹽塊之處，則所在多有。礦學家謂藏中金礦最富，次則石鹽，非虛語也。岩鹽之在往昔，發見絕少，史乘鮮傳，欲考其眞實源起，殆不可得。北史西域傳云：「高昌有白鹽，其形如玉粲。」涼州異物誌云：「鹽山有鹽三色爲質，赤者如丹，黑者如漆，赤黑者小，惟白者大，小大從意，鏤之寫物。」此岩鹽形狀之僅見於紀載者，殆指新疆所產者歟。

以上各鹽，皆屬質品優良，有益人類，爲人生食用所必需。內中以海鹽產量最多，池鹽次之，井鹽岩鹽又次之。此外尚有鹻鹽一種，爲鹼地所產，即土鹽也。味苦質劣，食之有害衞生。黃河兩岸、山西北路、及口北皆有之。其根源或出於鹼灘，或出於硝池，或出於卑濕之地，或出於鹵土之間。自昔已有產製，宋史食貨志所謂幷州煮鹻爲鹽者是也。今則出產益廣，侵奪正引。所宜設法取締，改良其土壤，使之逐漸銷滅，是則有關於公共衞生者也。

第二節　產區

中國產鹽區域，佔地極廣，屬於海鹽者爲區七，曰兩淮、曰兩浙、曰福建、曰兩廣、曰山東、曰長蘆、曰遼寧，屬於池鹽者爲區二，曰河東、曰西北，屬於井鹽者爲區二，曰四川、曰雲南，均經設有場區。至若新疆、蒙古、西藏，則池鹽井鹽岩鹽，所在多有。晉北之太原、平遙、大同、忻代等二十餘縣，均產土鹽。湖北之應城縣，專產膏鹽。惟歷來未劃場區，未設場官，不與於場區之數焉。考場區之規劃，始於漢代，凡產鹽多者，設置鹽官。據漢書地理志所載，當時設有鹽官之產區，凡三十四縣。即河東郡之安邑縣，（今河東區）太原郡之晉陽縣，鴈門郡之沃陽樓煩二縣，（均今晉北區）渤海郡之章武縣，漁陽郡之泉州縣，遼西郡之海陽縣，（均今長蘆區）鉅鹿郡之堂陽縣，（今南宮新河等處原產土鹽）遼東郡之平郭縣，（今遼寧區）北海郡之都昌、壽光二縣，東萊郡之曲成、東牟、惤縣、昌陽、當利五縣，瑯琊郡之海曲、計斤、長廣三縣，（均今山東區）會稽郡之海鹽縣，（今兩浙區）南海郡之番禺縣，蒼梧郡之高要縣，（均今兩廣區）安定郡之三水縣，北地郡之弋居縣，上郡之獨樂、龜茲二縣，（均今西北區）南郡之巫縣，蜀郡之臨邛縣，犍爲郡之南安縣，巴郡之朐忍縣，（均今四川區）益州郡之連然縣（今雲南區）西河郡之富昌縣，朔方郡之沃野縣，五原郡之成宜縣，（均今鄂爾多斯旗地）是也。其時主產鹽區，西北多於東南，而廣陵一郡，爲今兩淮產鹽重要區域，則未設有鹽官。及唐寶應間，劉晏治鹽，置立漣水（今兩淮區）湖州越州杭州（均今兩浙區）四場，海陵、鹽城（今兩淮區）嘉興、新亭、臨平、蘭亭、永嘉（均今兩浙區）侯官（今福建區）大昌、富都（均今四川區）十監，注重東南海鹽，而西北之安邑鹽池，則直隸度支所轄，是則產區規劃，時有不同。迨及宋代，分區漸多，以事務之繁簡分爲三等，大者曰監，中者曰場，小者曰務。元代則悉稱爲場，至今仍之。而場區增廢，明清以來，時有更改。入民國後，以整理場務，集中管理，無益及零星之鹽灘，多經封閉，設場更少，綜計全國鹽場現爲九十五場各區設場沿革及產鹽狀況，分述於次。

第一目　兩淮

兩淮場區，以淮河爲界。在淮河以南者，謂之淮南。在淮河以北者，謂之淮北。全區南界兩浙，北接山東，居黃海之濱，位於江蘇之通州、泰州、海州三屬。漢吳王濞都廣陵，（今江都縣）煮海水爲鹽，爲淮區煎鹽之始。顧淮鹽既出而沿漢至隋，沿革弗聞。蓋以彼時鹽務，朝議詳西北而略東南，自唐始重東南，東南尤重江淮，江淮鹽利乃大著。唐寶應時，劉晏爲鹽鐵使，設四場十監，內漣水一場，海陵鹽城二監，皆今兩淮場地，是爲兩淮分區設場之始。宋天聖中，通楚兩州各設七場，泰州設八場，海州設二場，漣水軍設一場，其場名弗可考。元增爲二十九場，曰呂四、餘東、餘中、餘西、西亭、金沙、石港、掘港、豐利、馬塘、拼茶、角斜、富安、安豐、梁垜、東臺、何垜、丁溪、小海、草堰、白駒、劉莊、伍祐、新興、廟灣、莞瀆、板浦、臨洪、徐瀆。明增興莊天賜二場，嗣以天賜歸併廟灣，共爲三十場。清康熙十七年，以徐瀆併入板浦。雍正五年，以臨洪興莊併爲臨興場。乾隆元年，設中正場，以莞瀆併入。又以馬塘併入石港，餘中併入餘西，白駒併入草堰。

三十三年，又以西亭併入金沙，小海併入丁溪。終清之世，共爲二十三場。民國元年，增設濟南場，以豐利歸併掘港，改名豐掘，拼茶歸併角斜，改名拼角，餘西歸併餘東，改名餘中，東臺歸併何垛，改名東何，富安梁垛歸併安豐，改名安梁，劉莊歸併草堰，仍名草堰，又裁石港金沙二場。二十年，復以廟灣併入新興，丁溪併入草堰，東何併入安梁，拼角併入豐掘，呂四併入餘中。二十二年，劃山東濤雒場，歸兩淮轄，與臨興合併，改名濤青場。於是兩淮共十場，在淮南者，爲餘中、（南通縣屬）豐掘、（如皋縣屬）安梁、（東台縣屬）草堰、（東台興化縣屬）新興、（鹽城阜寧縣屬）伍祐，（鹽城縣屬）六場。在淮北者，爲濟南、（漣水灌雲縣屬）板浦、中正、（均灌雲縣屬）濤青、（東海贛榆日照三縣屬）四場。淮北各場產鹽均係晒製，平均年產約九百萬擔，佔全國鹽產總量百分之十八，內以濟南產數爲最多，中正板浦次之，濤青爲最少。淮南各場產鹽，全係煎製，間有用板晒製，每年產量平均約一百五十萬擔，佔全國產量百分之三，以安梁產數較多，豐掘、草堰次之，伍祐、新興又次之，餘中爲最少。若以全國海鹽計之，兩淮產數，當首屈一指也。

第二目　兩浙

兩浙蓋禹貢揚州之域。自漢吳王濞煮海爲鹽，後世因之，遂成恒業。產區居東海之濱，跨江浙兩省松、嘉、杭、紹、寧、台、溫七屬。分爲浙東浙西兩大部分，在錢塘江以南者曰浙東，以北者曰浙西。漢置郡國鹽官，會稽居其一，是爲浙鹽設官之始。唐寶應時，劉晏領東南鹽事，於產區設四場，而浙居其三，曰湖州、杭州、越州，爲今湖、杭、紹各地。又置十監，而浙居其半，曰嘉興、新亭、臨平、蘭亭、永嘉，爲今嘉、杭、紹、溫各地。是則斥鹵之廣，由來久矣。唐末，兩浙隸於吳越，因革弗彰。宋初，吳越納土，置兩浙路，先設杭州、秀州、密鸚、永嘉四場。天聖中，溫州又設三場。後兩浙路分爲東西兩路。浙西路，秀州（今嘉興）設十場，平江（今吳興）設四場，臨安（今杭縣）設十場。浙東路，紹興（今紹興）設四場，明州（今鄞縣）設六場，台州（今臨海）設三場，溫州（今永嘉）設五場。其場名均弗詳。元代共設三十四場，曰仁和場、許村場、西路場、下砂場、青村場、袁浦場、浦東場、橫浦場、蘆瀝場、海沙場、鮑郎場、西興場、錢清場、三江場、曹娥場、石堰場、鳴鶴場、清泉場、長山場、穿山場、岱山場、玉泉場、蘆花場、大嵩場、昌國場、永嘉場、雙穗場、天富南鹽場、長林場、黃巖場、杜瀆場、天富北鹽場、長亭場、龍頭場。明裁蘆花、昌國、岱山三場，增設天賜、青浦、下砂二、下砂三、四場，後青浦天賜二場坍入海中，廢之，又裁龍頭歸併清泉，裁長山歸併穿山，名穿長場，餘仍元制，共爲三十一場。清順治十八年，裁永嘉併入雙穗。康熙三年，裁杜瀆併入黃巖。十八年，裁玉泉併入大嵩，名嵩玉場。二十六年，裁南監併入雙穗。三十九年，裁北監併入長林。四十一年，裁下砂三場併入下砂二場。雍正二年，裁下砂二場，歸下砂頭場兼理，又裁西興併入錢清。七年，復設下砂二場、杜瀆場、永嘉場，裁浦東場歸併橫浦場。乾隆五年，復設浦東、龍頭二場，析嵩玉場仍爲大嵩玉泉二場，又析西路爲黄灣場，析三江爲東江場，析曹娥爲金山場，並以天賜舊場，坍地復漲，添設崇明場，又復設下砂三場，併爲下砂二三場。宣統三年，裁西路併入黄灣，裁龍頭併入清泉，改石堰爲餘姚，並添置岱山場。綜計清季亦爲三十一場。民國元年，併横浦、浦東爲兩浦場，併下砂及下砂二三場爲下砂場，又裁曹娥併入金山。五年，裁永嘉併入雙穗，復設北監南監二場。六年，析雙穗爲上望場，又裁下砂場。八年，析岱山爲定海場。九年，設衢山場。十八年，廢仁和場。二十年，裁許村併入黄灣，裁海沙併入鮑郎，裁大嵩、穿長併入清泉，裁上望併入雙穗，裁東江、金山併入三江，裁衢山併入岱山，裁杜瀆併入黄巖，裁青村、兩浦併入袁浦，又廢鳴鶴、崇明二場。今所存者，爲餘姚、（餘姚縣屬）岱山、定海、（均定海縣屬）蘆瀝、（平湖縣屬）鮑郎、（海鹽縣屬）黄灣、（海寧縣屬）錢清、（蕭山縣屬）三江、（紹興縣屬）清泉、（鎮海縣屬）玉泉、（象山縣屬）黄巖、（溫嶺縣屬）長亭、（寧海縣屬）雙穗、（瑞安縣屬）長林、（樂清縣屬）北監、（玉環縣屬）南監、（平陽縣屬）計十七場。內袁浦一場，歸松江運副管轄，餘則直隸於兩浙運使。各場製鹽，用煎用晒，方法不一。若黄灣、鮑郎、三江、三場，專用煎製者也。若餘姚、岱山、定海、蘆瀝、錢清、清泉、北監、南監、袁浦九場，專用晒製者也。若玉泉、長亭、黃巖、長林、雙穗五場，則兼用煎製晒製者也。至於各場產數，以餘姚爲最多，岱山、錢清次之，長亭爲最少。全區產量平均年約四百五十萬擔，佔全國總量百分之九，斥鹵雖廣，而產數未臻旺盛，亦以地處海濱，坍漲無常故耳。

第三目　福建

閩省東南瀕海，皆爲產鹽區域。唐代以前，產區無可徵考。唐寶應間，劉晏設立十監，侯官居其一，又新唐書地理志載：福州之長樂、連江、長溪、（今霞浦福安二縣境）三縣，泉州之晉江、南安二縣，均有鹽官。是唐時產地已佔福州、福寧、泉州三屬。迨宋天聖間，興化、漳州、鹽業日起，於是福、興、泉、漳、福寧五屬，悉爲產鹽所在，迄今稱盛。斥滷之區，可謂廣矣。據元豐九域志，宋時產區計福州屬長溪縣有一鹽場，長樂縣有一鹽場，羅源縣有一鹽場，泉州屬晉江縣有鹽亭一百六十一，惠安縣有鹽亭一百二十九，同安縣有安仁、上下馬欄、莊坂四鹽場，漳州屬龍溪縣有吳慣、沐瀆、中柵三鹽團，漳浦縣有黃墩一鹽團，是宋時鹽區之可考者。產地皆繫於縣，別無專稱。至元代入統，始將產區劃爲七場，曰海口、曰牛田、（今均屬福清縣）曰上里、（今莆田縣屬）曰惠安、（今惠安縣屬）曰潯美、曰浉州、（均今晉江縣屬）曰浯州。（今同安縣屬）明因元舊，亦置七場，無所更易。清康熙二十二年，設漳浦詔安二場。四十七年，併海口牛田爲福清場，改上里爲莆田場。乾隆四十八年，設洪白、赤杞、江陰、下里、前江、列嶼六場，分漳浦場爲漳浦東、漳浦南二場。又甯德縣屬漳灣場羅源縣屬鑑江場霞浦縣屬淳管場，皆產煎鹽，形質較細，向稱細鹽場。產額無多，不設場官，由附近知縣佐雜兼領之。五十一年，增設祥豐場。嘉慶二年，增設蓮河場，裁烈嶼併入浯州。十六年，增設福興場，裁漳浦東場歸併漳浦南場。二十三年，裁洪白赤杞歸併福清，裁浉州歸併潯美。終清之世，共爲福清、江陰、福興、莆田、下里、前江、潯美、惠安、浯州、祥豐、蓮河、漳浦南、詔安十三場，其漳灣、鑑江、淳管三細鹽場，則逐漸荒廢。又臺灣設有五場，曰洲南、曰洲北、曰瀨南、曰瀨北、曰瀨東，臺灣割棄，場區亦亡。民國初元，裁浯州場。三年，裁福興場。四年，祥豐併入蓮河，前江下里併爲前下。五年，分惠安爲山腰、埕邊二場。六年，裁福清、江陰二場，改爲韓厝寮、江陰二特別區。十七年，裁埕邊場，改爲后港特別區，十八年，裁浦南場，改爲嶼頭鹽墩二特別區。二十年，將各獨立特別區，分別劃歸就近場署管轄，於是韓厝寮、江陰劃隸莆田場，后港劃隸山腰場，嶼頭、鹽墩、劃隸詔安場。今所存者，爲莆田、前下、（均莆田縣屬）山腰、（惠安縣屬）潯美、（晉江縣屬）蓮河、

（安思明金門三縣屬）詔安、（雲霄漳浦詔安東山四縣屬）六場。各場產鹽，均係晒製，平均年產約二百萬擔，佔全國產量百分之四，以詔安前下產量爲豐，山腰、蓮河、次之，莆田潯美又次之。若就海鹽各產區而論，閩鹽產量實居末位，銷地所限，未能盡量產製故也。

第四目　兩廣

兩廣爲鹽務分區名稱，謂廣東廣西也。若論產地，則盡在廣東境內，廣西無有焉。廣東南瀕大海，自潮惠以至欽廉，瀕海之地，俱有鹽區。又島之大者，首推海南，次則南澳及上下川山等，亦悉爲鹽區所在。故產額豐富，自昔卽見重國中。考諸歷史，東南海鹽，如淮閩各區，皆至唐始有鹽官之設，而粤鹽則在漢時已於南海蒼梧二郡，置有鹽官，其重要可知矣。唐時鹽業益興，新唐書地理志云：「廣州新會有鹽，潮州海陽有鹽，瓊州瓊山有鹽，振州、（卽崖州）寧遠有鹽，近海百姓煑海水爲鹽，遠近取給。」是唐時鹽區已視漢爲廣。然尚無設場之制也。設場之制，起於宋代。宋史食貨志載：廣州東莞靖康等十三鹽場，廉州白石、石康二鹽場，天聖以後，東西海場十三，皆領於廣州。又元豐九域志載：廣州東莞三鹽場，海南、黃田、歸德三鹽柵，新會、海晏、博勞、懷寧、都斛、矬峒、金斗六鹽場，潮州、海陽、淨口、松口、三河口三鹽場，惠州、歸善、淡水一鹽場，海豐、古龍、石橋二鹽場。其位置名稱俱有可考。柵係大場分出，其爲鹽場一也。元於大德四年，設鹽場十三，曰靖康、歸德、東莞、黃田、香山、矬峒、雙恩、（均廣州境）鹹水、淡水、石橋、（均惠州境）隆井、小江、招收。（均潮州境）此外廣海一區亦有鹽場，惟元史弗詳名稱。明置廣州海北二提舉司。廣州提舉司領十四場，即元設之十三場，與另增之海晏場是也。海北提舉司領十五場，即元之廣海場區，曰白沙、白石、西鹽、白皮、官寨丹兜、（均廉州境）蠶村、調樓、武郎、東海、（均雷州境）博茂、茂暉、（均高州境）大小英感恩、三村馬裊、陳村樂會、博頓、蘭馨、（均瓊州境）新安、臨川。（均崖州境）清初設矬峒、海晏、靖康、歸德、東莞、香山、丹兜、東平、雙恩、淡水、碧甲、大洲、石橋、墩白、海甲、小靖、招收、隆井、東界、河西、海山、小江、惠來、博茂、茂暉、白石二十六場，而海北區之雷瓊各場不與焉。雍正七年，併矬峒、海晏爲海矬場。乾隆三年，併靖康、歸德爲歸靖場，增設電茂場。二十七年，裁東平併入雙恩。五十五年，裁東莞、香山、丹兜、歸靖四場。嘉慶二十年，改海矬場爲上川司。光緒二十四年，廣州灣爲法租借，廢茂暉場。三十三年，裁小江併入隆井。綜計清季共存一十八場柵，即上川司、淡水場、碧甲柵、大洲場、墩白場、石橋場、海甲柵、小靖場、招收場、河西柵、隆井場、惠來柵、東界場、海山場、雙恩場、電茂場、博茂場、白石場是也。民國肇建，整理雷瓊場務，開放公運，於海康設一場，初名茂暉，繼改烏石，於海南島設三亞場，管理瓊崖場產。四年，裁上川併入雙恩，裁東界併入海山，裁河西併入招收。二十三年，復將海山與東界分立，併隆井招收為招隆場，裁海甲小靖二場。今所存者，計為淡水、碧甲、大洲、（均惠陽縣屬）石橋、（陸豐縣屬）墩白、（海豐縣屬）雙恩、（陽江縣屬）海山、東界、（均饒平縣屬）招隆、（潮陽縣屬）惠來、（惠來縣屬）電茂、博茂、（均電白縣屬）白石、（合浦縣屬）烏石、（海康徐聞遂谿三縣屬）三亞、（瓊山縣屬）十五場。各場製鹽方法，除雙恩、白石、三亞有小數煎製外，餘均用晒。晒者謂之生鹽，煎者謂之熟鹽。全年產鹽平均約三百五十萬擔，佔全國產量百分之七，以墩白、三亞產數為多，海山、白石、烏石、淡水次之，招隆、惠來為少。總觀粵鹽全局，自雷瓊開放公運以來，產額加豐，池堀增闢，倘使整理得法，前途固方興未艾也。

第五目　山東

山東海濱廣斥。虞夏之時，已有青鹽之貢。管仲相齊，正渠展之鹽，通東萊之產，而齊以富強。論者謂古代鹽產之富，莫盛於山東，鹽法之興，亦莫先於山東，其信然歟。漢興，武帝整興鹽法，郡縣產區所在，設立鹽官，山東凡十縣，曰都昌、曰壽光、曰曲成、曰東牟、曰惤縣、曰昌陽、曰當利、曰海曲、曰計斤、曰長廣，綜計郡縣鹽官三十有四，而山東一區，獨居多數，是則漢代鹽法，固仍以山東為模範也。魏晉以降，山東先後爲石趙、慕容苻秦、元魏所據，鹽業退化，不逮往古。唐時藩鎮爲患，山東產鹽之地，迭爲佔據，私擅鹽利，仙芝黃巢均以鹽梟倡亂山東，則其鹽業衰敗，可以知矣。宋初，山東鹽政始復歸一，產地劃爲兩區，一屬京東路，初於密州設濤雒場，後增登州四場，一屬河北路，初設濱州場，後分四務。靖康末，金取宋地，於莒州設十二場，曰濤雒、臨洪、獨木、板浦、信陽、西繇、衡村、黃縣、巨風、福山、臨海、文登。又設密州五場，即墨、萊陽二場，寧海州五場，場名弗可詳考。元明兩代均設十九場，曰信陽、曰濤雒、曰石河、曰行村、曰登寧、曰西繇、曰海滄、曰王家岡、曰官臺、曰固隄、曰高家港、曰新鎮、曰甯海、曰豐國、曰永阜、曰利國、曰豐民、曰富國、曰永利。清初因之。康熙十六年，裁高家港、新鎮併入王家岡，裁甯海、豐國併入永阜，裁利國併入富國，裁豐民併入永利，裁行村併入石河。十八年，又裁官臺、固隄，改歸壽光、濰縣管理。雍正八年，復設官臺，以固堤併入，裁海滄併入西繇。道光十三年，裁登甯併入西繇，裁信陽併入濤雒，凡裁十一場，併爲八場。終清之世，無所變更。然永阜灘場，光緒二十一年，沒於黃水，名雖存而實則廢。石河一場，毗連青島，自光緒二十四年德租青島，整齊鹽灘，劃入租界，亦非場區之舊。雖仍曰八場，而區域則小有變焉。民國二年，遷石河場於即墨縣之金口鎮，（原駐膠縣）場區如故。五年，官臺王家岡合併爲一場，改名王官，永阜廢場，亦歸兼轄。六年，裁西繇富國改設萊州場，又增設石島場。七年，改石河場爲金口場。十九年，以青島自四年收回後，原有鹽灘，產額豐富，迄未設場管理，因就青島鹽區，設立膠澳場。又以收回威海衞租地，將威海鹽田，與石島屬之甯海區合併，設立威甯場。二十二年劃濤雒改歸兩淮管轄，計全區共存七場，曰王官、（廣饒壽光縣屬）曰金口、（萊陽海陽即墨三縣屬）曰石島、（文登牟平榮成三縣屬）曰萊州、（掖縣昌邑縣屬）曰永利、（霑化無棣縣屬）曰膠澳、（膠縣即墨青島市屬）及曰威甯。（文登牟平及威海市屬）各場製鹽，均用晒法，平均年產約九百三十萬擔，佔全國產量百分之十九而弱，以膠澳產量最多，王官石島次之，金口威甯又次之，萊州、永利爲少。就產量論，山東實海鹽中與兩淮相伯仲之產區也。

第六目　長蘆（口北附）

長蘆爲滄州舊治，明初以長蘆爲鹽產總匯之處，設都轉運司駐其地，清時，移駐天津，仍沿長蘆之名，此河北之鹽所由以長蘆名也。長蘆產地，濱海環居，迤北而南。其產鹽發源最古，周有幽州之利，秦有上谷之饒。漢置郡國鹽官，長蘆有其四，一爲泉州，（今天津縣境）一爲章武，（今天津靜海及滄縣境）一爲海陽，（今灤縣境）一爲堂陽。（今南宮縣）北魏傍海煮鹽，滄瀛二州，並置竈所。唐置河北道，幽、平、瀛、滄產鹽州郡，均隸河北，謂之河北鹽。沿至五代，河北州郡，常陷兵禍。及石晉割幽、薊十六州，以獻契丹，幽平場地，悉爲遼有。宋景德間，澶淵議和，與遼以白溝河爲界，河以南爲宋地，食滄州鹽，河以北爲遼地，食幽平二州鹽，皆今長蘆產也。元時，於寶坻、清、滄、平、灤各地，設場二十有二，曰利國場、曰利民場、曰海豐場、曰阜民場、曰阜財場、曰益民場、曰潤國場、曰海阜場、曰海盈場、曰海潤場、曰嚴鎮場、曰富國場、曰興國場、曰厚財場、曰豐財場、曰三義沽場、曰富民場、曰蘆臺場、曰越支場、曰石碑場、曰惠民場、曰濟民場。明洪武初，增置海盈、歸化二場，於舊有海盈場加深州以別之。隆慶間，裁益民、潤國、海阜、三義沽四場，併爲二十場。清康熙十八年，以厚財併入興國，以惠民併入歸化，以海潤併入阜財，以海盈併入海豐。雍正十年，裁利民、阜民、利國、富民、阜財及深州海盈六場。道光十一年，裁富國場。十二年，又以興國併入豐財。綜計清代凡裁十二場，併爲八場，卽豐財場、蘆臺場、嚴鎮場、海豐場、越支場、濟民場、石碑場、歸化場是也。民國三年，裁海豐、嚴鎮併入豐財場，裁越支併入蘆臺場，裁濟民、歸化併入石碑場。十四年，又裁石碑場。於是全區僅存豐財、蘆臺二場。其製鹽方法，均用晒製，每年平均產量約六百萬擔，佔全國產量百分之十二，內蘆臺產數較多，豐財稍遜，然歷年均經限產，倘使盡量晒製，固不止此數也。

口北之爲鹽務分區，始於淸宣統二年口北榷運局之設立，歷史不及三十年。原爲獨立分區，民國二十三年，始附隸於長蘆區內。其行鹽種類，計有青鹽、白鹽、土鹽三種，然青鹽、白鹽皆產自蒙古，入境行銷，所謂蒙鹽者是。惟土鹽爲本區所產，散布於豐鎭、涼城、商都、張北、陽原、蔚縣各地，產量甚少。各產地歷來均無場區之設，沿革殆無可考。青鹽產地，在察哈爾西北烏珠穆沁旗境，有池曰青鹽諾，產鹽帶青色，因名青鹽。諾者蒙語鹽池之稱。白鹽產地不一，大者爲二連諾、馬塔諾，均在察哈爾蘇泥特旗境，次者爲阿騰、達喀蘇諾、衙門諾，在察哈爾鑲白旗境，文貢諾在察哈爾牛羊羣旗境，普爾登諾在察哈爾正白旗境，大鹽諾小鹽諾在察哈爾大馬羣旗境。白鹽色白，以別於青鹽而名。此外有零星小鹽諾多處，名不著稱。土鹽產地，散漫不一，最大者爲岱海灘，在綏遠涼城縣境，次爲黃旂灘，在綏遠豐鎭縣境，察漢諾在察哈爾商都縣境，安貢諾木連諾在察哈爾張北縣境。另有陽原、蔚縣二處，近年始許熬製土鹽，納稅行銷。其他零星土鹽產地，向係禁其產製。亦緣土鹽質味俱劣，於法終無存留之餘地也。至於各鹽製法，青鹽、白鹽，均係天然產品，不待人工製造，而青鹽四季可採，產量殆不可測計；白鹽則與天時有關，雨量過多，不能成鹽，均由蒙人就地撈取轉售內地商販。就其行銷入境數目計之，平均年約青鹽二十五萬擔，白鹽十五萬擔。土鹽製法，煎晒不一，安貢諾所產，爲晒製，岱海灘、黃旗灘、陽原、蔚縣所產，均爲煎製，安貢、諾木連諾所產，則爲煎晒兼用，平均每年產量約十萬擔。綜計全區青鹽、白鹽、土鹽數量共約五十萬擔，佔全國產數百分之一，論其產源，則屬於池鹽之類也。

第七目　遼寧

遼寧產鹽區域，約分兩部：一居黃海北岸，一居渤海遼東灣之東西兩岸，而遼東灣產區，範圍尤廣，更有天然鹽池數處，居於黑龍江境內，亦附屬於本區焉。本區爲古幽州地，其利魚鹽，見之周禮。漢時，設鹽官於平郭，平郭者，遼東郡屬，今爲營蓋場區，是爲遼鹽設官之始。魏晉而後，一據於慕容，再沒於高麗，數百年間，地淪邊裔，故記載罔述。洎乎遼代，鹽利復著。遼分產地爲兩區，一隸東京道，一隸中京道，各置計司以領之。金承遼制，仍分兩區，設立遼東、北京兩鹽使司，以蓋復鹽區隸遼東鹽司，以錦瑞鹽區，隸北京鹽司。元時遼鹽分屬三路，一曰遼陽路，一曰廣甯路，一曰大寧路，而場務皆由各路臺省兼管，不設鹽務專官。明廢省制，改爲遼東都指揮使司，罷除州縣，建置屯衛，鹽場悉由衛所兼轄，亦不設專官，此其異於各區也。明史地理志：遼鹽場區，凡隸於八衛，設鹽場十有二：一曰海州衛，（今營口縣境）

衞西濱海有一鹽場，又東有大片嶺關，有一鹽場。一曰蓋州衞，（今蓋平縣境）衞北有平山，下有一鹽場，又西北有梁房口關，旁有一鹽場，又東有石門關，西有一鹽場。一曰復州衞，（今復縣境）衞西濱海有一鹽場。一曰金州衞，（卽金縣境）衞東北有一鹽場。一曰廣寧中屯衞，（今錦西及錦縣境）衞城南有二鹽場。一曰廣寧右屯衞，（今錦縣境）衞南有一鹽場。一曰廣寧前屯衞，（今綏中縣境）衞東南山口峪有一鹽場。一曰寧遠衞，（今興城縣境）衞南濱海有一鹽場。蓋明代以軍隸衞，以屯養軍，遼鹽場制，寓軍政於鹽區，亦取鹽屯之法也。清初，定爲二十場，曰黃旗場、（今營蓋場區）曰竹心臺場、（場地未詳）曰大板橋場、（今北鎭場區）曰小板橋場、（今北鎭場區）曰葫蘆套場、（今錦縣場區）曰甜水河場、（今北鎭場區）曰天橋場、（今錦縣場區）曰二道溝場，（今營蓋場區）曰三道溝場、（今營蓋場區）曰四道溝場、（場地未詳）曰柴河溝場、（今錦縣場區）曰白馬溝場、（今錦縣場區）曰劉三場、（今北鎭場區）曰柳柴場、（場地未詳）曰小鹽場、（今復縣場區）曰料河堡場、（場地未詳）曰團山堡場、（今錦縣場區）曰鐵廠屯場、（今盤山場區）曰鐵廠屯河西場、（今盤山場區）曰芝蔴灣場、（今興綏場區）均隸於奉天府尹，各場事務，均由州縣佐雜官兼司，不設專官，亦採用元明制也。康熙二十年，停頒遼鹽額引，鹽不入課，場制遂廢。歷一百九十餘載，至光緒三年議榷鹽釐，就灘設營蓋、復州、莊河、安鳳、錦州、盤山、廣寧、寧遠鹽釐局八處，管理鹽灘，於是場制漸復。民國三年，改各鹽釐局爲場務局，又將廣寧局改名北鎮局，甯遠局改名興綏局，復州局改名復縣局，錦州局改名錦縣局，又裁安鳳歸併莊河，名莊安局，共存七局。五年，改各場務局爲鹽場公署，至是遼鹽場制，始與各區一律。十三年，以莊安場產區遼闊，析爲莊河、莊鳳二場。二十年，又裁莊鳳、北鎮二場。今所存者，爲營蓋、復縣、莊河、錦縣、興綏、盤川六場。此外有金州鹽灘，在黃海北岸，東界莊河，北連復縣，西南盡海，於清光緒三十一年，日俄戰事定後，劃入日租界，灘場日闢，迄今未還。又黑龍江省內呼倫貝爾，有天然鹽泡（鹽泡即南人所謂鹽池）四處，曰朱爾畢特鹽泡，曰巴彥察罕鹽泡，曰大烏庫爾圖鹽泡，曰小烏庫爾圖鹽泡，均有產鹽，惟產數無多，僅銷附近蒙人，故向無場官之設。至於遼鹽製法，以晒製爲通行，營蓋、錦復三場產鹽豐旺，興綏、莊河、盤山三場次之，全區平均年產約六百萬擔，佔全國產鹽百分之十二。惟自二十年九一八事變後，鹽務機關，遂未能行使職權焉。

第八目　河東

河東產區，僅有解池一場，居中條山北麓，介於解縣、安邑之間。黃河之水，由托克托南流，至蒲州，爲中條山所阻，折而東流，成一大曲，池鹽產生於此。唐崔敖謂鹽池乃黃河陰潛之功，浸淫中條，融爲亘浸。良有以也。秦時，置河東郡，解池隸於其境，故解池之鹽，以河東稱。解鹽發源最古，相傳虞舜所歌薰風阜財，卽指此池，故池上有歌薰樓，中條山陰有薰風洞，其遺跡也。周時，池屬於晉，左傳：「晉謀去故絳，諸大夫皆曰，必居郇瑕氏之地，沃饒而近鹽，」郇瑕爲河東解縣，鹽乃晒鹽之名，晒鹽之法，肇始河東，故鹽爲解池獨名。漢初，武帝創鹽法，立鹽官，河東、安邑爲各郡設官之首。元和間，章帝幸安邑，觀鹽池。自後，魏有司鹽城（卽今運城）之建，晉有監鹽縣之設，則其重要可知。永嘉以降，鹽池淪失，劉、石、苻、姚相繼據有。唐時稱爲兩池，以近解州者爲東池，近安邑者爲西池，名雖有二，實一池耳。開元間，立榷鹽之法，南方之鹽，以江淮海鹽爲大宗，設鹽鐵使主之，北方之鹽，以兩池池鹽爲大宗，由度支主之。歷至宋代，凡計產行銷，皆以解池代表北方之鹽，與南方海鹽相對立，設官立職，解池亦特異他區，蓋以其產豐銷廣，饒資國用，立於重要位置故也。嗣後鹽源漸竭，雨旱時侵，生產力量遠不逮古。元時初分八場，後減爲四，東二場，曰常滿、監北，西二場，曰紫泉、會商。明時改四場爲東西二場，後復增設中場，計爲三場。成化十年，環三場鹽池，築城圍之，稱爲禁垣，周一百二十里。淸沿明舊，仍設三場。民國初年，將三場併爲解池一場，下分東西中三區，今仍之。全場形勢，東西長五十里，南北闊七里，四面皆高，池居其中，形如釜底，北高南下。最南爲護寶長堤，堤爲黑河，即池積水之處，其味鹹。鱗介不育，其性溫，隆冬不冰，泥土純黑，稍深顯露硝版，是爲鹽根。池北列地治畦，爲種鹽之處，再北爲料臺，爲存鹽之處。全池三區皆圍以禁垣，惟北面開三門，爲運鹽出場之路。俗稱此池爲大鹽池。大池之西，有六小池，一曰永小，一曰金井，一曰賈瓦，一曰夾凹，一曰蘇老，一曰熨斗，面積極小，產量無多，歷來因大池損壞，常許澆曬濟課，但亦時修時廢。六小池之西，又有一池，名曰女鹽池，水經注所謂女鹽澤是也，其池客澇時注，水滿則淡生魚，水涸則苦生硝，故又名硝池，歷禁撈採，今仍廢置。至解池製鹽方法，古時本天然品，撈取即得，不須煉治，自成顆粒，故亦稱顆鹽，而顆粒之大，異於散鹽之小，故又稱大鹽，唐時始用墾畦種鹽法，即曬製法，清乾隆間，黑河淤塞，鹽源涸廢，乃規爲掘井澆曬法，至今仍之。全年產量平均約一百萬擔，佔全國總量百分之二，以視往昔，瞠乎後矣。

第九目　西北

西北乃最近設立之鹽務分區，即甘肅寧夏青海三省，舊稱花定區是也。產鹽所在，隨地皆有，而以西套及寧陝交界之鹽池定邊一帶獨多。產鹽種類，有池鹽、井鹽、土鹽之分，而以池鹽特盛。粵稽往昔，西北蓋匈奴羌戎之地，漢武拓邊，雖有河西四郡之置，但羌胡爲患，叛服無常，魏晉以降，河隴多事，甘肅淪爲戰區，下逮宋金，土地主權，輾轉變易，故鹽法簡略。元時雖併於一，而鹽產運銷，聽民自由，不辦課程，場制乃無規畫。明代，花馬大小池及漳西鹽井雖有引額，而地屬邊州，不同主要產地，故亦無場制之設。清沿明制，初亦不設專官，同治以後，改課爲厘，以票代引，蒙青池鹽，同歸征榷，於是於漳縣、西和、惠安、花定、白墩子五處各設鹽局，收儲本區產鹽，一條山、中衛各設一局，收儲蒙鹽，丹噶爾設一局，收儲青鹽，管理漸臻完備。民國八年，改稱產鹽局。十六年，歸併各局，改設六場，曰花惠場，管理花馬池、惠安堡產鹽，曰中葉場，管理中衛、葉昇堡收儲蒙鹽，曰條白場，管理一條山收儲蒙鹽、及白墩子池鹽，曰涼州場，管理馬連泉各鹽池、及擦漢池等，曰漳西場，管理漳縣西和鹽井，曰湟源場，管理收儲青鹽，是爲設場之始。十八年，寧夏、青海劃立爲省，甘肅轄境爲之一變，鹽區亦隨之劃分，但省自爲政，制度不一，場名遂廢。二十四年，中央設西北收稅局，綜理甘、寧、青三省鹽務，是爲西北設立分區之始，至是，西北鹽政，始歸統一。計甘肅產區，經政府鑑定，准予撈製行銷者，凡十有五區。一曰池鹽，計十二區，在黃河以南者，爲小紅溝鹽池，（靖遠縣境）甘鹽池、（海原縣境）在黃河以北者，爲高台鹽池、（高臺縣境）迤東南爲蘇武山鹽池、馬蓮泉鹽池、湯家海鹽池，（均民勤縣境）又東南爲白墩子鹽池、（紅水縣境）哈家嘴鹽池、劉家灣鹽池，（均永登縣境）又南近河岸爲八盤鹽池、喇牌鹽池，（均皋蘭縣境）跨黃河兩岸者，爲臨夏鹽池，（導河縣境）一部份爲祁楊家各池，在南岸，一部份爲姬家川各池，在北岸。一曰鹽井，凡二處，一爲漳縣鹽井，一爲西和鹽井。一曰土鹽，僅石門溝（皋蘭縣境）一處，准許試辦，餘皆封禁。寧夏產地，凡四大區，皆爲池鹽，在寧、陝交界（鹽池定邊縣界）者，爲大花馬池，其南有濫泥池、波羅池、蓮花池，在靈武境者，爲小花馬池，一名惠安池，在鄂爾多斯旗地者，爲狗池、倭波池、北大池，在阿拉善旗地者，西爲雅布賴鹽池、大鼓海鹽池、鹿角溝鹽池、梧桐海鹽池，東爲和屯池、擦漢池、同湖池、紅鹽池。（即昭化寺池）青海產地，以青海鹽池爲最大，其由商承購納稅轉運者，凡二區，一爲茶卡鹽池，一爲新鹽池。（即賽什凱鹽池）至於製鹽方法，各地不一。有出自天然不假人力者，如阿拉善旗各鹽池、鄂爾多斯旗各鹽池、大花馬池、高台鹽池、湯家海鹽池、青海鹽池、茶卡鹽池、新鹽池是。有藉火力熬煮而成者，如漳縣西和井鹽及石門溝土鹽是。有賴人工吸晒，貯水作種，或不煩下種，晒製而成者，如小花馬池、蘇武山鹽池、馬蓮泉鹽池、小紅溝鹽池、甘鹽池、白墩子鹽池、哈家嘴鹽池、劉家灣鹽池、八盤鹽池，喇牌鹽池是。有煎晒兼用者，如臨夏鹽池是。若論產量，則各天然池產，任人撈取，不可估計，內以擦漢池、雅布賴池稱最。大花馬池次之，晒製所產，不及天然之豐，鹽井所產，則又次之，若喇牌、石門溝，所謂自檜以下，無足稱道。全區撈製納稅之鹽，平均年約五十萬擔，佔全國總量十分之一，產源本屬無盡，而乃困於輸運，限於銷場，不獲充分發展，惜哉。

第十目　四川

四川之鹽，全出於井，井之創設，始於秦代，秦孝文王以李冰爲蜀守，冰於廣都縣（今成都華陽雙流等地）穿鑿鹽井，其後識泉脈者逐漸增闢，遂擅大利。稽諸載籍，川省歷代產鹽郡縣，計秦有三縣，漢晉各有十六，唐爲最盛，凡六十四縣，宋則次之，爲五十二，元因課重法嚴，井多廢閉，僅存十五縣，明稍恢復，增爲二十七縣，清初經張獻忠亂後，幾致全毀，迨至中葉，乃漸興復，爲四十一縣，末年產量增闢，於焉大盛，民國成立，加以裁廢，今存三十縣，此產地之大較也。鹽官之設，始見於漢，一於巫縣，（今巫山縣地）一於臨邛，（今邛崍縣地）一於南安，（今樂山犍爲峨嵋榮縣等地）一於朐忍。（今雲陽開縣萬縣等地）唐時，劉晏治鹽，大昌（今奉節縣境）富都，（今富順縣境）各設一監。宋代以官監煮，大爲監，小爲井，監則官掌，井則人民斡鬻，輸以課利，計益、梓、夔、利凡四路，益州路設一監，九十八井，梓州路設二監，三百八十五井，夔州路設二監，二十井，利州路設一百二十九井。

元時，全區鹽場凡十二處，曰簡鹽場、隆鹽場、縣鹽場、潼川場、遂寧場、順慶場、保寧場、嘉定場，長寧場、紹慶場、雲安場、大寧場。明洪武間，以井分區，凡十五處，曰上流、即今簡陽曰永通、即今犍爲曰郁山、即今彭水曰涂甘、即今忠縣曰雲安、即今雲陽曰通海、即今中江曰福興、即今未明曰廣福、即今遂寧曰華池、即今潼川曰新羅、即今榮縣貢井曰富義、即今富順自流井曰羅泉、即今資中曰黃寺、即今內江曰仙泉、即今仁壽曰大寧，即今巫溪各設鹽課司，專司辦鹽征課。清代，以廠統井，設廠二十二，曰富榮、犍爲、樂山、三台、綿州、蓬中、蓬遂、樂至、胖鎮、西鹽、南閬、射洪、射蓬、簡州、資州、井研、仁壽、雲安、大寧、開縣、奉節、鹽源。全區設鹽大使五員，而一切廠務，多以地方佐貳兼管，異於他省。民國初元，改廠爲場，設置場官，於是場制始歸一律。又添設鄧關、忠縣、萬縣三場，改簡州爲簡陽場，綿州爲綿陽場，雲安爲雲陽場，胖鎮爲中江場，資州爲資中場。四年，析富榮爲東西二場，添設彭水，大足二場。五年，歸併井研、仁壽爲井仁場。十六年，析西鹽設南鹽場，二十二年，裁萬縣蓬中二場，二十五年，裁中江射蓬二場。今所存者，計二十四場，內屬於川南者，爲富榮東、富順榮縣屬富榮西、榮縣屬鄧關、富順縣屬犍爲、犍爲榮縣屬樂山、樂山縣屬資中、資中資陽縣屬井仁、井研仁壽縣屬鹽源、鹽源縣屬雲陽、雲陽縣屬大寧、巫溪縣屬開縣、開縣屬彭水、彭水縣屬大足、大足縣屬奉節奉節縣屬忠縣忠縣屬十五場，屬於川北者，爲南閬、南部閬中縣屬樂至、樂至安岳縣屬三台、三台縣屬蓬遂、蓬溪遂寧縣屬西鹽、西充鹽亭縣屬南鹽、南部鹽亭縣屬綿陽、綿陽縣屬簡陽、簡陽縣屬射洪射洪縣屬九場。各場製鹽，均係鑿井汲滷，設灶煎製。井有鹽井、火井之分。鹽井出滷，而滷之濃淡不一，火井出瓦斯，而瓦斯之強弱亦殊。鹽井則各場皆有，火井僅富榮場，及川北之西鹽、南鹽、蓬遂各場有之，然川北各場，燄力微弱，殊少實用。灶有火灶炭灶之別，火灶引瓦斯入灶，熱以煎鹽，可省燃料，炭灶則須以炭薪供煎，故成本較昂。全區產鹽數量平均年約四百五十萬擔，佔全國產量百分之九。當清代初年，射洪產量最爲豐旺，配引亦最多，射洪屬於潼川，當時有潼引之稱，至道咸間，射廠漸衰，犍爲繼起，潼川遂多改配犍鹽，同光之時，洪楊事起，長江梗阻，淮鹽不能上運，湘鄂淡食，乃以川鹽濟銷，於是富廠大闢井灶，及於火脈，火乃大升，鹽產日旺，駕犍廠而上之，迄於今日，仍稱巨擘。蓋滷源之衰旺，井脈之廢興，亦時爲之也。

第十一目　雲南

雲南爲井鹽、岩鹽兼產之區，自漢始入版圖，故產區亦始見於漢。漢於郡縣出鹽多者，置鹽官，凡二十八郡，連然居其一，即今之安甯井也。唐宋爲南詔大理所據，鹽事無徵。元於大理路白鹽城設官榷稅，但地處邊徼，主在羈縻而已。明代產區，凡十四井，曰黑鹽井、阿陋井、猴井、琅井、白鹽井、安寧井、諾

第二章　鹽產

第一節　產源

鹽之來源，或出於海，或出於池，或出於井，或出於山，要其體質皆爲水氣之所成。尚書洪範：「水曰潤下，潤下作鹹。」此鹽之根源也。五行之氣，水爲最多，水無所不至，故鹽亦無處不有。中國產鹽特富，資用亦最早。古者夙沙氏煮海爲鹽，是爲煎製之鼻祖。禹貢，青州厥貢鹽絺，是後世鹽用之源。管子海王篇：「伐薪煮水，自十月至於正月，得鹽三萬六千鍾，糶成金萬一千餘斤。」是後世鹽利之源。他如載籍所徵，若池若井若鬻海鬻鹻之屬，亘數千年取之無盡，用之不竭，實爲紘埏所莫及。蓋中國地勢，西北多山，東南濱海，西北高而東南下，東南之水，皆匯於海，西北之水，皆源於山，水氣布濩，山澤相通，於是有海鹽池鹽井鹽岩鹽之產生，誠哉地不愛寶也。請分類言之。

鹽以海水製成，謂之海鹽。中國海岸，南起廣東欽州明江口（即北崙河口）北訖遼寧鴨綠江口，袤延一萬三千餘里，分屬遼寧、河北、山東、江蘇、浙江、福建、廣東七省。沿海之濱，鹽田相望，地含瀉滷，產額豐富。論其位置，分爲四區：一曰渤海，居河北之東，遼寧之西南，山東之東北，爲遼東山東兩半島環抱而成。中分兩大海灣，在東北者曰遼東灣，東起旅順口，西至山海關，灣內東西兩岸，今遼寧區之復縣、營蓋、盤山、錦縣、興綏各場隸焉。在西南者曰直隸灣，東起山海關，西南至山東登州角，灣內沿岸，今長蘆區之蘆台、豐財二場，山東區之永利、王官、萊州三場隸焉。一曰黃海，居江蘇之東北，山東之東南，遼寧之南，北起鴨綠江口，西南經直隸海峽至長江口北，濱海沿岸，今遼寧區之莊河場，山東區之威寧、石島、金口、膠澳四場及兩淮區之各場均隸焉。一曰東海，居江蘇之東南，浙江福建之東，北起長江口，南訖臺灣海峽，濱海沿岸，今浙江區之各場及福建區之前下、莆田、山腰、潯美、蓮河各場隸焉。一曰南海，居福建之東南，廣東之南，東起臺灣海峽，南至欽州明江口，濱海沿岸，今福建區之詔安場及廣東區之各場隸焉。其在往昔，遼寧河北場區，蓋周之幽州地域。周禮職方氏云：「東北曰幽州，其利魚鹽。」春秋時代，多屬於燕。故管子云：「燕有遼東之煮。」是則遼鹽蘆鹽，發源已古。山東爲禹貢兗青徐三州之域。禹貢「海岱爲青州，厥土白墳，海濱廣斥，厥貢鹽絺。」當時言鹽不及兗、徐者，蓋洪水初平，青州鹽業早興，特舉其著者言之耳。越及有周，青、兗二州地，多屬於齊。史記云：「太公封於營邱，以齊地瀉滷，通魚鹽之利，而人物歸之。」是則山東鹽產，在虞夏之時，已開其源，迨及有周而益著其利者也。江、浙場區，古爲吳、越要荒，漢以前，古籍所載鹽事，無專指淮、浙者，至漢吳王濞都廣陵，煮海饒國用，淮、浙煎鹽，始見於紀載。閩鹽則傳述更晚，唐代以前，無可徵考，自寶應間，劉晏治江淮鹽，設立十監，而侯官居其一，閩鹽之見於載籍，殆莫先於此。廣東南海之鹽，西漢以前，書闕有間，武帝時，因桑弘羊之請，分郡置均輸鹽鐵官，凡二十八郡，南海居其一，是爲粵鹽見於史册之始。

就鹽池撈取煎晒之鹽，謂之池鹽。鹽池來源，與山脈、河流，均有關係。高原之地，山脈圜繞，水易瀦積，地面鹹質，爲山水所沖聚，往往成爲鹽澤。此則關於山脈者也。河流爲山脈所阻，流注溢地，其曲屈之處，水易聚積，經蒸發作用，所留鹹質，成爲鹽滷，或鹽粒鹽塊，故中國黃河之曲，皆爲大鹽池所在。此則關於河流者也。中國鹽池，蒙古、西藏、青海、新疆、山西、陝西、甘肅各區皆有之，而以山西之解池，甘肅之花馬池爲最著。至若寧夏之擦漢池、雅布賴池，產量豐富，莫可與京，特以交通梗阻，運輸維艱，不獲儘量發展。他若西藏、青海、新疆之池鹽，則今仍閉塞，天然厚利，湮沒弗彰，重可惜也。考鹽池之位置，其根源於山脈者，以葱嶺（即帕米爾高原）爲主幹。葱嶺山脈，凡四大系。一自北行入科布多、新疆間者，曰阿爾泰山系。一自東北行入新疆者，曰天山系。一自東行入新疆、青海而分支者，曰崑崙山系。一自南行入西藏者，曰喜馬拉雅山系。其間支脈相連，山泓並湧，衆流所匯，悉成巨大鹽池。如蒙古科布多之哈拉泊（即哈拉烏蘇泊）都爾戛泊，爲科布多河所瀦，導源於阿爾泰山系者也。又如新疆北路之巴里坤湖、（即巴爾庫勒淖爾）阿雅爾淖爾、額畢淖爾、（即布哈爾齊淖爾）爲伊犂河等衆水所瀦。新疆南路之羅布淖爾，爲搭里木河等衆水所瀦，皆導源於天山系者也。又如青海鹽池等，爲柴達木河等衆流所瀦，導源於崑崙山系者也。又如西藏之騰格里海等鹽池，爲達爾古河等衆水所瀦，導源於喜馬拉雅山系者也。其根源於河流者，皆當黄河之曲。黄河自青海東流，入甘肅境，至蘭州，轉而東北，至寧夏境，成一灣曲。河之東岸，甘肅花馬鹽池之所在也。西岸循賀蘭山麓，賀蘭山之西，爲寧夏阿拉善旗地，吉蘭泰鹽池之所在也。又東北流，入綏遠境，折而東，循陰山南麓，至托克托，折而南流，環抱三面，構成一大灣曲，名曰河套，套內鹽池之所在也。又南流入塞，蜿蜒於秦晉之間，至蒲州西南，折而東流，河水至此，又成一大曲，山西解池之所在也。解池以下，黃河流域，無有鹽池。蓋地勢漸落平原，不若西北高地河流伏脈，有陰潛之功，理固然也。論池鹽之發源，當以山西之解池爲最古。解池鹽產，必資南風。古人謂舜歌南風，以南風之時，可以阜財。蓋指解池晒鹽而言。周時池爲晉有，左傳言「郇瑕之地，沃饒近鹽。」是解池鹽利，由來已久。甘肅鹽池，見諸史册，始於漢代。三國魏明帝時，徐邈爲涼州牧，請修武威、酒泉鹽池，其青海、寧夏，亦爲甘肅所轄。若花馬大小鹽池，則至明代，始行著稱。新疆爲古西域地，省制之設，始於清季，故記載多缺。漢書西域傳所謂「蒲類海」，殆即今之巴里坤湖。所謂「蒲昌海」，殆即今之羅布淖爾。蒙古鹽池，始見於漢，漢書地理志朔方之金蓮鹽澤，青鹽澤，即今綏遠之鄂爾多斯旗地。西藏原屬藩輔，鹽務向無經營，鹽池發端，無可考焉。

鑿井取滷，煎煉成鹽，謂之井鹽。井鹽根源，亦與山脈河流有關。緣地層內含有鹹質或鹽塊，經川流之漸漬，潛行地下，化生鹽滷，是即鹽井之所取汲者也。中國鹽井，聚於川滇二省，多在山脈綿亘川流環曲之處。此外僅甘肅之漳縣、西和二處有之。山西之解池，以堤岸失修，池水淍淡，改爲穿井汲滷。其餘各區，概無鹽井。此則地勢使然。四川重山迴合，岷山之脈，入其北境，衍爲邛崍山、鹿頭山、劍門山等支。巴山之脈，入其東北境，迤而東南，以接於巫峽。又有長江橫貫其中，岷江、沱江、嘉陵江、涪江、烏江、打沖河各流，涴演錯列。故其鹽泉深藏，取之不盡。其在長江流域者，爲奉節、雲陽、忠縣各場。在岷江、沱江間者，爲富榮、井仁、简陽各場。在岷江右岸，控扼峨嵋者，爲犍爲、樂山各場。在嘉陵江、涪江流域循列於鹿頭山、劍門山諸脈者，爲大足、資中、樂至、蓬遂、射洪、綿陽、南閬、西鹽、南鹽各場。附近巴山支脈者，爲大寧、開縣各場。在打沖河流域者，爲鹽源場。在烏江流域者，爲彭水場。凡此皆四川著有之鹽井所在也。雲南位於橫斷山脈之南端，爲南嶺所由起。產鹽之地，皆在西境及西北、西南兩部。蓋以北負雲嶺，西阻怒山，東憑烏蒙及哀牢山諸脈，而瀾滄江、潞江，曲折迴環，縱貫其間，水氣鬱積，蘊鹽特多。其產地有單純產滷者，有兼產硔滷者。如黑井、阿陋井、白井、喇雞井、雲龍井，皆單純產滷者也。如元永井、喬後井、磨黑井、按板井、香鹽井、益香井、石膏井，皆產滷而兼產硔者也。至若甘肅之漳縣、西和二處，亦產井鹽。其地左憑隴坂，右扼岷峨，據渭水之源，跨洮河之曲。鹽源所在，胥關山脈河流，此其證矣。考井鹽之發始，當以四川爲最先。華陽國志云：「秦孝王令李冰守蜀，冰察地脈，知有鹹泉，因於廣都等縣，穿鑿鹽井。」是爲川鹽發端之始。雲南一區，漢時有鹽官之設，漢書地理志，紀郡縣鹽官特詳，所載益州郡之連然縣，卽今之滇地。又史載：漢鄭純爲永昌太守，與哀牢人約，歲輸鹽一斛。是則滇鹽之經始，在於漢代。至於甘肅井鹽，固亦自漢始焉。

就地層開取鹽硔，製煉成鹽，謂之岩鹽，一曰石鹽，卽礦鹽也。岩鹽乃古海經地殼之變動，高出海面，又經地層拗曲受高壓而成，故岩鹽所在，皆地勢高聳山脈綿亘之區。中國岩鹽，以新疆、雲南、西藏爲盛。而新疆境內，阿爾泰山走其北，天山橫其中，崑崙山阻其南，爲各大山系主脈薈萃之所。雲南一區，半爲橫斷山脈所蟠結。西藏逼邇葱嶺，挾持於崑崙、喜馬拉雅兩大山系之間，地勢崇峻，爲世界第一高原。是則岩鹽產生，固有關於山脈者矣。惟中國岩鹽產源雖富，開發殊少，新疆、西藏，地處邊陲，交通阻絕，迄未興發，僅有雲南之硔產，稍見國中，而產額無多，地利之興，所宜講求。新疆岩鹽產區，舉其著者凡六處，曰拜城、曰温宿、曰庫車、曰烏什、曰疏勒、曰巴楚。雲南岩鹽，著者凡七處，卽滷硔兼產之元永、喬後、磨黑、按板、香鹽、益香、石膏各場是也。西藏之烏蘭達布遜山，爲著名岩鹽產所，山爲赤色，產紫色鹽極多。其他地層聚積鹽塊之處，則所在多有。礦學家謂藏中金礦最富，次則石鹽，非虛語也。岩鹽之在往昔，發見絕少，史乘鮮傳，欲考其眞實源起，殆不可得。北史西域傳云：「高昌有白鹽，其形如玉粲。」涼州異物誌云：「鹽山有鹽三色爲質，赤者如丹，黑者如漆，赤黑者小，惟白者大，小大從意，鏤之寫物。」此岩鹽形狀之僅見於紀載者，殆指新疆所產者歟。

以上各鹽，皆屬質品優良，有益人類，爲人生食用所必需。內中以海鹽產量最多，池鹽次之，井鹽岩鹽又次之。此外尚有鹼鹽一種，爲鹼地所產，卽土鹽也。味苦質劣，食之有害衞生。黃河兩岸、山西北路、及口北皆有之。其根源或出於鹼灘，或出於硝池，或出於卑濕之地，或出於鹵土之間。自昔已有產製，宋史食貨志所謂并州煮鹼爲鹽者是也。今則出產益廣，侵奪正引。所宜設法取締，改良其土壤，使之逐漸銷滅，是則有關於公共衞生者也。

第二節　產區

中國產鹽區域，佔地極廣，屬於海鹽者爲區七，曰兩淮、曰兩浙、曰福建、曰兩廣、曰山東、曰長蘆、曰遼寧，屬於池鹽者爲區二，曰河東、曰西北，屬於井鹽者爲區二，曰四川、曰雲南，均經設有場區。至若新疆、蒙古、西藏，則池鹽井鹽岩鹽，所在多有。晉北之太原、平遙、大同、忻代等二十餘縣，均產土鹽。湖北之應城縣，專產膏鹽。惟歷來未劃場區，未設場官，不與於場區之數焉。考場區之規劃，始於漢代，凡產鹽多者，設置鹽官。據漢書地理志所載，當時設有鹽官之產區，凡三十四縣。即河東郡之安邑縣，（今河東區）太原郡之晉陽縣，鴈門郡之沃陽樓煩二縣，（均今晉北區）渤海郡之章武縣，漁陽郡之泉州縣，遼西郡之海陽縣，（均今長蘆區）鉅鹿郡之堂陽縣，（今南宮新河等處原產土鹽）遼東郡之平郭縣，（今遼寧區）北海郡之都昌壽光二縣，東萊郡之曲成、東牟、惤縣、昌陽、當利五縣，琅琊郡之海曲、計斤、長廣三縣，（均今山東區）會稽郡之海鹽縣，（今兩浙區）南海郡之番禺縣，蒼梧郡之高要縣，（均今兩廣區）安定郡之三水縣，北地郡之弋居縣，上郡之獨樂、龜茲二縣，（均今西北區）南郡之巫縣，蜀郡之臨邛縣，犍爲郡之南安縣，巴郡之朐忍縣，（均今四川區）益州郡之連然縣，（今雲南區）西河郡之富昌縣，朔方郡之沃野縣，五原郡之成宜縣，（均今鄂爾多斯旗地）是也。其時主產鹽區，西北多於東南，而廣陵一郡，爲今兩淮產鹽重要區域，則未設有鹽官。及唐寶應間，劉晏治鹽，置立漣水（今兩淮區）湖州越州杭州（均今兩浙區）四場，海陵、鹽城（今兩淮區）嘉興、新亭、臨平、蘭亭、永嘉、（均今兩浙區）侯官、（今福建區）大昌、富都、（均今四川區）十監，注重東南海鹽，而西北之安邑鹽池，則直隸度支所轄，是則產區規劃，時有不同。迨及宋代，分區漸多，以事務之繁簡分爲三等，大者曰監，中者曰場，小者曰務。元代則悉稱爲場，至今仍之。而場區增廢，明清以來，時有更改。入民國後，以整理場務，集中管理，無益及零星之鹽灘，多經封閉，設場更少，綜計全國鹽場現爲九十五場。各區設場沿革及產鹽狀況，分述於次。

第一目　兩淮

兩淮場區，以淮河爲界。在淮河以南者，謂之淮南。在淮河以北者，謂之淮北。全區南界兩浙，北接山東，居黃海之濱，位於江蘇之通州、泰州、海州三屬。漢吳王濞都廣陵，今江都縣煮海水爲鹽，爲淮區煎鹽之始。顧淮鹽既出，而沿漢至隋，沿革弗聞。蓋以彼時鹽務朝議詳西北而略東南，自唐始重東南，東南尤重江淮，江淮鹽利乃大著。唐寶應時，劉晏爲鹽鐵使，設四場十監，內漣水一場，海陵鹽城二監，皆今兩淮場地，是爲兩淮分區設場之始。宋天聖中，通楚兩州各設七場，泰州設八場，海州設二場，漣水軍設一場，其場名弗可考。元增爲二十九場，曰呂四、餘東、餘中、餘西、西亭、金沙、石港、掘港、豐利、馬塘、拼茶、角斜、富安、安豐、梁垛、東臺、何垛、丁溪、小海、草堰、白駒、劉莊、伍祐、新興、廟灣、莞瀆、板浦、臨洪、徐瀆。明增興莊、天賜二場，嗣以天賜歸併廟灣，共爲三十場。清康熙十七年，以徐瀆併入板浦。雍正五年，以臨洪與莊併爲臨興場。乾隆元年，設中正場，以莞瀆併入。又以馬塘併入石港，餘中併入餘西，白駒併入草堰。

三十三年，又以西亭併入金沙，小海併入丁溪。終清之世，共爲二十三場。民國元年，增設濟南場，以豐利歸併掘港，改名豐掘，拼茶歸併角斜，改名拼角，餘西歸併餘東，改名餘中，東臺歸併何垛，改名東何，富安梁垛歸併安豐，改名安梁，劉莊歸併草堰，仍名草堰，又裁石港金沙二場。二十年，復以廟灣併入新興，丁溪併入草堰，東何併入安梁，拼角併入豐掘，呂四併入餘中。二十二年，劃山東濤雒場歸兩淮轄，與臨興合併，改名濤青場。於是兩淮共十場，在淮南者，爲餘中、南通縣屬豐掘、如皋縣屬安梁、東台縣屬草堰、東台興化縣屬新興、鹽城阜寧縣屬伍祐，鹽城縣屬六場。在淮北者，爲濟南、漣水灌雲縣屬板浦、中正、均灌雲縣屬濤青、東海贛榆日照三縣屬四場。淮北各場產鹽，均係晒製，平均年產約九百萬擔，佔全國鹽產總量百分之十八，內以濟南產數爲最多，中正板浦次之，濤青爲最少。淮南各場產鹽，全係煎製，間有用板晒製，每年產量平均約一百五十萬擔，佔全國產量百分之三，以安梁產數較多，豐掘、草堰次之，伍祐、新興又次之，餘中爲最少。若以全國海鹽計之，兩淮產數，當首屈一指也。

第二目　兩浙

兩浙蓋禹貢揚州之域。自漢吳王濞煮海爲鹽，後世因之，遂成恒業。產區居東海之濱，跨江浙兩省松、嘉、杭、紹、寧、台、温七屬。分爲浙東浙西兩大部分，在錢塘江以南者曰浙東，以北者曰浙西。漢置郡國鹽官，會稽居其一，是爲浙鹽設官之始。唐寶應時，劉晏領東南鹽事，於產區設四場，而浙居其三，曰湖州、杭州、越州，爲今湖、杭、紹各地。又置十監，而浙居其半，曰嘉興、新亭、臨平、蘭亭、永嘉，爲今嘉、杭、紹、温各地。是則斥鹵之廣，由來久矣。唐末，兩浙隸於吳越，因革弗彰。宋初吳越納土，置兩浙路，先設杭州、秀州、密鸚、永嘉四場。天聖中，温州又設三場。後兩浙路分爲東西兩路。浙西路，秀州今嘉興設十場，平江今吳興設四場，臨安今杭縣設十場。浙東路，紹興今紹興設四場，明州今鄞縣設六場，台州今臨海設三場，温州今永嘉設五場。其場名均弗詳。元代共設三十四場，曰仁和場、許村場、西路場、下砂場、青村場、袁浦場、浦東場、橫浦場、蘆瀝場、海沙場、鮑郎場、西興場、錢清場、三江場、曹娥場、石堰場、鳴鶴場、清泉場、長山場、穿山場、岱山場、玉泉場、蘆花場、大嵩場、昌國場、永嘉場、雙穗場、天富南鹽場、長林場、黃巖場、杜瀆場、天富北鹽場、長亭場、龍頭場。明裁蘆花、昌國、岱山三場，增設天賜、青浦、下砂二、下砂三、四場，後青浦、天賜二場坍入海中，廢之。又裁龍頭歸併清泉，裁長山歸併穿山，名穿長場，餘仍元制，共爲三十一場。清順治十八年，裁永嘉併入雙穗。康熙三年，裁杜瀆併入黃巖。十八年，裁玉泉併入大嵩，名嵩玉場。二十六年，裁南監併入雙穗。三十九年，裁北監併入長林。四十一年，裁下砂三場併入下砂二場。雍正二年，裁下砂二場，歸下砂頭場兼理，又裁西興併入錢清。七年，復設下砂二場、杜瀆場、永嘉場，裁浦東場歸併橫浦場。乾隆五年，復設浦東、龍頭二場，析嵩玉場仍爲大嵩、玉泉二場，又析西路爲黃灣場，析三江爲東江場，析曹娥爲金山場，並以天賜舊場坍地復漲，添設崇明場，又復設下砂三場，併爲下砂二三場。宣統三年，裁西路併入黃灣，裁龍頭併入清泉，改石堰爲餘姚，並添置岱山場。綜計清季亦爲三十一場。民國元年，併橫浦、浦東爲兩浦場，併下砂及下砂二三場爲下砂場，又裁曹娥併入金山。五年，裁永嘉併入雙穗，復設北監南監二場。六年，析雙穗爲上望場，又裁下砂場。八年，析岱山爲定海場。九年，設衢山場。十八年，廢仁和場。二十年，裁許村併入黃灣，裁海沙併入鮑郎，裁大嵩、穿長併入清泉，裁上望併入雙穗，裁東江、金山併入三江，裁衢山併入岱山，裁杜瀆併入黃巖，裁青村、兩浦併入袁浦，又廢鳴鶴、崇明二場。今所存者，爲餘姚（餘姚縣屬）、岱山、定海（均定海縣屬）、蘆瀝（平湖縣屬）、鮑郎（海鹽縣屬）、黃灣（海寧縣屬）、錢清（蕭山縣屬）、三江（紹興縣屬）、清泉（鎮海縣屬）、玉泉（象山縣屬）、黃巖（溫嶺縣屬）、長亭（寧海縣屬）、雙穗（瑞安縣屬）、長林（樂清縣屬）、北監（玉環縣屬）、南監（平陽縣屬）計十七場。內袁浦一場，歸松江運副管轄，餘則直隸於兩浙運使。各場製鹽，用煎用晒，方法不一。若黃灣、鮑郎、三江三場，專用煎製者也。若餘姚、岱山、定海、蘆瀝、錢淸、淸泉、北監、南監、袁浦九場，專用晒製者也。若玉泉、長亭、黃巖、長林、雙穗五場，則兼用煎製晒製者也。至於各場產數，以餘姚爲最多，岱山、錢淸次之，長亭爲最少。全區產量，平均年約四百五十萬擔，佔全國總量百分之九，斥鹵雖廣，而產數未臻旺盛，亦以地處海濱，坍漲無常故耳。

第三目　福建

閩省東南瀕海，皆爲產鹽區域。唐代以前，產區無可徵考。唐寶應間，劉晏設立十監，侯官居其一，又新唐書地理志載：福州之長樂、連江、長溪、（今霞浦福安二縣境）三縣，泉州之晉江、南安二縣，均有鹽官。是唐時產地已佔福州、福寧、泉州三屬。迨宋天聖間，興化、漳州鹽業日起，於是福、興、泉、漳、福寧五屬，悉爲產鹽所在，迄今稱盛。斥滷之區，可謂廣矣。據元豐九域志，宋時產區，計福州屬長溪縣有一鹽場，長樂縣有一鹽場，羅源縣有一鹽場，泉州屬晉江縣有鹽亭一百六十一，惠安縣有鹽亭一百二十九，同安縣有安仁、上下馬欄、莊坂四鹽場，漳州屬龍溪縣有吳慣、沐瀆、中柵三鹽團，漳浦縣有黃墩一鹽團，是宋時鹽區之可考者。產地皆繫於縣，別無專稱。至元代入統，始將產區劃爲七場，曰海口、曰牛田、（均今福淸縣屬）曰上里、（今莆田縣屬）曰惠安、（今惠安縣屬）曰潯美、曰洒州、（均今晉江縣屬）曰浯州。（今同安縣屬）明因元舊，亦置七場，無所更易。清康熙二十二年，設漳浦詔安二場。四十七年，併海口牛田爲福清場，改上里爲莆田場。乾隆四十八年，設洪白、赤杷、江陰、下里、前江、列嶼六場，分漳浦場爲漳浦東、漳浦南二場。又甯德縣屬漳灣場羅源縣屬鑑江場霞浦縣屬淳管場，皆產煎鹽，形質較細，向稱細鹽場。產額無多，不設場官，由附近知縣佐雜兼領之。五十一年，增設祥豐場。嘉慶二年，增設蓮河場，裁烈嶼併入浯州。十六年，增設福興場，裁漳浦東場歸併漳浦南場。二十三年，裁洪白赤杷歸併福清，裁洒州歸併潯美。終清之世，共爲福清、江陰、福興、莆田、下里、前江、潯美、惠安、浯州、祥豐、蓮河、漳浦南、詔安十三場，其漳灣、鑑江、淳管三細鹽場，則逐漸荒廢。又臺灣設有五場，曰洲南、曰洲北、曰瀨南、曰瀨北、曰瀨東，臺灣割棄，場區亦亡。民國初元，裁浯州場。三年，裁福興場。四年，祥豐併入蓮河，前江下里併爲前下。五年，分惠安爲山腰、埕邊二場。六年，裁福清、江陰二場，改爲韓厝寮、江陰二特別區。十七年，裁埕邊場，改爲后港特別區。十八年，裁浦南場改爲嶼頭鹽墩二特別區。二十年，將各獨立特別區，分別劃歸就近場署管轄，於是韓厝寮、江陰劃隸莆田場，后港劃隸山腰場，嶼頭、鹽墩劃隸詔安場。今所存者，爲莆田、前下、（均莆田縣屬）山腰、（惠安縣屬）潯美、（晉江縣屬）蓮河、安思明金門三縣屬）、詔安（雲霄漳浦詔安東山四縣屬）六場。各場產鹽，均係曬製，平均年產約二百萬擔，佔全國產量百分之四，以詔安前下產量爲豐，山腰、蓮河、次之，莆田、潯美又次之。若就海鹽各產區而論，閩鹽產量實居末位，銷地所限，未能盡量產製故也。

第四目　兩廣

兩廣爲鹽務分區名稱，謂廣東廣西也。若論產地，則盡在廣東境內，廣西無有焉。廣東南瀕大海，自潮惠以至欽廉，瀕海之地，俱有鹽區。又島之大者，首推海南，次則南澳及上下川山等，亦悉爲鹽區所在。故產額豐富，自昔卽見重國中。考諸歷史，東南海鹽，如淮閩各區，皆至唐始有鹽官之設，而粵鹽則在漢時已於南海蒼梧二郡，置有鹽官，其重要可知矣。唐時鹽業益興，新唐書地理志云：「廣州新會有鹽，潮州海陽有鹽，瓊州瓊山有鹽，振州、（卽崖州）寧遠有鹽，近海百姓煑海水爲鹽，遠近取給。」是唐時鹽區已視漢爲廣。然尚無設場之制也。設場之制，起於宋代。宋史食貨志載：廣州東莞靖康等十三鹽場，廉州白石、石康二鹽場，天聖以後，東西海場十三，皆領於廣州。又元豐九域志載：廣州東莞三鹽場，海南、黃田、歸德三鹽柵，新會、海晏、博勞、懷寧、都斛、矬峒、金斗六鹽場，潮州海陽、淨口、松口、三河口三鹽場，惠州、歸善、淡水一鹽場，海豐、古龍、石橋二鹽場。其位置名稱俱有可考。柵係大場分出，其爲鹽場一也。元於大德四年，設鹽場十三，曰靖康、歸德、東莞、黃田、香山、矬峒、雙恩、（均廣州境）鹹水、淡水、石橋、（均惠州境）隆井、小江、招收。（均潮州境）此外廣海一區，亦有鹽場，惟元史弗詳名稱。明置廣州海北二提舉司。廣州提舉司領十四場，即元設之十三場，與另增之海晏場是也。海北提舉司領十五場，即元之廣海場區，曰白沙、白石、西鹽、白皮、官寨、丹兜、（均廉州境）蠶村、調樓、武郎、東海、（均雷州境）博茂、茂暉、（均高州境）大小英、感恩、三村、馬裊、陳村樂會、博頓、蘭馨、（均瓊州境）新安、臨川。（均崖州境）清初設矬峒、海晏、靖康、歸德、東莞、香山、丹兜、東平、雙恩、淡水、碧甲、大洲、石橋、墩白、海甲、小靖、招收、降井、東界、河西、海山、小江、惠來、博茂、茂暉、白石二十六場，而海北區之雷瓊各場不與焉。雍正七年，併矬峒、海晏爲海矬場。乾隆三年，併靖康、歸德爲歸靖場，增設電茂場。二十七年，裁東平併入雙恩。五十五年，裁東莞、香山、丹兜、歸靖四場。嘉慶二十年，改海矬場爲上川司。光緒二十四年，廣州灣爲法租借，廢茂暉場。三十三年，裁小江併入隆井。綜計清季共存一十八場柵，即上川司、淡水場、碧甲柵、大洲場、墩白場、石橋場、海甲柵、小靖場、招收場、河西柵、隆井場、惠來柵、東界場、海山場、雙恩場、電茂場、博茂場、白石場是也。民國肇建，整理雷瓊場務，開放公運，於海康設一場，初名茂暉，繼改烏石，於海南島設三亞場，管理瓊崖場產。四年，裁上川併入雙恩，裁東界併入海山，裁河西併入招收。二十三年，復將海山與東界分立，併隆井招收為招隆場，裁海甲小靖二場。今所存者，計為淡水、碧甲、大洲、（均惠陽縣屬）石橋、（陸豐縣屬）墩白、（海豐縣屬）雙恩、（陽江縣屬）海山、東界、（均饒平縣屬）招隆、（潮陽縣屬）惠來、（惠來縣屬）電茂、博茂、（均電白縣屬）白石、（合浦縣屬）烏石、（海康徐聞遂谿三縣屬）三亞、（瓊山縣屬）十五場。各場製鹽方法，除雙恩、白石、三亞有小數煎製外，餘均用晒。晒者謂之生鹽，煎者謂之熟鹽。全年產鹽平均約三百五十萬擔，佔全國產量百分之七，以墩白、三亞產數為多，海山、白石、烏石、淡水次之，招隆、惠來為少。總觀粵鹽全局，自雷瓊開放公運以來，產額加豐，池塌增闢，倘使整理得法，前途固方興未艾也。

第五目　山東

山東海濱廣斥。虞夏之時，已有青鹽之貢。管仲相齊，正渠展之鹽，通東萊之產，而齊以富強。論者謂古代鹽產之富，莫盛於山東，鹽法之興，亦莫先於山東，其信然歟。漢興，武帝整興鹽法，郡縣產區所在，設立鹽官，山東凡十縣，曰都昌、曰壽光、曰曲成、曰東牟、曰㡉縣、曰昌陽、曰當利、曰海曲、曰計斤、曰長廣，綜計郡縣鹽官三十有四，而山東一區，獨居多數，是則漢代鹽法，固仍以山東為模範也。魏晉以降，山東先後爲石趙、慕容苻秦、元魏所據，鹽業退化，不逮往古。唐時藩鎮爲患，山東產鹽之地，迭爲佔據，私擅鹽利，仙芝黃巢均以鹽梟倡亂山東，則其鹽業衰敗，可以知矣。宋初山東鹽政始復歸一，產地劃爲兩區，一屬京東路，初於密州設濤雒場，後增登州四場，一屬河北路，初設濱州場，後分四務。靖康末，金取宋地，於莒州設十二場，曰濤雒、臨洪、獨木、板浦、信陽、西繇、衡村、黃縣、巨風、福山、臨海、文登。又設密州五場，卽墨、萊陽二場，寧海州五場，場名弗可詳考。元明兩代，均設十九場，曰信陽、曰濤雒、曰石河、曰行村、曰登寧、曰西繇、曰海滄、曰王家岡、曰官臺、曰固隄、曰高家港、曰新鎮、曰甯海、曰豐國、曰永阜、曰利國、曰豐民、曰富國、曰永利。清初因之。康熙十六年，裁高家港、新鎮併入王家岡，裁甯海、豐國併入永阜，裁利國併入富國，裁豐民併入永利，裁行村併入石河。十八年，又裁官臺、固隄，改歸壽光、濰縣管理。雍正八年，復設官臺，以固堤併入，裁海滄併入西繇。道光十三年，裁登甯併入西繇，裁信陽併入濤雒，凡裁十一場，併爲八場。終清之世，無所變更。然永阜灘場，光緒二十一年沒於黃水，名雖存而實則廢。石河一場，毗連青島，自光緒二十四年德租青島，盤齊鹽灘，劃入租界，亦非場區之舊。雖仍曰八場，而區域則小有變焉。民國二年，遷石河場於卽墨縣之金口鎮，（原駐膠縣）場區如故。五年，官臺王家岡合併爲一場，改名王官，永阜廢場，亦歸兼轄。六年，裁西繇富國改設萊州場，又增設石島場。七年，改石河場爲金口場。十九年，以青島自四年收回後，原有鹽灘，產額豐富，迄未設場管理，因就青島鹽區，設立膠澳場。又以收回威海衞租地，將威海鹽田，與石島屬之甯海區合併，設立威甯場。二十二年，劃濤雒改歸兩淮管轄，計全區共存七場，曰王官、（廣饒壽光縣屬）曰金口、（萊陽海陽即墨三縣屬）曰石島、（文登牟平榮成三縣屬）曰萊州、（掖縣昌邑縣屬）曰永利、（霑化無棣縣屬）曰膠澳、（膠縣即墨青島市屬）及曰威甯。（文登牟平及威海市屬）各場製鹽，均用晒法，平均年產約九百三十萬擔，佔全國產量百分之十九而弱，以膠澳產量最多，王官石島次之，金口威甯又次之，萊州、永利爲少。就產量論，山東實海鹽中與兩淮相伯仲之產區也。

第六目　長蘆（附口北）

長蘆爲滄州舊治，明初以長蘆爲鹽產總匯之處，設都轉運司駐其地，清時，移駐天津，仍沿長蘆之名，此河北之鹽，所由以長蘆名也。長蘆產地，濱海環居，迤北而南。其產鹽發源最古，周有幽州之利，秦有上谷之饒。漢置郡國鹽官，長蘆有其四，一爲泉州，（今天津縣境）一爲章武，（今天津靜海及滄縣境）一爲海陽，（今灤縣境）一爲堂陽。（今南宮縣）北魏傍海煮鹽，滄瀛二州，並置竈所。唐置河北道，幽、平、瀛、滄產鹽州郡，均隸河北，謂之河北鹽。沿至五代，河北州郡，常陷兵禍。及石晉割幽、薊十六州，以獻契丹，幽平場地，悉爲遼有。宋景德間，澶淵議和，與遼以白溝河爲界，河以南爲宋地，食滄州鹽，河以北爲遼地，食幽平二州鹽，皆今長蘆產也。元時，於寶坻、清、滄、平、灤各地，設場二十有二，曰利國場、曰利民場、曰海豐場、曰阜民場、曰阜財場、曰益民場、曰潤國場、曰海阜場、曰海盈場、曰海潤場、曰嚴鎮場、曰富國場、曰興國場、曰厚財場、曰豐財場、曰三義沽場、曰富民場、曰蘆臺場、曰越支場、曰石碑場、曰惠民場、曰濟民場。明、洪武初，增置海盈、歸化二場，於舊有海盈場加深州以別之。隆慶間，裁益民、潤國、海阜、三義沽四場，併爲二十場。清、康熙十八年，以厚財併入興國，以惠民併入歸化，以海潤併入阜財，以海盈併入海豐。雍正十年，裁利民、阜民、利國、富民、阜財及深州海盈六場。道光十一年，裁富國場。十二年，又以興國併入豐財。綜計清代凡裁十二場，併爲八場，卽豐財場、蘆臺場、嚴鎮場、海豐場、越支場、濟民場、石碑場、歸化場是也。民國三年，裁海豐、嚴鎮併入豐財場，裁越支併入蘆臺場，裁濟民、歸化併入石碑場。十四年，又裁石碑場。於是全區僅存豐財、蘆臺二場。其製鹽方法，均用晒製，每年平均產量約六百萬擔，估全國產量百分之十二，內蘆臺產數較多，豐財稍遜，然歷年均經限產，倘使盡量晒製，固不止此數也。

口北之爲鹽務分區，始於淸宣統二年口北榷運局之設立，歷史不及三十年。原爲獨立分區，民國二十三年，始附隸於長蘆區內。其行鹽種類，計有靑鹽、白鹽、土鹽三種，然靑鹽、白鹽，皆產自蒙古，入境行銷，所謂蒙鹽者是。惟土鹽爲本區所產，散布於豐鎭、涼城、商都、張北、陽原、蔚縣各地，產量甚少。各產地歷來均無場區之設，沿革殆無可考。靑鹽產地，在察哈爾西北烏珠穆沁旗境，有池曰靑鹽諾，產鹽帶靑色，因名靑鹽，諾者蒙語鹽池之稱。白鹽產地不一，大者爲二連諾、馬塔諾，均在察哈爾蘇泥特旗境，次者爲阿騰、達喀蘇諾、衙門諾，在察哈爾鑲白旗境，文貢諾在察哈爾牛羊羣旗境，普爾登諾在察哈爾正白旗境，大鹽諾小鹽諾在察哈爾大馬羣旗境，白鹽色白，以別於靑鹽而名。此外有零星小鹽諾多處，名不著稱。土鹽產地，散漫不一，最大者爲岱海灘，在綏遠涼城縣境，次爲黃旂灘，在綏遠豐鎭縣境，察漢諾在察哈爾商都縣境，安貢諾木連諾在察哈爾張北縣境。另有陽原、蔚縣二處，近年始許熬製土鹽納稅行銷。其他零星土鹽產地，向係禁其產製。亦緣土鹽質味俱劣，於法終無存留之餘地也。至於各鹽製法，靑鹽、白鹽，均係天然產品，不待人工製造，而靑鹽四季可採，產量殆不可測計；白鹽則與天時有關，雨量過多，不能成鹽，均由蒙人就地撈取轉售內地商販。就其行銷入境數目計之，平均年約靑鹽二十五萬擔，白鹽十五萬擔。土鹽製法，煎晒不一，安貢諾所產，爲晒製，岱海灘、黃旗灘、陽原、蔚縣所產，均爲煎製，安貢諾、木連諾所產，則爲煎晒兼用，平均每年產量約十萬擔。綜計全區靑鹽、白鹽、土鹽數量，共約五十萬擔，佔全國產數百分之一，論其產源，則屬於池鹽之類也。

第七目　遼寧

遼寧產鹽區域，約分兩部：一居黃海北岸，一居渤海遼東灣之東西兩岸，而遼東灣產區範圍尤廣，更有天然鹽池數處，居於黑龍江境內，亦附屬於本區焉。本區爲古幽州地，其利魚鹽，見之周禮。漢時，設鹽官於平郭，平郭者，遼東郡屬，今爲營蓋場區，是爲遼鹽設官之始。魏晉而後，一據於慕容，再沒於高麗，數百年間，地淪邊裔，故記載罔述。洎乎遼代，鹽利復著。遼分產地爲兩區，一隸東京道，一隸中京道，各置計司以領之。金承遼制，仍分兩區，設立遼東、北京兩鹽使司，以蓋復鹽區，隸遼東鹽司，以錦瑞鹽區，隸北京鹽司。元時遼鹽分屬三路，一曰遼陽路，一曰廣甯路，一曰大寧路，而場務皆由各路臺省兼管，不設鹽務專官。明廢省制，改爲遼東都指揮使司，罷除州縣，建置屯衞，鹽場悉由衞所兼轄，亦不設專官，此其異於各區也。明史地理志：遼鹽場區，凡隸於八衞，設鹽場十有二，一曰海州衞，（今營口縣境）

衛西濱海有一鹽場，又東有大片嶺關，有一鹽場。一曰蓋州衛，（今蓋平縣境）衛北有平山，下有一鹽場，又西北有梁房口關，旁有一鹽場，又東有石門關，西有一鹽場。一曰復州衛，（今復縣境）衛西濱海有一鹽場。一曰金州衛，（卽金縣境）衛東北有一鹽場。一曰廣寧中屯衛，（今錦西及錦縣境）衛城南有二鹽場。一曰廣甯右屯衛，（今錦縣境）衛南有一鹽場。一曰廣甯前屯衛，（今綏中縣境）衛東南山口峪有一鹽場。一曰甯遠衛，（今興城縣境）衛南濱海有一鹽場。蓋明代以軍隸衛，以屯養軍，遼鹽場制，寓軍政於鹽區，亦取鹽屯之法也。清初，定爲二十場，曰黃旗場、（今營蓋場區）曰竹心臺場、（場地未詳）曰大板橋場、（今北鎮場區）曰小板橋場、（今北鎮場區）曰葫蘆套場、（今錦縣場區）曰甜水河場、（今北鎮場區）曰天橋場、（今錦縣場區）曰二道溝場，（今營蓋場區）曰三道溝場、（今營蓋場區）曰四道溝場、（場地未詳）曰柴河溝場、（今錦縣場區）曰白馬溝場、（今錦縣場區）曰劉三場、（今北鎮場區）曰柳柴場、（場地未詳）曰小鹽場、（今復縣場區）曰料河堡場、（場地未詳）曰團山堡場、（今錦縣場區）曰鐵廠屯場、（今盤山場區）曰鐵廠屯河西場、（今盤山場區）曰芝蔴灣場、（今興綏場區）均隸於奉天府尹，各場事務，均由州縣佐雜官兼司，不設專官，亦採用元明制也。康熙二十年，停頒遼鹽額引，鹽不入課，場制遂廢。歷一百九十餘載，至光緒三年議榷鹽釐，就灘設營蓋、復州、莊河、安鳳、錦州、盤山、廣甯、甯遠鹽釐局八處，管理鹽灘，於是場制漸復。民國三年，改各鹽釐局爲場務局，又將廣甯局改名北鎮局，甯遠局改名興綏局，復州局改名復縣局，錦州局改名錦縣局，又裁安鳳歸併莊河，名莊安局，共存七局。五年，改各場務局爲鹽場公署，至是遼鹽場制，始與各區一律。十三年，以莊安場產區遼闊，析爲莊河、莊鳳二場。二十年，又裁莊鳳、北鎮二場。今所存者，爲營蓋、復縣、莊河、錦縣、興綏、盤川六場。此外有金州鹽灘，在黃海北岸，東界莊河，北連復縣，西南盡海，於清光緒三十一年，日俄戰事定後，劃入日租界，灘場日闢，迄今未還。又黑龍江省内呼倫貝爾有天然鹽泡（鹽泡即南人所謂鹽池）四處，曰朱爾畢特鹽泡，曰巴彥察罕鹽泡，曰大烏庫爾圖鹽泡，曰小烏庫爾圖鹽泡，均有產鹽，惟產數無多，僅銷附近蒙人，故向無場官之設。至於遼鹽製法，以晒製爲通行，營蓋、錦復三場產鹽豐旺，興綏、莊河、盤山三場次之，全區平均年產約六百萬擔，佔全國產鹽百分之十二。惟自二十年九一八事變後，鹽務機關，遂未能行使職權焉。

第八目　河東

河東產區，僅有解池一場，居中條山北麓，介於解縣、安邑之間。黃河之水，由托克托南流，至蒲州，爲中條山所阻，折而東流，成一大曲，池鹽產生於此。唐崔敖謂鹽池乃黃河陰潛之功，浸淫中條，融爲巨浸。良有以也。秦時，置河東郡，解池隸於其境，故解池之鹽，以河東稱。解鹽發源最古，相傳虞舜所歌薰風阜財，卽指此池，故池上有歌薰樓，中條山陰有薰風洞，其遺跡也。周時，池屬於晉，左傳：「晉謀去故絳，諸大夫皆曰，必居郇瑕氏之地，沃饒而近鹽」郇瑕爲河東解縣，鹽乃晒鹽之名，晒鹽之法，肇始河東，故鹽爲解池獨名。漢初，武帝創鹽法，立鹽官，河東、安邑，爲各郡設官之首。元和間，章帝幸安邑，觀鹽池。自後，魏有司鹽城（卽今運城）之建，晉有監鹽縣之設，則其重要可知。永嘉以降，鹽池淪失，劉、石、苻、姚，相繼據有。唐時稱爲兩池，以近解州者爲東池，近安邑者爲西池，名雖有二，實一池耳。開元間，立榷鹽之法，南方之鹽，以江淮海鹽爲大宗，設鹽鐵使主之，北方之鹽，以兩池池鹽爲大宗，由度支主之。歷至宋代，凡計產行銷，皆以解池代表北方之鹽，與南方海鹽相對立，設官立職，解池亦特異他區，蓋以其產豐銷廣，饒資國用，立於重要位置故也。嗣後鹽源漸竭，雨旱時侵，生產力量，遠不逮古。元時初分八場，後減爲四，東二場，曰常滿、鹽北，西二場，曰紫泉、會商。明時改四場爲東西二場，後復增設中場，計爲三場。成化十年，環三場鹽池，築城圍之，稱爲禁垣，周一百二十里。淸沿明舊，仍設三場。民國初年，將三場併爲解池一場，下分東西中三區，今仍之。全場形勢，東西長五十里，南北闊七里，四面皆高，池居其中，形如釜底，北高南下。最南爲護寶長堤。靠堤爲黑河，卽池積水之處，其味鹹。鱗介不育，其性溫，隆冬不冰，泥土純黑，稍深顯露硝版，是爲鹽根。池北列地治畦，爲種鹽之處，再北爲料臺，爲存鹽之處。全池三區，皆圍以禁垣，惟北面開三門，爲運鹽出場之路。俗稱此池爲大鹽池。大池之西，有六小池，一曰永小，一曰金井，一曰賈瓦，一曰夾凹，一曰蘇老，一曰熨斗，面積極小，產量無多。歷來因大池損壞，常許澆晒濟課，但亦時修時廢。六小池之西，又有一池，名曰女鹽池，水經注所謂女鹽澤是也，其池客澇時注，水滿則淡生魚，水涸則苦生硝，故又名硝池，歷禁撈採，今仍廢置。至解池製鹽方法，古時本天然品，撈取卽得，不須煉治，自成顆粒，故亦稱顆鹽，而顆粒之大，異於散鹽之小，故又稱大鹽，唐時始用墾畦種鹽法，卽晒製法，清乾隆間，黑河淤塞，鹽源涸廢，乃剏爲掘井澆晒法，至今仍之。全年產量平均約一百萬擔，佔全國總量百分之二，以視往昔，瞠乎後矣。

第九目　西北

西北乃最近設立之鹽務分區，卽甘肅寧夏青海三省，舊稱花定區是也。產鹽所在，隨地皆有，而以西套及寧陝交界之鹽池定邊一帶獨多。產鹽種類，有池鹽、井鹽、土鹽之分，而以池鹽特盛。粤稽往昔，西北蓋匈奴羌戎之地，漢武拓邊，雖有河西四郡之置，但羌胡爲患，叛服無常，魏晉以降，河隴多事，甘肅淪爲戰區，下逮宋金，土地主權，輾轉變易，故鹽法簡略。元時雖併於一，而鹽產運銷，聽民自由，不辦課程，場制乃無規畫。明代花馬大小池及漳西鹽井，雖有引額，而地屬邊州，不同主要產地，故亦無場制之設。清沿明制，初亦不設專官，同治以後，改課爲厘，以票代引，蒙青池鹽，同歸征榷，於是於漳縣、西和、惠安、花定、白墩子五處，各設鹽局，收儲本區產鹽，一條山、中衛各設一局，收儲蒙鹽，丹噶爾設一局，收儲青鹽，管理漸臻完備。民國八年，改稱產鹽局。十六年，歸併各局，改設六場，曰花惠場，管理花馬池、惠安堡產鹽，曰中葉場，管理中衛、葉昇堡收儲蒙鹽，曰條白場，管理一條山收儲蒙鹽、及白墩子池鹽，曰涼州場，管理馬連泉各鹽池及擦漢池等，曰漳西場，管理漳縣西和鹽井，曰湟源場，管理收儲青鹽，是爲設場之始。十八年，寧夏、青海劃立爲省，甘肅轄境，爲之一變，鹽區亦隨之劃分，但省自爲政，制度不一，場名遂廢。二十四年，中央設西北收稅局，綜理甘、寧、青三省鹽務，是爲西北設立分區之始，至是，西北鹽政，始歸統一。計甘肅產區經政府鑑定，准予撈製行銷者，凡十有五區。一曰池鹽，計十二區，在黃河以南者，爲小紅溝鹽池，（靖遠縣境）甘鹽池、（海原縣境）在黃河以北者，爲高台鹽池、（高臺縣境）迤東南爲蘇武山鹽池、馬蓮泉鹽池、湯家海鹽池，（均民勤縣境）又東南爲白墩子鹽池、（紅水縣境）哈家嘴鹽池、劉家灣鹽池，（均永登縣境）又南近河岸爲八盤鹽池、喇牌鹽池，（均皋蘭縣境）跨黃河兩岸者，爲臨夏鹽池，（導河縣境）一部份爲祁楊家各池，在南岸，一部份爲姬家川各池，在北岸。一曰鹽井，凡二處，一爲漳縣鹽井，一爲西和鹽井。一曰土鹽，僅石門溝（皋蘭縣境）一處，准許試辦，餘皆封禁。寧夏產地，凡四大區，皆爲池鹽，在寧、陝交界（鹽池、定邊縣界）者，爲大花馬池，其南有濫泥池、波羅池、蓮花池，在靈武境者，爲小花馬池，一名惠安池，在鄂爾多斯旗地者，爲狗池、倭波池、北大池，在阿拉善旗地者，西爲雅布賴鹽池、大鼓海鹽池、鹿角溝鹽池、梧桐海鹽池，東爲和屯池、擦漢池、同湖池、紅鹽池。（即昭化寺池）青海產地，以青海鹽池爲最大，其由商承購納稅轉運者，凡二區，一爲茶卡鹽池，一爲新鹽池。（即塞什凱鹽池）至於製鹽方法，各地不一。有出自天然不假人力者，如阿拉善旗各鹽池、鄂爾多斯旗各鹽池、大花馬池、高台鹽池、湯家海鹽池、青海鹽池、茶卡鹽池、新鹽池是。有藉火力熬煮而成者，如漳縣西和井鹽及石門溝土鹽是。有賴人工吸晒貯水作種，或不煩下種，晒製而成者，如小花馬池、蘇武山鹽池、馬蓮泉鹽池、小紅溝鹽池、甘鹽池、白墩子鹽池、哈家嘴鹽池、劉家灣鹽池、八盤鹽池、喇牌鹽池是。有煎晒兼用者，如臨夏鹽池是。若論產量，則各天然池產，任人撈取，不可估計，內以擦漢池、雅布賴池稱最。大花馬池次之，晒製所產，不及天然之豐，鹽井所產，則又次之，若喇牌、石門溝，所謂自檜以下，無足稱道。全區撈製納稅之鹽，平均年約五十萬擔，佔全國總量十分之一，產源本屬無盡，而乃困於輸運，限於銷場，不獲充分發展，惜哉。

第十目　四川

四川之鹽，全出於井，井之創設，始於秦代，秦孝文王以李冰爲蜀守，冰於廣都縣今成都華陽雙流等地穿鑿鹽井，其後識泉脈者逐漸增闢，遂擅大利。稽諸載籍，川省歷代產鹽郡縣，計秦有三縣，漢晉各有十六，唐爲最盛，凡六十四縣，宋則次之，爲五十二，元因課重法嚴，井多廢閉，僅存十五縣，明稍恢復，增爲二十七縣，清初經張獻忠亂後，幾致全毀，迨至中葉，乃漸興復，爲四十一縣，末年產量增闢，於焉大盛，民國成立，加以裁廢，今存三十縣，此產地之大較也。鹽官之設，始見於漢，一於巫縣，今巫山縣地一於臨邛，今邛崍縣地一於南安，今樂山犍爲峨嵋榮縣等地一於朐忍。今雲陽開縣萬縣等地唐時，劉晏治鹽，大昌今奉節縣境富都，今富順縣境各設一監。宋代以官監煮，大爲監，小爲井，監則官掌，井則人民斡鬻，輸以課利，計益、梓、夔、利凡四路，益州路設一監，九十八井，梓州路設二監，三百八十五井，夔州路設二監，二十井，利州路設一百二十九井。

元時，全區鹽場凡十二處，曰簡鹽場、隆鹽場、縣鹽場、潼川場、遂寧場、順慶場、保寧場、嘉定場，長寧場、紹慶場、雲安場、大寧場。明洪武間，以井分區，凡十五處，曰上流（即今簡陽）曰永通（即今犍爲）曰郁山（即今彭水）曰涂甘、（即今忠縣）曰雲安、（即今雲陽）曰通海、（即今中江）曰福興、（即今未明）曰廣福、（即今遂寧）曰華池、（即今潼川）曰新羅、（即今榮縣貢井）曰富義、（即今富順自流井）曰羅泉、（即今資中）曰黃寺、（即今內江）曰仙泉、（即今仁壽）曰大寧，（即今巫溪）各設鹽課司，專司辦鹽征課。清代，以廠統井，設廠二十二，曰富榮、犍爲、樂山、三台、綿州、蓬中、蓬遂、樂至、胖鎮、西鹽、南閬、射洪、射蓬、簡州、資州、井研、仁壽、雲安、大寧、開縣、奉節、鹽源。全區設鹽大使五員，而一切廠務，多以地方佐貳兼管，異於他省。民國初元，改廠爲場，設置場官，於是場制始歸一律。又添設鄧關、忠縣、萬縣三場，改簡州爲簡陽場，綿州爲綿陽場，雲安爲雲陽場，胖鎮爲中江場，資州爲資中場。四年，析富榮爲東西二場，添設彭水，大足二場。五年，歸併井研、仁壽爲井仁場。十六年，析西鹽設南鹽場，二十二年，裁萬縣蓬中二場，二十五年，裁中江射蓬二場。今所存者，計二十四場，內屬於川南者，爲富榮東、（富順榮縣屬）富榮西、（榮縣屬）鄧關、（富順縣屬）犍爲、（犍爲榮縣屬）樂山、（樂山縣屬）資中、（資中資陽縣屬）井仁、（井研仁壽縣屬）鹽源、（鹽源縣屬）雲陽、（雲陽縣屬）大寧、（巫溪縣屬）開縣、（開縣屬）彭水、（彭水縣屬）大足、（大足縣屬）奉節（奉節縣屬）忠縣（忠縣屬）十五場，屬於川北者，爲南閬、（南部閬中縣屬）樂至、（樂至安岳縣屬）三台、（三台縣屬）蓬遂、（蓬溪遂寧縣屬）西鹽、（西充鹽亭縣屬）

南鹽、（南部鹽亭縣屬）綿陽、（綿陽縣屬）簡陽、（簡陽縣屬）射洪（射洪縣屬）九場。各場製鹽，均係鑿井汲滷，設灶煎製。井有鹽井、火井之分，鹽井出滷，而滷之濃淡不一，火井出瓦斯，而瓦斯之強弱亦殊，鹽井則各場皆有，火井僅富榮場，及川北之西鹽、南鹽、蓬遂各場有之，然川北各場燄力微弱，殊少實用。灶有火灶炭灶之別，火灶引瓦斯入灶，熱以煎鹽，可省燃料，炭灶則須以炭薪供煎，故成本較昂。全區產鹽數量，平均年約四百五十萬擔，佔全國產量百分之九。當清代初年，射洪產量最爲豐旺，配引亦最多，射洪屬於潼川，當時有潼引之稱，至道咸間，射廠漸衰，犍爲繼起，潼川遂多改配犍鹽，同光之時，洪楊事起，長江梗阻，淮鹽不能上運，湘鄂淡食，乃以川鹽濟銷，於是富廠大闢井灶，及於火脈，火乃大升，鹽產日旺，駕犍廠而上之，迄於今日，仍稱巨擘。蓋滷源之衰旺，井脈之廢興，亦時爲之也。

第十一目　雲南

雲南爲井鹽、岩鹽兼產之區，自漢始入版圖，故產區亦始見於漢。漢於郡縣出鹽多者，置鹽官，凡二十八郡，連然居其一，卽今之安甯井也。唐宋爲南詔大理所據，鹽事無徵。元於大理路白鹽城，設官榷稅，但地處邊徼，主在羈縻而已。明代產區，凡十四井，曰黑鹽井、阿陋井、猴井、琅井、白鹽井、安寧井、諸鄧井、山井、師井、大井、順盪井、彌沙井、雲龍井，皆設鹽課司治理，曰枳舊井，則由地方官兼管。清初，承明舊制，加以損益，則設黑鹽井、白鹽井、琅井、雲龍井、安寧井、阿陋井、枳舊井、彌沙井、景東井，凡九區。雍正間，井硐荒老，從事開闢，於是增設按板井、抱母井、麗江井、磨黑井、猛野井、烏得井。乾嘉時，又增石膏井，草溪井、橫山井、新井、沙鹵井、安豐井、老姆井、新洪井、香鹽井、恩耕井、木城井。道光時，又增元興井、永濟井、喬後井、喇雞井、益香井、安樂井、汪家坪井。終清之世，皆以開闢新井為務。民國肇建，將產地劃為三區，區內設場，就場征稅，全省凡設十場，是為設場之始。一曰黑井區，設元永井、阿陋井、黑井（鹽興縣屬）三場，而以琅井（鹽興縣屬）為黑井之分場。一曰白井區，設白井、（鹽豐縣屬）喬後井、（劍川縣屬）喇雞井、（蘭坪縣屬）雲龍井（雲龍縣屬）四場。一曰磨黑區，設磨黑井、（寧洱縣屬）按板井、（鎮沅縣屬）香鹽井、（景谷縣屬）三場，而以石膏井（寧洱縣屬）為磨黑之分場，益香井（景谷縣屬）為香鹽之分場。至今仍之。此外不設場之井，則包商認課，而各井亦時有興廢。在黑井區者，為安寧井、（安寧縣屬）安樂井、橫山井、（鹽興縣屬）枳舊井、（元謀縣屬）硝井、（廣通縣屬）裕民井。（武定縣屬）在白井區者，為麗江井、高軒井、（麗江縣屬）日期井、（蘭坪縣屬）金泉井、順盪井、師井、山井、（雲龍縣屬）彌沙井。（劍川縣屬）在磨黑區者，為整董井、（寧洱縣屬）磨歇井、（思茅縣屬）鳳崗井、茂篾井、習孔井、抱母井、（景谷縣屬）景東井、黑葳井、茂愛井、茂腊井、（景東縣屬）茂益井、恩耕井、二尾井、均鎮沅縣屬汪家坪井、巧家縣屬磨舖井、猛野井。均墨江縣屬全省凡三十包井。惟汪家坪、瀰沙、鳳崗、猛野四井，於二十三年收歸官辦，改設場務所，情形特異。各場製鹽方法，皆在井硐分別採取硔滷，用火力煎製，惟硔滷產量各區不一，大抵黑井區各井，滷多硔少，磨黑區各井，滷少硔多，白井區各井，則硔滷相埒。所用燃料，三區皆以柴薪爲大宗，成本較高。每年產鹽數量，平均爲六十萬擔，佔全國總產量百分之一而強，供不逮求，運艱價貴，是宜開提井硐，以裕產製，修治衢路，以利運輸，整理之方，此其要矣。

第十二目　新疆

新疆產區，分爲南北兩路，在天山以南者爲南路，以北者爲北路，其鹽或產於山，或產於池，或產於鹻鹵之地，蓋境內山巒盤結，沼澤紛紜，乃上古內海所變動，故地層所積，含鹽極富。漢時，新疆始通中國，稱曰西域，其後旋絕旋通，歷唐、宋、元、明，雖時一平服，終不能撫而有之，迄前清乾隆間，蕩平準回，始定名新疆，光緒八年，復改設行省，置官施治，至是規模漸備。鹽務經營，則以光緒末年開辦溫宿、迪化等處鹽稅爲始。入民國後，北路產地，設局運銷，南路迄無管理，現時全省鹽政，尙歸地方轄治，不隸中央，所宜早議接收，以臻統一者也。新疆產鹽，分池鹽、岩鹽、土鹽三種。池鹽產區，以精河鹽場、屬於額畢淖爾在精河縣境達阪鹽池、迪化縣屬七角井鹽池、七角井設治局屬唐朝渠鹽池、綏來縣屬爲著，若巴里坤湖、鎮西縣屬羅布淖爾婼羌縣屬雖發源最古，今已退化。岩鹽產區，爲拜城、溫宿、庫車、烏什、疏附、巴楚各處。土鹽則散佈於呼圖壁、焉耆、尉犁、輪臺、伽師、英吉沙、葉城、皮山、于闐、洛浦、哈密各縣。此外若和闐、吐魯番、莎車三處，則兼產岩鹽土鹽，婼羌一處，則兼產池鹽土鹽。統觀全區，大抵北路所產，以迪化、精河爲最，南路所產，以溫宿、拜城爲最，其餘北則綏來，南則焉耆、莎車、庫車、疏附等處次之。製鹽不假人工，純出天然，任人撈取，其年產數量，因鹽政尚歸省轄，而南路產地，亦未施以管理，無正確之統計，姑從略焉。

第十三目　康藏

康藏蓋古之三危地，向爲中國藩輔，全區分康、衛、藏三部。清季始將康及衛東部之地，改土歸流，民國三年，劃爲特別區，名曰川邊，十五年，改稱西康，議建行省。藏則分爲前藏、後藏，統稱曰西藏。關於鹽務，全區未設專官董理其事，故記載與報告特少。產鹽分井鹽池鹽岩鹽三種，始於何時，均無從考。井鹽產區，以西康鹽井縣所產爲著，井在瀾滄江兩岸，共有六十眼，清季曾一度設局收稅，不久卽廢。池鹽產區，在西康者，爲塛零奪鹽池、在石渠縣北類烏齊鹽池，恩達縣屬在西藏者，爲騰格里海，居前藏西部，最爲鉅大，其餘若公努木鹽池、里牙爾鹽池、爾布鹽池、雅根鹽池、必老鹽池、那木鹽池、馬里鹽池、苦公鹽池、那木鄂岳爾鹽池，皆在雅魯藏布江兩岸，亦均著稱。岩鹽產區，首推後藏之烏蘭達布遜山，所產紫色石鹽，尤爲特產。其他山原巖野，蘊蓄極富。惟康藏地居荒徼，爲自來鹽法所不及，產區所在，僅得其略，難以詳備。至其製鹽方法，大抵井鹽係用晒製，池鹽岩鹽則出自天然，不假人力。全區年產數量，向無確切統計，可資紀述。蓋一切悉從疏闊，以視內地鹽務，固未可同日語也。

第十四目　晉北

晉北所產，全係土鹽，發源雖始於漢，而鬻鹻之法，至宋始著，金元之間，以其有礙解鹽銷路，時禁煎販，迨明嘉靖時，因太汾所屬州縣，山路崎嶇，商運難至，於是始弛鹽禁，許行土鹽，給票收稅，是爲晉北行銷土鹽之始。土鹽產地，分爲三大區。在雁門以北者，曰北路區，析爲應縣、岱岳、（山陰縣屬）高左、（高嶺村及左雲縣）大懷、（大同懷仁二縣）陸莊、（代縣屬）朔陽、（朔縣及岳陽會村）天陽、（天鎮陽高二縣）劉霍莊（應縣屬）八分區。在雁門以南者，曰中南路區，析爲清太陽、（清源陽曲太原三縣）徐太榆、（徐溝太谷榆次三縣）平介祁、（平遙介休祁縣三縣）忻定崞、（忻縣定襄崞縣三縣）文交、（文水交城二縣）汾孝、（汾陽孝義二縣）六分區。在省外者，曰綏遠區，析爲薩縣、五原、河口（托克托縣屬）三分區。各產地皆屬零星散漫，向無場制之設。北路區土鹽，分紅、白、化三種，白鹽質低，紅鹽較佳，化鹽爲上。白鹽最低者，不能供食，祇能用以改造化鹽。中南路區土鹽，質味多在北路之下，閒亦有產化鹽紅鹽者。綏遠土鹽，則更劣下，薩縣尤甚。其製鹽方法，雖各地因俗而異，大都先刮土淋滷，然後注滷鍋中，熾火煎熬，故其成本較高。全年產量，平均不及二十萬擔。就鹽法而論，全區產少質劣，場地又極形散漫，應在封禁之列，歷來開放蒙鹽，與之競銷，蓋爲物競天擇，使之歸於自然淘汰也。

晉北行銷蒙鹽，始於清乾隆元年。蒙鹽之產地有四：一爲鄂爾多斯、一爲蘇泥特、一爲烏珠穆沁、一爲吉蘭泰，除烏珠穆沁蘇泥特各鹽池，已詳第六目，鄂爾多斯鹽池，已詳第九目外，吉蘭泰池鹽，實爲晉北行銷蒙鹽中之最大宗者。鹽池位於寧夏阿拉善旗地，分大小兩池，大池周六十里，小池周三十里，其鹽天然結晶，施工採取，名之曰挖，味美色紅，故又稱吉鹽曰挖紅。產量豐富，行銷頗廣，果能暢運無阻，則藉以銷滅土鹽，誠易事也。

第十五目　陝西

陝西鹽區，除西北區所轄鹽池外，其餘悉屬土鹽，歷代或禁或榷，取制不一。淸世，土鹽產區，計有永樂倉馬湖峪（均屬榆林縣）三眼泉（屬綏德縣）三處。入民國後，在富平、蒲城間，有滷泊灘，在榆林縣，有上鹽灣、下鹽灣、三皇茆各灘。在朝邑縣，有朝邑鹽池，亦名鹽池窪。所產土鹽，其初均屬私製，後由地方政府酌征稅課，爲寓禁於征之策，始行公開製運。二十三年，中央接管陝西鹽務，暫仍未改。滷泊灘分東西二灘，全灘長二十餘里，寬五里許，東灘產晒鹽，西灘產煎鹽。鹽池窪長約四里許，寬約二里，製鹽亦分煎晒二種，夏秋用池晒，冬春用鍋煎。三皇茆、上鹽灣灘地均小，下鹽灣較大，所產均煎鹽。全區產量平均年約三萬擔，質味均劣。按之鹽法，實宜設法取締，無保留之價值也。

第十六目　應城

應城所產，與各區不同，其鹽名曰膏鹽。考膏鹽發明，始於清咸豐初年。先是，明嘉靖中，應城縣北團山廟麓，有石膏苗發現，土人因掘井斫膏以牟利。歷百餘年，斫膏廢棄之硐日多，硐中與石膏相間而生之藍板石，含有鹹質，日久積水，浸成鹽滷，土人取以供食，嗣因擔取不便，乃用鍋煎熬成鹽。當時應城爲淮鹽引地，土人熬鹽，係屬私製，不敢公然買賣。迨清咸同間，洪楊事起，淮運阻塞，鄂苦淡食，邊漢江數十州縣，咸仰給於應鹽，以資救濟。於是鄂督奏准開禁，招商辦運，設官征課，是爲應鹽正式行銷之始。民國以來，歷歸省轄。二十四年，始由中央接收，設應城膏鹽管理局，以資治理。膏鹽產區，在應城西北一帶，面積縱約二十四里，橫約六里，全區有鹽硐四百餘對。其製鹽方法，先蓄水於廢棄之膏硐，使之浸漬成滷，然後取滷熬製成鹽。每年產數，現以三十萬擔爲限，銷區爲天門、京山、應城三縣，不許侵越，亦兼籌並顧救濟一時之辦法也。

第三章　鹽官

第一節　漢唐宋元之官制

中國鹽法，肇起管子，其時中央官制，與地方官制，鹽務機關，組織必備，書缺有間，莫可得詳。今敍沿革，斷自漢始。漢以大農領鹽鐵，大農之下，有兩丞，一掌鹽事，一掌鐵事，鹽與鐵均係獨立之機關，同爲大農所屬。史記載漢武帝以東郭咸陽孔僅爲大農丞，領鹽鐵事，咸陽齊之大煑鹽，孔僅南陽大冶，是領鹽事者爲咸陽，領鐵事者爲孔僅。又載大農上咸陽孔僅言，山海天地之藏，宜屬少府，陛下弗私，以屬大農佐賦。是武帝以前，鹽鐵賦入，爲皇室之私有。至武帝時，創興鹽政，改隸大農，是爲鹽務隸屬財政部之始。漢書百官公卿表，言武帝太初元年，改大農令爲大司農，其職例如今之財政部長。食貨志又言元封元年，桑弘羊領大農，盡斡天下鹽鐵，以諸官各自市，相與爭，物故騰躍，而官賣利入，或不償其僦費，諸置大農部丞數十人，分部主郡國，各往往縣置均輸鹽鐵官，是爲中央直接選派地方鹽官之始。續漢書百官志言郡國鹽官本屬司農，中興皆屬郡縣，凡郡縣出鹽多者，置鹽官，主鹽稅，隨事廣狹置令長及丞，秩次皆如縣。是則東漢時代，各區鹽務，不隸於中央，地方分治，蓋始於此。西漢主專賣，故採中央集權制，東漢主徵稅，故採地方分治制，政策不同，官制亦因之而異。然考漢書地理志，對於西漢鹽官，敍載甚詳，大都爲產鹽旺盛之區，可證當時設官，祇在產地，但西漢官自賣鹽，銷鹽區域，必有運銷機關，殆由均輸官兼理。若東漢則經專賣之後，進爲徵稅制度，場務管理，法業已完備，故於銷地不復設官。范曄後漢書，表志悉闕。劉昭補志，亦無記載，所有產區，雖不能詳考，大概仍沿西漢之舊，茲將漢志所載鹽官，敍列於下：

（一）河東郡安邑縣，即今安邑縣，爲現今河東池鹽產區。

（二）太原郡晉陽縣，即今太原縣。（三）鴈門郡沃陽縣，即今涼城縣，樓煩縣，即今代縣。（四）五原郡成宜縣，即今五原縣，爲現今晉北土鹽產區。按現今五原縣並不產鹽當時於成宜設置鹽官所銷之鹽殆以現今套內蒙鹽爲多則成宜置官疑係轉運機關

(五)西河郡富昌縣，即今鄂爾多斯左翼前旗境。(六)朔方郡沃野縣，即今鄂爾右翼後旗黃河套外，爲現今河套蒙鹽產區。

(七)隴西郡及所屬西縣，即今隴西西和兩縣。(八)北地郡弋居縣，即今靈武縣。(九)上郡獨樂縣、龜茲縣，即今鹽池定邊兩縣。(十)安定郡三水縣，即今固原縣，爲現今西北產區。按漢書地理志載隴西郡有鹽官此設於郡者爲今漳縣井區水經註漾水引漢志西縣有鹽官此設於縣者爲今西和井區而今本漢書西縣下缺載蓋傳寫脫文也弋居縣爲今惠安池區即花馬小池獨樂龜茲兩縣爲今花馬大池及蓮花波羅爛泥等池區今固原縣亦不產鹽而漢時於三水縣設官疑亦係轉運機關

(十一)渤海郡章武縣，即今滄縣。(十二)漁陽郡泉州縣，即今天津武清縣。(十三)遼西郡海陽縣，即今灤縣。(十四)鉅鹿郡堂陽縣，即今南宮新河縣，爲現今長蘆產區。按現今冀南一帶多爲硝鹽產區南宮新河亦其一部分漢於堂陽置官殆因硝鹽而設

(十五)千乘郡千乘縣，即今樂安高苑縣。(十六)北海郡都昌縣，即今昌邑壽光縣。(十七)東萊郡曲成縣，即今掖縣，東牟縣，即今文登福山縣，惤縣，即今黃縣，昌陽縣，即今萊陽縣，當利縣，亦今掖縣。(十八)琅玡郡海曲縣，即今日照縣，計斤縣，即今膠縣，長廣縣，即今萊陽縣，爲現今山東產區。

（十九）遼東郡平郭縣，卽今營口蓋平縣，爲現今遼寧產區。

（二十）會稽郡海鹽縣，卽今海鹽平湖縣，爲現今兩浙產區。

（二十一）南海郡番禺縣，卽今番禺縣。（二十二）蒼梧郡高要縣，卽今高要縣，爲現今廣東產銷區。

按番禺距海尚遠當時南海郡屬近海各縣所有鹽產悉由番禺鹽官管理至於高要縣並非產地爲現今西江鹽運必由之路漢時於高要設置鹽官確係轉運機關則知西漢時代非止在揚區設官亦可證見

（二十三）南郡巫縣，卽今巫山縣。（二十四）蜀郡臨邛縣，卽今邛縣。（二十五）犍爲郡南安縣，卽今犍爲縣。（二十六）巴郡朐䏰縣，卽今雲陽縣，爲現今四川井鹽產區。

（二十七）益州郡連然縣，卽今安寧縣，爲現今雲南井鹽產區。

右鹽官凡三十有七，建置區域，共爲二十七郡，西北所設，多於東南，會稽祇一，廣陵無之。證以現今產地，惟兩淮福建，未曾設官。漢武當時，改革鹽政，廢除徵稅，實行專賣制度。鹽款用途，重在國防，所以專注於西北，因地制宜，故不盡奪民利。迨至東漢時代，廣陵郡屬，亦設鹽官。廣陵卽今揚州，爲淮南產區。後漢書馬稜傳：載章和元年，稜遷廣陵太守，請罷鹽官，以利百姓，則知當時曾改專賣，鹽弊復生，亦可證矣。及建安時魏武擅政，衛覬與荀彧書曰：鹽、國之大寶，自亂來放散，今宜依舊置使者監賣鹽。彧以白魏武，魏武從之，因遣謁者僕射監鹽官，由此專賣復興。監賣鹽者，謂於鹽官之上，置使者以監督之。（後漢章帝建初末年，曾廢徵稅制度，復行專賣，至章和二年。和帝即位，仍行徵稅制，衛覬所云依舊置使者監賣鹽，此項官制，或是章帝時曾行之，故覬以爲言。）後世論者，未能詳考，輒以監賣鹽爲督銷所自始，抑知督銷者是官督商銷，名稱相類，而其實固不同也。三國鹽制，皆趨重於專賣，其官制亦略相同。魏有司鹽都尉，司鹽監丞，蜀有鹽府校尉，吳於海鹽設司鹽校尉，於東莞設司鹽都尉，亦有司鹽監丞。以品秩言，都尉校尉較高，監丞較低。司鹽之職，魏始置之，蜀吳皆倣魏制。蜀志呂乂傳：言先主定益州，置鹽府校尉，乂及杜祺劉幹等，並爲典曹都尉。王連傳：言連爲司鹽校尉，較鹽鐵之利，利入甚多，有裨國用，於是簡取良才，以爲官屬。若呂乂杜祺劉幹，皆連所拔，及遷蜀郡太守，領鹽府如故。是王連所任之職，爲司鹽校尉，曰鹽府者，則是蜀國鹽務，皆領於司鹽校尉，而王連任事久，著有成效，故雖遷太守，仍令兼領鹽務。晉承魏後，置度支尚書，主國計，晉書杜預傳：言預拜度支尚書，乃較鹽運，制調課，內以利國，外以救邊，是鹽務隸於度支尙書，其職亦如今之財政部長。而唐時鹽事，隸尙書省，即原於此。其地方官制，有司鹽都尉，司鹽監丞，均沿魏舊。蓋西晉時代，固亦主行專賣制也。北魏行徵稅制，於河東鹽池，營立監司以收稅，名爲司鹽監都尉。及至隋代，復置總監副監監丞等員，管東西南北鹽池，四面等監，亦各置副監及丞，以四面監治鹽事，而總監統領之。然自開皇三年，罷除鹽禁，實行無稅制，鹽官遂亦寖廢，故自漢以後，敍述沿革，當自唐始。

唐開元初，始議榷收鹽稅，令將作大匠姜師度，戶部侍郎強循，俱攝御史中丞，與諸道按察使檢校全國鹽鐵，會議榷法，旋爲議者所沮，事不克行。至開元十年，始敕諸州合有鹽課，宜令本州刺史上佐一人檢校，依式收納，如有落賬欺沒，仍委按察使糾察奏聞。此則稅法初起，徵收職務，分隸地方州縣，不另設官。其時禁令疏闊，未有鹽法，歲入稅數，悉歸尙書省金部綜核。至德乾元間，第五琦以司金郎中，爲河南等五道度支使，兼諸道鹽鐵鑄錢使，創立鹽法，就山海井竈近利之地，置監院，收榷其鹽，官自出賣，其舊業戶並浮人，願業鹽者，爲亭戶，免其雜徭，隸鹽鐵使。自此由徵稅制，進於專賣，唐代鹽法，因之以起，鹽官之設，又始於此。上元元年，劉晏繼第五琦，未幾，貶爲通州刺史，元載繼之，載務爲剝削，選擇豪吏以督之，設官既多，民不堪命。寶應元年，復以晏爲戶部侍郎，充度支鹽鐵鑄錢租庸等使，旋兼東都河南淮西江南東西道水陸轉運使，鹽鐵兼轉運，自晏始，後世以鹽運名使者，蓋昉於此。晏因琦之舊法，損益變通，鹽歸民製，仍由官收，廢官運官銷，改爲商運商銷，就場糶商，於納價後，放令出場，縱其所之，無論何地，准在鹽鐵使管轄區域以內，任其自由貿易，實爲就場專賣制。劉晏鹽法，既主就場專賣，又因元載任事時，增置官吏，類多駢枝機關，以爲鹽官多則州縣擾，乃就第五琦舊置監院，重新改組，於產地設有十監四場，銷地設有十三巡院，均隸於鹽鐵使。其時鹽鐵使所轄產地，爲東南海鹽，及山南道所屬井鹽，區域不爲不廣，而所設鹽監，僅止十處，曰海陵、曰鹽城，即今兩淮區，曰嘉興、曰新亭、曰臨平、曰蘭亭、曰永嘉，即今兩浙區，曰侯官，即今福建區，曰大昌、曰富都，即今四川區，是則以今產地證之，淮浙居其七，閩居其一，川居其二，其嶺南等處，未設鹽監，場產事宜，殆由巡院兼管。晏之宗旨，固以官多則擾，而其主要產地，則專屬於江淮也。監者場務最高之機關，晏法官收場鹽，就場糶賣，凡管理產製，及收買鹽戶製成之鹽，運倉存貯，自監以下，必有專官辦理。新唐書志：言晏以鹽生霖潦則滷薄，暵旱則土溜墳，隨時爲令，遣吏曉導，倍於勸農，是其對於製鹽技術，極爲注重，設有專員，已可概見，其餘各官，史志未載，無能質言。宋循唐制，於唐爲最近。今以宋制況之，鹽官圖經，載鹽監所屬，有買納官一員，出納諸場鹽課，催煎官三員，分掌諸場煎發，運鹽官一員，月運袋鹽，輸於倉內，而各場場員，悉由鹽監分轄。如淮南一區，在唐爲海陵鹽城兩監，宋則析海陵，增置豐利一監，海陵監屬十一場，鹽城監三場，豐利監六場，是其證也。至於出賣鹽斤，須在場區附近，酌擇轉輸利便之處，設場儲鹽，以便糶商。若漣水湖州越州杭州四場，當是棧場，將官收之鹽，運棧堆存。如湖州並非產地，而以場名，其爲棧場無疑。漣水即今漣水縣，唐時爲鹽運總匯之所，宋時行官搬法，仍在漣水，設轉搬倉，又其證也。晏法既主自由貿易，然於私鹽之透漏，不能不預爲杜防，故於監場之外，在銷區復擇要地，另設緝私機關。置巡院十三，曰揚州、即今揚州，曰白沙、即今儀徵，皆隸江蘇。曰陳許、即今淮陽許昌，曰汴州、即今開封，曰淮西、即今汝光，曰鄭滑、即今鄭縣滑縣，曰宋州、即今歸德，皆隸河南。曰廬壽、即今合肥壽縣，曰甬橋、即今宿縣，曰泗州、即今泗縣，皆隸皖北。曰浙西、即今鎮江，亦隸江蘇。（唐時浙西門戶，重在潤州，巡院即設於此。）曰嶺南、即今廣州，隸廣東。曰兗鄆、即今滋陽東平，隸山東。要以河南皖北所設爲多，福建四川，並未設立。但欲清私源，當自場始，巡院雖設，其所注重者，必在產鹽地。其時鹽場亭戶，皆有丁額，每丁歲辦鹽若干，皆有一定額數，額外餘鹽，均須交官收買，儘產儘收，場無私漏，私鹽自少。史言捕私鹽者，姦盜爲之衰息，固其宜也。新唐書劉晏傳：又言諸道巡院，皆募駛卒，置驛相望，四方貨殖低昂，及他利害，雖甚遠，不數日卽知。是則巡院職務甚關重要。凡地方鹽務行政，均由巡院主辦，非止緝私一項。而揚子院職務尤繁，諸道巡院，各置知院官，亦稱留後。元和初，程異爲揚子院留後，釐革宿弊，遷爲鹽鐵副使，是巡院爲銷地最高之機關。後世於唐代鹽務官制，未嘗考究，遂以劉晏鹽法，祇於產地設官，銷地不設官，誤矣。唐自開元以後，鹽法肇興，鹽務事宜，或隸於度支使，或隸於鹽鐵使，凡西北池鹽，及山南西道井鹽，度支使主之，東南海鹽，及峽內井鹽，鹽鐵使主之。先是第五琦創法之時，度支鹽鐵兩使，歸其兼領，迨至劉晏改法之時，始乃分領。然度支使與鹽鐵使，皆爲中央特派，已是權集中央。大歷十三年，常袞專政，以晏久掌財賦，職舉功深，忌之，乃奏晏舊德，宜爲百僚師長，用右僕射，以示尊重，實欲奪其權。代宗因晏使務方理，繼任者難其人，詔以僕射領使如故，宰相兼領鹽鐵使，自晏始。建中初，楊炎入相，忌嫉劉晏，計惟先罷其使，乃奏尚書省國政之本，比置諸使，分奪其權，宜復舊制。德宗遽從炎請，罷鹽轉運等使，詔全國財賦，悉歸尚書省金部。既而出納無所統，仍復置使領之。貞元二十一年，度支鹽鐵合爲一使，以杜祐兼領。祐遂奏度支既有使名，則鹽鐵不合有使號，因奏罷之。元和三年，判度支裴均以其事繁，復奏置鹽鐵使。故唐代鹽務因地勢之關係，中央特派主管機關，分爲兩大部分，度支使附屬鹽官，與鹽鐵使略同。安邑解縣兩池，亦設有巡院。貞元十六年，史牟以金部郎中主池務，遂改置榷鹽使，仍各分置院官。唐有鹽池十八，鹽井六百四十，皆隸度支。除鹽州靈州會州等處鹽池，未設院官，其黔嶲成果閬開等州鹽井，山南西院領之；邛眉嘉等州鹽井，劍南西川院領之；梓遂綿合瀘資榮陵簡等州鹽井，劍南東川院領之。峽內鹽井，原隸鹽鐵使，元和五年，將峽內五監改隸度支，委山南西道分巡院，兼知糶賣。峽內鹽隸度支，自此始也。但鹽鐵使所收賣鹽價錢，較度支使多至十倍，元和元年，李巽爲鹽鐵使，以江淮河南峽內兗鄆嶺南鹽院，收納錢數，除收鹽償價之外，請付度支收管。鹽鐵使所收鹽款，撥解度支，自此始也。通觀唐代，雖以度支鹽鐵名使，而所轄非止一事，又一使往往兼數使之職，惟河東兩池榷鹽使，以金部郎中充之，專理鹽務，不兼他使，與鹽鐵使之兼轉運，山南西道暨劍南東西川各巡院官，兼充兩稅使者，殆不相同。唐自劉晏改革鹽政，專用榷鹽法，充軍國之用，斂不及民而用度足，所訂官制，本極完善。晏之治鹽，非徒立法，論其成功，實在行事。晏以集辦衆務，在於得人，故其場院要劇，必擇通敏廉勤之士任之，其經晏辟署者，並以材顯，循用晏法亦能富國。故晏歿二十年，而韓洄元琇裴腆包佶盧徵李若初相繼掌財政，皆有名於時。貞元以降，如度支使皇甫鎛鹽鐵使王緯李錡王播，率皆增加鹽價，重斂鹽錢，月進貢獻，以固恩寵。自此領鹽事者，相習成風，鹽利積於私室，其歸國庫者，多係虛估，鹽務敗壞，由於官邪，固於官制無與焉。

唐自建中年間，劉晏既罷，鹽務寖以大壞。迨乾符初，遂釀黃巢之亂，禍起於鹽梟，毒流於全國。中和四年，黃巢雖平，藩鎮益強，各擅鹽利，斂財自贍，而朱温亦以河中節度使，兼領兩池鹽務。天祐末，朱梁篡國，循唐之舊，初無更改。後唐同光間，孔謙爲租庸使，始議改變鹽制，由官自賣，於州府縣鎮，各置榷糶場院，鄉村各處，准許通商，兩法並行，實以官賣爲主。於是罷巡院官，置轉運使，詔鹽鐵度支戶部並歸租庸使管轄。旋罷租庸使，依舊爲鹽鐵度支戶部三司，委宰相一人專判，號曰判三司。長興元年，以許州節度使張延朗充三司使，三司置使，自延朗始也。後晉天福七年，又敕諸道屬州縣，應有鹽務，並令司差人勾當。周廣順初，因將榷鹽事宜，改由州縣辦理，故以解州刺史張崇訓，兼充兩池榷鹽使。自唐乾元以來，鹽務政權，悉集中央，至是始隸於地方。惟場鹽官收，猶沿唐代之舊，而運銷制度固已變矣。

宋承唐末五代之後，分鹽鐵度支戶部爲三司，設三司使一人，總領其事，凡財政事務，皆歸於三司，而鹽務一項，尤關重要，故鹽鐵司在度支戶部之上。當時三司，號稱計省，三司使位亞執政，目爲計相，其職與今之財政總長相同，可證宋時鹽務，附屬於中央財政最高機關，類於西漢制度，較諸唐時設立專使，確爲獨立制者，殆又殊焉。宋初，循用五代之法，官自賣鹽，謂之官搬官賣，搬猶運也，質言之，就是官運官銷，管理運銷，必須置設專員，特置發運使，勾當運鹽公事，轉輸各路儲倉，以給州縣銷賣，並監察銷鹽之不如法者。三司使居中，發運使居外，雖不及唐制之統一，行政職權，分隸地方，而發運使須承三司使之政令，指揮各路地方鹽官，猶有直隸中央之意義，此宋之初制也。乾德以後，又置諸道轉運使，並置副使判官，各視事務之繁簡，以爲設官之標準，或使副並置，或置使不置副，或置副不置使，或爲同轉運使，兩省以上，即爲都轉運使（元時設都轉運鹽使，蓋昉於此）或以一員爲判官，自此發運使之權，始分。文獻通考言，宋初鹽筴，祇聽州縣給賣，歲以所入課利申省，而轉運使操其贏，以佐一路之費，初無鈔引，雍熙間，始行折中法，在中央置榷貨務，隸屬三司，爲證劵交易機關。其法令商人於各邊地入中糧草，優予其值，授以要劵，名曰交引。凡商人持引劵至京師，即由榷貨務，按照劵價，給以緡錢，或移文江淮及解池，給以鹽貨，名曰折中。後來鹽鈔鹽引，皆源於此。先是或議弛茶鹽禁，准許通商，以省轉運，因設江淮兩浙制置茶鹽使，終以無利而罷，至是折中法行，官賣州縣，始乃開放一部分，權許通商。慶歷末，范祥建議，創行鈔鹽，乃以祥爲陝西提點刑獄，兼制置解鹽司使推行之。舊官賣地，一律通商，祇行於解鹽一區，然以刑官兼領鹽官，亦變例也。宋制，鹽鐵司分掌七案。其三爲商稅案，四爲都鹽案，五爲茶案，六爲鐵案，是各項稅收，及官賣貨品，皆歸鹽鐵司主管。宋時鹽茶與鐵，均係政府專賣，而鹽爲最要，茶次之，鐵又次之，故其官制茶鹽並稱，較諸漢唐以鹽與鐵並稱者，殆又殊焉。元豐間，改官制，罷三司，歸戶部，其屬有三：曰度支、曰金部、曰倉部，鹽務政令，由金部主管，屬於左曹課利案，掌勾考商稅茶鹽之數，以周知其登耗。是全國茶鹽稅入盈虧，及產銷數目，悉歸戶部勾稽考核，鹽務稽核，即源於此。其發賣鈔引，則在太府寺，置交引課，掌印給出納交引鹽鈔之事。鹽鐵一司，自此始廢，鹽政事務，遂隸於中央戶部，例如今之財政部，此中央官制之變更也。熙寧間，始置提舉茶鹽司，熙寧五年，盧秉提點兩浙刑獄，仍專提舉鹽事。崇寧間，蔡京改鈔爲引，推行於淮浙京東河北諸路，別差提舉茶鹽。政和元年，詔江淮荊浙六路，共置提舉一員，既而諸路皆置。宣和三年，詔京東河北路，添置提舉一員。是提舉之設，皆因改行新法鈔鹽（即引法。）自置提舉茶鹽司後，茶鹽職務，即有專屬，不復隸於諸路轉運司。緣轉運本係專理漕事，並非鹽務專官，此地方官制之變更也。查提舉之職，本爲常平司，茶鹽提舉，係倣常平之例。建炎十五年，詔諸路提舉茶鹽官，改充提舉常平茶鹽公事，令兩司合爲一司。紹興五年，詔諸路提舉常平，併入茶鹽司，仍以提舉常平茶鹽等公事爲名。又詔兩廣茶鹽司官吏，並罷其職事，悉委漕司。寶慶二年，詔福建鹽事，亦歸漕司。然建炎間，曾罷淮南東路提刑，令提舉茶鹽司兼領，是以鹽官兼理刑事。紹興間，以程邁爲江淮荊浙閩廣經制發運使，上疏以租庸分於轉運司，常平分於提舉司，鹽鐵分於茶鹽司，總之於戶部，發運使徒有其名，無所用之。（發運使在慶歷七年，已不置正使。熙寧初，改行新法，又曾置設，以薛向爲江淮荊浙發運使；及南宋時，又復設立。）綜而言之，宋時鹽官，或領於轉運，或領於提刑，又或罷漕司提刑，而以茶鹽司兼領之，或罷茶鹽司，而仍以轉運司兼領之，變改甚多，迄無常制。惟范祥鈔法創行時，於解池置解鹽司，並於京師置都鹽院，建倉儲鹽，委官主之，倣照劉晏常平倉鹽之意，以杜商人壟斷之害。凡商鹽斤值不足三十五錢則斂而不發，過四十錢，則大發倉鹽，以壓商利而平鹽價，黠商貪賈無敢邀倖，民安其業，公私便之，斯又制之善者也。至若場務官制，大都仍沿唐舊，大者曰監，中者曰場，小者曰務，如泰州通州楚州三監，皆以監轄場，而海州則置三場，並未設監，河北有濱州場，而滄州則置三務。皇祐中，陝州參軍王伯愉，監滄州務，是於務之上，設監以董之。宋制場鹽，亦是循用唐法，由官收買。凡製海鹽者曰亭戶，製井鹽者曰井戶，又皆謂之竈戶，製鹼鹽者曰鐺戶（即鍋戶，惟并州永利監有之，今晉北產區。）戶有鹽丁、按丁辦製課鹽，歲納於官，應給工本，歲由茶鹽司或轉運司經畫，委官給發。但解州池鹽，則係曬製，例由附近州縣，籍民戶爲畦夫，從事製造，官廩給之，蓋倣漢代官製之例，實爲鹽業國有，比較各區，又變例也。管理鹽戶，收納鹽斤，固係場員專責，復設有買納催煎運鹽監倉等官（晏殊嘗監泰州西溪鹽倉。）其後蔡京改鈔行引，更置批引掣驗等官。宋史所謂批引販賣，官爲秤掣，凡商人支鹽，受於場者管秤盤囊，受於倉者，管察視引據合同號簿囊二十，則以一折驗其職類於今之秤放員。元時鹽官，多依宋金舊制，加以損益，故自唐以降，鹽務制度，要以元代爲較備。

金代鹽務，其初循遼之舊，其後多倣宋制。貞元二年，蔡松年爲戶部尚書，以宋代鹽鈔鹽引，法制屢變，弊害隨生，因寓引法於鈔法之中，置鈔引庫，印造鈔引，而籍給於鹽使司。令商人在京於榷貨務在外於附近鹽司，輸納現錢，請買鈔引，赴場支鹽，鈔合鹽司簿之符，引會司縣批繳之數，批引則由鹽司主之，繳引則由地方州縣官主之。鹽載於引，引附於鈔，鈔以套論，引以斤論。如山東滄州寶坻三鹽司鹽三百斤爲一袋，袋二十有五爲大套，或十或五或一爲小套，皆套一鈔，袋一引。北京鹽司鹽一百斤爲一石，石四爲大套石一爲小套，皆套一鈔，石一引。解鹽司鹽二百五十斤爲一席，不分大小套，席五爲套，亦套一鈔，席一引。凡商人買引者，悉以鈔計。其時所設鹽使司，爲山東寶坻滄解遼東北京西京等區，凡七司，實倣宋代解鹽司之例。鹽司以下，有副使，有判官，掌榦鹽利以佐國用。其於各場，則設有管勾，掌督製及收納鹽斤之事。管勾以下，有同管勾、都監、監同等官，皆場官也。泰和三年，定鹽官入選，以進士授鹽使司。四年，又因山東滄州兩鹽司，自增新課後，所虧歲積，蓋官既不爲經理，而管勾監同，與合干人，互爲姦弊所致。詔選才幹者代兩司使，副以進士，及部令史譯人書史譯史之廉慎者爲管勾，而罷其舊官。鹽爲利藪，卽爲弊竇。自漢以來，鹽務之壞，史家皆謂官吏不良，有以致之，非獨金代然也。但就官制而論，唐之鹽鐵使，宋之茶鹽司，雖綰鹽政而名兼茶治，至金立鹽使司，是爲鹽務專官，略與漢制相類，自此始有一種之系統矣。

元初於河間山東等處，設課稅所，徵收鹽酒等六色稅，所有鹽榷，不過視爲一種普通稅，初未設有鹽官也。太宗二年，循用金制，始立鹽法，鹽官制度，悉沿金舊。至元十六年，滅宋以後，復採宋制，廢除鹽鈔名目，專用引法，大都倣宋崇寧大觀法而定之。故引制雖肇於宋，實定於元，時至元十九年也。在戶部置印造茶鹽引局，設大使副使各一員，掌印造茶鹽礬鐵等引。是則引之爲物，凡屬官賣貨品證券，皆謂之引。非獨榷鹽用引，榷茶榷礬榷鐵，亦是用引。元沿宋舊，鹽務政令，悉歸戶部，而領於中書省。中書省者，爲中央行政最高機關，類於唐之尚書省，各部皆隸屬焉。元時於中央，設立都省，並於各路，特設行中書省，管理地方行政，行省名稱，蓋始於此。對於鹽務，採用金制，設置專官，因就宋代原有鹽官，另立官名。在大都河間山東河東兩淮兩浙福建遼陽八區，置都轉運鹽使司，四川一區，置茶鹽轉運司，廣東廣海雲南三區，置鹽課提舉司，蓋採宋制都轉運司、轉運司、及茶鹽提舉司而設。其於重要產區，皆置都轉運鹽司，非重要產區，或置鹽課提舉司，或置茶鹽轉運司，名稱已不統一。況唐之鹽鐵使，兼領轉運使，是以鹽官兼理漕事。宋初官搬官賣，運鹽事宜，多由漕司兼辦，是以漕官兼理鹽運。故宋代鹽務，或隸於發運使，或隸於轉運使，但在實際上，究非鹽務專官，所以有茶鹽提舉之設。宋時茶鹽事例，大致相同。茶事甚簡，鹽事甚繁，雖名茶鹽司，是以鹽官兼理茶務。元則官不運鹽，亦以轉運名，殊未當也。元制，運鹽使之下，有副使運判經歷照磨等官，又有批驗所，每所設提領一員，大使一員，副使一員，主掌批引掣驗之事。其各鹽場，每場設司令一員，司丞一員，管勾一員，主掌督製收買，恢辦鹽課之事。茶鹽轉運司所屬，與運鹽司相同。鹽課提舉以下，有都提舉、同提舉、副提舉、知事等官。其各場場官，均與運鹽司屬相同。如大都河間山東河東四運鹽司，在腹裏各路，直隸省部。省部者，謂中書省屬之戶部。而淮浙閩遼四運鹽司，川滇廣之茶鹽運司及提舉司，則均隸於行省。行省為中央特派機關，與中央中書省內外相聯，本係一貫。又中央有御史臺，類於今之監察院，復於各路，置行御史臺。行臺之設，重在糾察行省政治，一為執行機關，一為監察機關。凡地方鹽務政令，有不如法者，得由行臺咨御史臺，由御史臺轉咨中書省，交戶部核議，仍由都省選官，前赴該處地方，與行省行臺及鹽司官，會同講究。是地方鹽務，皆總於都省之戶部，縱設有行中書省，不過綜理地方政務，照章執行，而行臺則居於監察地位，各有專責，統系分明，官制何嘗不善。即就鹽法而論，元時鹽引，初由戶部置局發賣，後又改歸鹽司經理，至元十九年，議定賣鹽引法，命鹽司親行調度，按照銷鹽狀況，規定引額，歲由戶部，按額印造，頒發各區鹽司收管，用本司印信關防，各照行鹽地方，隨時倒給勘合，開寫引目字號，按照部定引價，依次發賣。戶部主印引，鹽司主賣引，此其大綱也。各場鹽產，視銷數之多寡，爲出產之額量，鹽戶照額製辦，中納於官，由場官各按本場情狀，酌定工本，呈司核奪。凡鹽戶中鹽到場，隨時收納，不得留難，應給工本錢，由行省行臺，遣官監臨，鹽司官員，逐季給付，若官有尅減，或以他物移折者，計數論罪，仍令賠償，此其場務之規章也。各場鹽袋，委官監裝，須按每引額重四百斤，裝爲二袋，均平斤重，不得短少或超過。自鹽司以下，分相檢校，仍於袋面，各書職名，所裝袋鹽，編號列垜，凡遇商人持引，到場請支，檢其先後，依次支給，合照引目，挨次查盤，查訖，於引背批寫某商於某年月日某場掣鹽出場，比對勘合字號相同，將引給與商人，令對鹽場官，一一點檢，字號年月，批鑿印信俱備，隨鹽於行鹽地方，從便興販。若有搭帶餘鹽，或尅減斤重，及支給失次，刁蹬鹽商者，隨即追問是實，各依所犯輕重治罪，仍聽按察使糾彈，此其掣放之規章也。凡商人運鹽，赴所賣地先行具呈報明，由鹽司給發水程驗單，開寫某字某號，塡明引數商名，並所指定之銷鹽縣分，鈐蓋司印，隨同引目，給商照運，沿途關津，依例查驗到地住報由所在地方官，查明鹽引數目號名，與水程相符，方許販賣。鹽已賣畢，隨卽退引，限日赴所在官廳繳納，並將水程隨繳，如違限匿而不繳者，同私鹽法，仍仰各處提點正官，常切辨驗拘收，儻有鹽引不行批鑿者，鹽司及場官批驗官，依例追究斷罪，如提點官不爲用心拘收，或有漏退引，亦行斷罪，若因而阻滯客商，仰廉訪司糾察究治，此其運銷之規章也。引制關防，始於批引，終於繳引。批引之事，由產地鹽務官主管，繳引之事，由銷地州縣官主管。可證元時地方官廳，對於協助鹽務，有應負之責任。溯考元初一切制度，多係劉秉忠張文謙許衡等所裁定，鑒於宋代鹽法之紊亂，所以釐定鹽法，根據唐宋以來之法度，去其所短，取其所長，雖行引制，而劉晏就場專賣與范祥鈔鹽，得以稍存梗概，鹽法又何嘗不善。元史載至元年間，阿哈瑪特僭格，先後執政，政以賄成，各路鹽司，類多貪贓枉法，兼以權貴勢要之人，詭名買引，沮壞鹽務，引制雖立，勢難實行。如納速剌丁爲兩淮運鹽使，受賄多付商人鹽，計值該鈔二萬二千八百錠，張庸爲河間運鹽使，盜官庫錢二萬二千餘錠，大德間，江浙行省平章阿里，左丞高翥，僉事張祐等，詭名買鹽一萬五千引，增價轉售，以牟厚利。由此證之，元代鹽弊，全在政府之違法，權要之營私，辦理不得其人，鹽法雖善，官制雖善，奚益哉。

元初制定引法，主在通商，官賣引於商，商買引於官，無論何人，皆可向官買引，赴場支鹽，運至指定之地點行銷。雖名引制，猶是范祥鈔法之遺，本係一種有限制之自由貿易，法固善也。至元二十九年，以近場地方私鹽充斥，商販皆裹足不前，引旣難賣，人盡食私，因將附場百里之內，劃爲食鹽地，由官置局賣鹽，從鹽司出給印信憑驗關防，即以本處州縣官，詮注局官，令其兼辦。至元三十年，中書省咨各行省言各路府州縣，年例置局，發賣人戶合買食鹽引目，官司分期置簿，如數俟發賣了畢，依數銷附，盡數拘收退引申解，但有少數，照例追究。元制發賣食鹽，例由各州縣自備薦索脚力，赴場支鹽，其法按戶驗口，分期派買，類於強迫俵散，已是擾民。迨延祐間，引額遞加，又復推廣食鹽額數，督勸縣官，強配民食，祇以恢辦爲名，不問民之疾苦，由此沿江並海，私鹽橫行，莫可禁止。洎至正時，始將食鹽罷免，然食鹽弊害，自至元末及至正初，五十餘年，未嘗更改，至是雖罷，而禍根已種，無濟於事。不數年間，方國珍起於浙東，張士誠起於淮南，皆以鹽徒肇禍，未始非食鹽職爲厲階，斯又縣官抑配之弊矣。

第二節　明淸之官制

明承元後，鹽法與官制，其初悉依元舊，其後略有變更。元制中央都省戶部，總領鹽政，外設行中書省，指揮鹽司，辦理鹽政事務，本係互相聯貫，故政權仍集於中央，明廢中書省，改置內閣，以統六部，廢行中書省，改置布政使司，以理地方政務，故鹽務行政之權，分於地方。中央戶部，設有十三司，鹽務政令，由山東司主管，僅止頒給鹽引，審核解部課款，其職掌不過稽核奏銷，辦理考成，省自爲政，由玆而起，此與元不同者也。元制戶部按照各區引額，將引頒發各鹽司，由司出賣，此乃引制本法。明則改行開中，開中者倣宋之折中而變通之。宋制利折色，明制利本色，其法令商人輸糧若干，給鹽一引，准其赴場支鹽運售，謂之開中，肇起於山西，迨後各省皆倣行之。商以糧易鹽，官以引給商，於是引之爲物，類於一種鹽糧兌換劵，實爲引法之變例，此又與元不同者也。元制商人輸納現錢，呈繳引價，直接向鹽司請買鹽引，明則開中條例，凡遇邊地缺糧，由戶部出榜招商，赴邊中納，仍先編置勘合底簿，分立字號，一發各布政司及都司衞所，一發各運鹽司及提舉司，俟客商納糧，卽由收糧機關，填寫糧數，並應給引數，另付倉鈔，給與商人，投呈各運鹽司或提舉司，各運鹽司提舉司，比對硃墨字號印信相同，按照引目，派場支鹽，此又與元不同者也。元制設有行御史臺，統監行省一切政務，鹽政已括其中，行臺與行省，並是永久機關。明則改設巡鹽御史，始於永樂年間，肇自長蘆，嗣後淮浙等處，皆命御史巡視，掌理巡視私鹽，及督催課款，其無巡鹽御史者，或由巡河御史兼之，或由按察司兼之。凡各區運鹽司提舉司，均受巡鹽御史之政令。巡鹽一職，爲中央特派專員，其權雖重，但年年更換，賢者不足以有爲，不肖者因而營私舞弊，此又與元不同者也。自巡鹽以下，地方官制，悉沿元舊，於產鹽區域，仍置都轉運鹽使司，凡有六區，爲兩淮兩浙長蘆山東河東福建，掌理鹽務，以聽於戶部，有同知副使判官，爲之貳，分司其事，有鹽倉大使副使，掌貯存場鹽，及支鹽給商，有批驗所大使副使，掌批引掣放，有庫大使副使，掌收納課款，監理庫貯，有經歷，典出納交涉文移，知事佐之。又置鹽課提舉司，凡六區，爲廣東海北雲南靈州察罕諾爾遼東，其職掌皆如運鹽司，有同提舉副提舉，爲之貳，其屬有倉大使副使，庫大使副使，及吏目等官。四川初設鹽課提舉司，後仍倣元舊例，改置茶鹽都轉運司，而以提舉司屬焉。各區鹽場，初因元舊，置司令司丞管勾，洪武十五年，改設鹽課司，置大使副使，掌監理產製，督催課鹽，及收買發放之事，蓋自唐以降，沿宋而元而明，皆爲就場專賣，引制根本，即在官收場鹽，故以鹽課名官也。明自成弘年間，餘鹽開禁，准許商人下場收買，以補正引，於是權勢之人，詭名中鹽，買窩賣窩，奸人藉以販私，官司莫敢問，巡鹽御史，多有引嫌避謗，不肯依時監掣，鹽務敗壞，已達極點。法規雖嚴，視若弁髦，即鹽官之枉法者，亦皆毫無顧忌。弘治初，戶部尚書李敏，以鹽法廢弛，整治甚難，請簡風憲大臣，前往清理，乃命戶部侍郎李嗣赴兩淮，刑部侍郎彭韶赴兩浙，俱兼都御史，賜敕遣之。正德初，復倣其例，又命大臣清理淮浙福建等區鹽務，未幾而劉瑾用事，摧殘鹽官，整理計畫，格不能行，杖巡鹽御史王潤，逮捕運鹽使甯舉楊奇等，由此鹽務官員，率承中璫意旨，更無鹽法之可言矣。嘉靖間，議設都御史以整理之，乃命副都御史鄢懋卿，總理淮浙蘆東鹽務。舊制，大臣無一人統制四鹽司者，懋卿嚴嵩黨，緣嵩之力，得握利柄，所至攬權納賄，監司郡守，膝行蒲伏，苛斂淮商，幾至激變，嵩敗後始落職。隆慶中，議者又以開中初制，令商人就邊地招民墾種，謂之商屯，故欲業鹽，不得不報中，欲報中，不得不輸糧，欲輸糧，不得不耕，塞下之田，鹽法邊儲，兩有裨益。自葉淇改折，開中法壞，淮商撤業，西北商亦多徙家於淮，邊地爲墟，商屯盡廢，請復招商屯邊，乃命簽都御史龐尚鵬，總理鹽屯。尚鵬自江北躬歷九邊，先後疏列鹽法及屯墾便宜，奏輒報可。諸巡鹽御史，以其權重，共嫉毀之，遂罷屯鹽都御史。此皆特置機關，其職權在巡鹽御史之上，均因整理而設者也。萬歷間，礦稅大興，中官四出，昌黎則田進，河南則魯坤，山東則陳增，山西則張忠，浙江則曹金，福建則高寀，廣東則李敬，湖廣則陳奉，陝西則趙欽，雲南則楊榮，無不以礦稅使兼辦鹽稅。大璫小監，縱橫騷擾，率以鹽商爲奇貨，而兩淮則又特置鹽監，以魯保爲鹽使，是於巡鹽御史及運鹽司之上，復命中官以監之，官制至此，紊亂極矣。萬歷四十五年，以兩淮積引過多，特置兩淮鹽法疏理道，擢袁世振充其任，於是改行綱鹽，凡綱册有名者，准許永遠佔引，據爲窩本，專商弊根，卽由此起，而實發端於兩淮，詎非疏理道之設有以致之歟。

明代鹽務，自成化弘治以後，朝綱既紊，法禁無所施，最大弊病，厥有兩端，一壞於權要之佔引，一壞於閹黨之肆擾。故雖設有專官，而百務廢弛，幾至不可收拾，因遣派大臣，特置機關，以圖整理，而整理方針，又復不能從根本著手，以致愈整理愈敗壞。明沿元舊，循用引制，本是一種就場專賣，全在官收場鹽。明自永樂年間，鈔法不通，鈔價日賤，迨成化時，每鈔一貫，僅值錢一文，例給鹽戶工本鈔，久已名存而實亡，竈丁貧困，既苦無資以辦鹽，場官督催，猶復按丁以納課，逋欠日積，往往逃徙。致令正鹽缺乏，引無從支，因令鹽戶每引，折交銀三錢或二錢，給與商人，准其自行下場，收買餘鹽，補充正引。及弘治初，遂乃改行折色，折納課銀，鹽戶以鹽爲業，不繳鹽而納銀，鹽非私賣，何自得銀；私鹽盛行，亦原於此。竈鹽戶所得工本，無異虛鈔，是政府並不收鹽，空賣鹽引，所謂引制者，從此蕩然無存。故鹽引之制，起於宋代，成於元代，而實亡於明。及萬歷間，綱鹽既興，鹽法始與古大變，清代沿而弗改，竟以明末遺傳之弊法，著爲定制，此實古今一大關鍵。

清承明後，鹽務官制，大都沿明之舊，尠所更改。中央戶部職掌鹽務政令，專司奏銷考成，歲由山東司，按照各省咨部清册，將銷鹽引數，徵課收數，比較原定引額課額，分別已完未完，加以考核。凡銷引徵課，總作十分扣算，所有各省督銷引鹽，經徵鹽課，及催徵等官，如全銷全完者，照例議敍，其有不及額者，即按分數分別議處。此則中央戶部雖爲管理鹽務最高機關，在實際上，僅止審查奏銷，辦理考成，完全爲稽核事務，但各省收支款項，向分內銷外銷，報部者不過十之二三，均係內銷之款，其外銷各款，並不報部。部中案牘，以一款爲一案，全國稅收，從無統計，審核奏銷，祇憑各省册報，有稽核之名，無稽核之實，此鹽糊塗所由稱也。清初地方鹽官，悉循明制，後亦略有變通，凡產鹽省分，於長蘆山東兩淮兩浙兩廣，皆設都轉鹽運使司（元明爲都轉運鹽使，清改爲都轉鹽運使，鹽運司名稱始此。）自鹽運司以下，有運同運副運判，分司產鹽之地，輔助鹽運司，以分治其事。有監掣同知，掌掣鹽之政令，有庫大使，掌收納鹽課及其庫貯，有批驗大使，掌批鹽引之出入及掣驗放運之事，有經歷知事，掌稽核文書，有鹽課大使，掌鹽場及池井之務，監理產製，日稽其所出之數，以杜私販之源，或主場務，或主掣放，或主批引，或主徵課，分職辦事，固各有專責也。至若事務較簡區域，祇設鹽道，不設鹽運司，若河東福建雲南四川，則設鹽法道以領之（河東福建，曾置鹽運司，後改設鹽道，四川則因元明舊制，曾置茶鹽轉運使，改設茶鹽道，）其所屬官吏，略與鹽運司屬相同。而雲南鹽課提舉司，則隸屬鹽道，分轄鹽井，與運司所屬分司相等，較諸明制，殊又殊焉。銷鹽省分，亦設鹽法道，主管岸銷事宜，或以兵備道兼充，或以糧儲道兼充，或以驛巡道兼充，亦有專設鹽法道者，凡所屬州縣，銷鹽分數，是否全完，督銷引鹽，是否得力，例由鹽道考察，呈報兼管鹽務之督撫，歸入年終彙奏，交部查核。又川滇兩區，除重要場分置立專官，餘則多以知府州縣，或佐貳官兼管，地方官制，大體如此矣。官制與政策，相輔而行，元時設運鹽使，主在賣引給鹽，設場司令。明改爲鹽課大使，主在收買課鹽，以備商支。清則引非官賣鹽歸商收，採用明末綱鹽弊法，招商認岸，領引辦課，純係一種包商制，商人按引繳課，所謂引者，不過爲一種收稅票單，固無引制之可言也。明末奸商專收邊引，持引下場，賤買餘鹽而貴賣之，名曰囤戶，此乃場務極大之弊。清初對於囤戶弊病，未能革除，又復設立場商，准其正式收鹽，坐享厚利，各場鹽產，既非官收，亦無鹽課之可言也。法制既變，仍襲前代舊例，置鹽運司與鹽課大使，名實已不相符。查清代鹽法律條，多係明律舊文，即在明末時代，並不適用，而清律依舊存載，毫未删改，無怪釐定官制，亦不講究，其疏略從可知矣。清沿明制，在產區置巡鹽御史，定例亦是一年更換，名爲鹽差。順治十年，停差御史，將鹽務事宜，交由鹽運司專管。十二年，戶部奏言運司權輕，難以糾劾鎮將，抑制豪強，禁止私販，請仍敕都察院，選擇廉能風烈御史巡察，從之。康熙七年，吏部戶部都察院會奏，鹽差不必專差監察御史，應差六部郎中員外郎及監察御史，選擇廉幹之員，每處差滿漢官各一人。八年，戶部侍郎李棠馥條奏巡鹽原差監察御史，不獨綜理鹽務，兼有舉劾地方官員，並查拿惡棍之責，請將六部司官停差，仍舊專差御史，詔如所請。十一年，左都御史杜篤祜奏准停差巡鹽御史，歸併各督撫管理。直隸巡撫金世德，遂奏言直屬事務殷繁，長蘆鹽務，巡撫勢難兼顧，應請仍差御史專理。經九卿會議覆淮，應如所請。其淮浙河東等處，亦仍照例差御史巡視。但清代既廢引制，改行包商，又慮各商所包引額課額，或有墮運虧課者，責令地方州縣，擔負監督，名爲官督商銷，故各省督撫，縱不管理鹽務，皆負有督銷之責。而巡鹽御史，一年瓜代，率多巧立名目，私取陋規，兼以鹽差與督撫，一則督徵鹽課，一則督銷引鹽，各有專司，未免意存畛域，於鹽務每多掣肘；其實銷地各官，因有督銷關係，需索規費，亦是不免。雍正二年，因又停差御史，改歸各省督撫兼理。詔謂鹽差之弊，多在加派陋規，官無論大小，職無論文武，皆視爲利藪，照引分肥，官鹽由此日貴，私鹽得以橫行，故逐年之課，難以奏銷，連歲之引，盡皆壅滯，詎非加派所致。巡鹽御史，地方官或不受約束，今歸併督撫，則誰敢抗違。鹽差每年更易，督撫兼理，則無限期，必嚴除加派，實力奉行，庶弊絕風清，不負歸併之本意。無如查出陋規，仍令商人如數完納，謂之歸公。以貪吏之私贓，作解部之正款，既大失政體，且更以病商。鹽務官員，復於歸公之外，私行勒索，鹽差雖裁，弊仍如故。洎乾隆初，依舊特派鹽差，改爲鹽政。乾隆四十三年，又以事權不一，詔謂河東事務甚簡，非兩淮長蘆可比，著令山西巡撫兼管，呼應更靈，自有裨益。及至道咸年間，各區鹽政，陸續裁撤，改歸總督或巡撫兼管，各省督撫，皆帶管理鹽政銜，但是陋規未能革除，鹽務終無起色。凡額引滯銷，額課虧欠者，鹽官從不過問，遂致包商變爲專商，而陋規一項，實爲專商之保障。即就兩淮論之，鹽運司署書吏多至十九房，商人領引辦運，文書輾轉至十一次之繁，經過大小機關十二處，節節稽查徒爲索取規費之具，此乃産區之弊。若銷鹽區域，則上自督撫鹽道，下至州縣委員，皆藉督銷名義，莫不魚肉鹽商，分潤鹽利，各衙門陋規，大者數萬，小者數千，楚岸共約一百萬兩（楚岸卽今鄂湘兩岸）西岸共約四十萬兩，不問費所由來，第以歲定額規，爭相貪取。且於額規之外，復有重支，有預借國家稅課幾何，每年虧欠甚鉅，而規費則有加無已，反絲毫無欠，楚西如此，蘇皖可知，兩淮如此，其他各區亦皆可知。推論弊源，固由商人專岸，便於指索，然自雍乾時代，報効例開，淮商捐輸，動輒數百萬兩，兩浙蘆東，多則百萬，少亦數十萬，雖名報効，無異受賄，是以政府之尊嚴，猶且貪得賄賂，上有好者，下必甚焉，國家之敗，由官邪也，官之失德，寵賂彰也，故報効者，實爲清代一大弊政。自應從根本上清理，廢止報効，務使政府本身，勿得攘利壞法，然後陋規弊習，可以禁革，否則僅僅變更官制，庸有濟耶。

清自乾隆時代，報効既多，商力疲敝，各省鹽務，皆有不可收拾之勢。故及嘉道年間，言事者屢以取消專商，改革鹽法爲請。道光十二年，因將淮北改行票鹽，於板浦場之西臨疃太平堰，中正場之花垛垣，臨興場之臨浦瀆、富安疃，各設一局，專管場鹽買賣放運。無論何人，皆可赴本場大使公署，照章納稅，請票赴局，買鹽運販，名爲票鹽，實類於就場徵稅。道光三十年，復將淮南亦改票鹽，其辦法雖倣淮北，而設計較詳。如運司爲鹽務總匯，其積弊過深，殊難禁止，則改爲納稅領票，於揚州設立總局辦理，以清運司衙署勒索之弊。漢口爲湖廣總岸，其匣費雖裁，而暗中規費，仍是不少，則改爲驗票發販，於九江設立總局辦理，以清楚西各岸攤派之弊。當時改法設局，重在榷運，雖於場務官制，未有更張，而專商廢除，已能收一時之效。及同治初票鹽改章，專商復活，並於鄂湘西皖四岸，設立督銷局。由兩江總督，派委江南候補道員，充任總辦，以湖北湖南江西各鹽道爲兼辦（皖岸無兼辦。）其淮北督銷局，則以正陽鹽釐局長，兼任總辦。又於儀徵設揚子淮鹽總棧，亦以道員充任總辦。凡督銷局儀棧之總辦，均係一年更易，職事叢脞，莫可究詰，惟以營私舞弊爲主義，江南候補道員，至達二百餘人之多，皆因營謀鹽差而來。故前清末季，鹽務弊病，要以四岸爲最甚。自兩淮置設督銷後，各省多倣行之。若兩浙之蘇五屬，及台州温處廣信徽州等處，皆設有督銷局。洎光緒末，河東則有潞鹽督銷局，陝西則有西安督銷總局，暨鳳漢各局，直隸則有口北督銷局，承德則有熱河蒙鹽督銷局。至於官運，則有官辦，有局辦。官辦者，由地方州縣官，領引辦運自雍正時，於福建廣西，開其先例。嗣後廣西仍歸商運，而福建官辦，迄未停止，故商幫之外，復有商幫，若山東之北運，亦歸官辦者也。局辦者，設立專局，委員辦理。如道光年間，山東南路，私鹽充斥，凡滯銷各縣，引岸皆懸，不得不改行官運，設局試辦。同治六年，因於歸德設立南運總局，是爲局辦所由始。及光緒初，四川滇黔邊岸，則因商弊已極，改行官運。光緒末，吉林黑龍江，則因創設行省，酌定官運。廣東潮橋，則因商力疲困，改行官運。江蘇之淮徐六岸，江西之建昌五岸，則因鄰私侵佔，改行官運。四川之腹地計岸，則因倣照邊岸辦法，改行官運。長蘆之永七，則因奉私衝銷，久爲廢岸，改行官運。其中惟四川及吉黑兩省，爲官運商銷，餘則官運官銷。而福建亦改官辦爲局辦，於鹽道署內，設立總局，委員辦理。蓋晚清時代，整理鹽務，趨重於官運，故至宣統初年，山西北路，亦有改辦官運之舉。其實官運之弊，無論官銷商銷，較諸商運爲更甚。閩督左宗棠，嘗論其害，謂辦運者扣費以入私囊，批銷者賣私以取盈餘，開支挪墊，虛抵搪塞，上下分肥，弊端百出，所領成本，逐漸消磨，此其所論，極爲明瞭。若就官制言之，鹽務既有專官，又復置設督銷官運各局，運司之權既分，鹽道亦成虛設。況各局總辦，年年更換，所任員司，多係私人，以重要之機關，幾爲督撫調劑候補大員之差缺，鹽務安得不壞。其尤壞者，如湖北之川鹽釐金，湖南之川粵鹽捐，江西之浙粵鹽口捐，河南之潞鹽東鹽加價，率由各省自行派員，設局或設卡徵收，而主管鹽務之運司鹽道，及督銷局，反不能過問。他如陝北甘肅，所收花馬惠安池鹽，漳西井鹽，及蒙青鹽之釐捐加價，或歸藩司，或歸統捐局，並無專官經理者，更無論也。是則咸同以降，省自爲法，釐價並徵，倍於正課，各省鹽務，紛如亂絲，故官制亦呈紊亂之狀況。

光緒三十二年，因清理財政，始議修正官制，於是年九月，改戶部爲度支部。三十三年，奏定度支部職掌章程，廢除山東等司名稱，改設筦榷司，掌各直省鹽法，稽核引票課釐租稅規羨雜款加價折價場課竈課井課畦稅各項考成，奏銷春秋撥册各款。此項章程，仍係根據清初舊例，蓋中央最高機關，對於鹽務，向以稽核爲主，而用人行政，固隸於地方，不屬於中央。稽核名詞，亦原於此。宣統元年，又以各省鹽務，糾轇紛紜，非統一事權，無以收整頓之效，始於中央設督辦鹽政處，派度支部尙書載澤，兼任督辦鹽政大臣。其產鹽省分之東三省直隸兩江兩廣閩浙四川雲貴陝甘各總督，山東山西浙江各巡撫，本有兼管鹽政之責，均爲會辦鹽政大臣。銷鹽省分之湖廣總督，吉林黑龍江江蘇安徽江西湖南河南廣西貴州陝西各巡撫，於地方疏銷緝私等事，考核較近，呼應亦靈，均兼會辦鹽政大臣銜。此則改革初步，主在祛地方分權之害，謀中央集權之規。明定責成，劃分權限，凡各省鹽務，一切用人行政，均由鹽政處主管。凡疏銷緝私，均由各省督撫，協助辦理。其各省產運銷改良法，得由督撫隨時咨商督辦大臣核辦。各省稅收，無論新舊正雜，一切款項，應由運司鹽道，及經管鹽務之各總局，詳請督辦大臣核明，咨報度支部候撥，外省不得擅動。其各省動支款項，先經奏咨核准有案者，得由運司鹽道，及經管鹽務之各總局，詳請督辦大臣核明，照舊撥解，仍咨度支部查核，此內外之權限也。凡鹽務一切因革損益，均由督辦鹽政處主持，會商度支部辦理，凡收發引票動撥款項，核覆奏銷考成交代等事，均由度支部辦理，此又中央部處之權限也。改章伊始，祇將從前督撫管理鹽政之權，稍稍集於中央，所有運司鹽道以下各官，差缺之不相轄，名實之不相符，積習相承，依舊未改。宣統三年，又以鹽務爲財政大宗，鹽務各官，向無統系，自非改定官制，特設京外鹽務專官，無以收絜領提綱之效。因將督辦鹽政處，改爲鹽政院，設鹽政大臣一員，管理全國鹽政，統轄全國鹽官。於鹽政院內，設鹽政丞一員，以襄理鹺綱。設總務廳，掌機要銓敍會計收發，並籌擬法制編訂章程等項事宜。設南鹽廳，掌淮浙閩粵鹽務。設北鹽廳，掌奉直潞東鹽務，川滇附之。各置廳長一員以領之。其在外省，則於產鹽區域，設正監督，銷鹽區域，設副監督。產區正監督，掌所屬產鹽運鹽銷鹽緝私各事務，即以長蘆山東兩淮兩浙廣東，及新設之奉天，改設之四川各運司，均改爲正監督。河東福建雲南各鹽道，直轄場產，一律改爲正監督。銷區副監督，掌所屬運鹽銷鹽緝私各事務，但鄂岸暨淮北，兼轄井產場產，即以淮南之鄂湘西皖四岸，及淮北各督銷局，並湖北川鹽釐局，均改爲副監督。江南鹽巡道，原管江寧食岸督銷，而金陵下關，又爲掣驗鄂湘西皖四岸鹽船之所，地勢極爲扼要，即改爲淮南江岸副監督，管理江寧食岸督銷，並大通以下，揚子棧以上，掣驗緝私事務。粵鹽由廣西運至湖南貴州雲南等處，地方遼闊，應將桂平梧道所管鹽法劃出，另設廣西副監督，管理廣西湖南等處粵鹽督銷緝私事務。滇黔官運川鹽，事繁款鉅，仍照從前官運局，另設四川滇黔邊計副監督，管理滇黔官運川鹽事務。陝甘之大小花馬池等處，產地甚多，銷路甚廣，特設副監督，管理大小花馬池、西和、隴西、並陝西馬湖峪，及邊外蒙青等鹽產運銷及緝私事務。凡副監督所管事務，應由正監督稽核，正副監督以下各官，產鹽銷鹽以及經收課釐等項，應由鹽政院酌定比較，考核成績。鹽務收入各款，由正副監督，隨時解交國庫，聽候度支大臣指撥，一面將解交銀數日期，報明鹽政院查核，各省鹽務徵收支解款目，應由正副監督，按季呈報鹽政院查核。正監督於各岸副監督報銷款項，應詳細稽核，會同呈報鹽政院，共負責任。各省正副監督所屬委任各官，有管理銀錢出納之責者，應令取具殷實舖戶，相當保單，此其編制暨章程之大概也。其原有湖北武昌鹽法道，湖南長寶鹽法道，廣西桂平梧鹽法道，甘肅寧夏鹽法道，平慶涇固化鹽法道，均撤去鹽法字樣。河東福建雲南江南等處鹽道，原兼分巡兵備船廠稅關水利等項事宜，應由各該省督撫奏明，另歸實缺司道兼管，以免牽混。河南江西藩司，陝西巡警道，亦均無庸兼管鹽法。自此改定官制以後，正副監督，均由鹽政院直接管轄，各省督撫所兼會辦鹽政大臣，及會辦鹽政大臣銜字樣，概行撤銷，以清權限。惟督撫身任封疆，本有綏靖地方之責，咸豐以前，長蘆兩淮等處鹽政，多係欽差御史等官巡視，其時各省督撫，雖不兼任鹽政，而遇有鹽務與地方關涉事件，亦無不竭力維持。鹽務關係國稅，疏銷緝私，全賴地方長官協助，原屬應盡之職務，仍應由各省督撫，轉飭所屬文武，切實辦理。此項官制，實爲一種獨立制，與唐之特設鹽鐵使，頗爲相類。但鹽鐵使係以特派重臣而居於外，淸之鹽政院，則以獨立機關而設於內。雖規畫未盡完備，要爲官制一大改革。設立未久，適値武昌革命，旋卽裁撤，仍將鹽政事務，歸併度支部辦理。

淸代鹽法，雖掌於戶部，行政之權，實分於各省鹽政。鹽政之官凡三變，始則專差御史巡視，繼則改歸督撫兼管，終則置立鹽院，特設大臣以統轄之。此其內外政權之消長，要亦時勢使然。運司鹽道，亦以時增設裁改，至鹽院成立後，又有改設監督之議，而未見諸實行。其時預備立憲，首以整理財政爲最要，並因從前各省鹽務，極不統一，經憲政編查館奏頒行政綱目，謂各省督撫兼管鹽政之制，亟應廢除，改爲直接官治；又謂鹽官應另行編制，直接京部，不隸督撫；嗣又以辦理鹽政，應有直接行政機關，督辦鹽政處之設，卽原於此。緣從前京部，祇有稽核之權，並無行政之權，所謂稽核者，僅憑各省咨部淸册，不過虛應故事。鹽法至此，實有不得不改之勢。究則鹽務弊根，由於踵襲明末綱鹽，釀成商人專岸，一弊而無不弊，非徒官制不善已也。迨後改設鹽政院，行政機關，固是獨立，但於改革政策，仍無規畫。僅將督撫用人之權，收歸京院，並集財權於中央，如督辦鹽政處章程所云，各省鹽務，無論新舊正雜，一切款項，應由督辦鹽政大臣核明，咨報度支部候撥，外省不得擅動，改制宗旨，即是注重此點。故自宣統元年十一月設立督辦鹽政處起，至宣統二年十一月裁撤鹽政院止，兩年之內，除更動人員，委派差缺外，對於整理鹽務，並無建白。雖旋設旋廢，未有結果，然民國初年，創立稽核所，及以財政總長督辦鹽務，實亦根據於此。

第三節　民國之官制

民國承清季之後，當光復之際，其時鹽政院甫經裁撤，舊法既已廢止，新制亦未施行，各省鹽務，漫無統紀，機關之組織，多以廢除運司爲前提。如兩淮則改爲鹽政局，後又改爲鹽運局，兩浙亦改爲鹽政局，並析蘇五屬爲江蘇鹽政局，廣東福建雲南則改爲鹽政處，四川則改爲鹽政部，後又改爲鹽務局，湖北則廢督銷局，改爲淮鹽總局，湖南亦廢督銷局，改爲鹽政處，惟長蘆山東河東及東三省，仍沿清舊，暫維現狀，無有變更。當此之時，鹽務官制，尚未釐定，改革鹽政，業有動機，皆是主張取消專商，破除引岸，四川則已廢止官運商銷，改行就場徵稅，廣東則已廢止櫃商，改行自由貿易，福建則已廢止商幫，改行園場官專賣，或主徵稅制，或主專賣制，改革計畫，不能外此兩大端，自應決定政策，乘機整理，將從前積弊，一掃而空。元年九月，周學熙任財政總長，深慮改革實行，設法反對，先從官制著手，恢復前清地方鹽官制度，於是年先後任命長蘆山東東三省兩淮兩浙福建廣東等區鹽運使。其時適值財政困絀，募借外債，擬以鹽稅，作爲擔保，於是有整頓鹽務之宣傳，因在財政部內，設立鹽務籌備處。又以革命之後，各省鹽款，解部者爲數無幾，此項稅收，能否足敷償債之用，外人不無懷疑，借款交涉，屢議屢輟，不能不預爲保存，於是有稽核機關之發生，復在財政部內設立稽核造報所。二年一月，乃由大總統命令，鹽務收入各款，應自民國二年一月份起，專款存儲，無論何事，概不得挪移動用，庶幾內鞏財權，外昭國信，應設鹽務稽核造報所，專司考核款目，是則鹽務處與稽核所之設，皆爲進行借款起見，對於改革並無誠意。查稽核章程，北京總所，於總辦外，任用洋員一人，充當會辦，各省分所，於經理外，任用洋協理一人。各省分所，專司鹽務之收入支出及行鹽之數目，凡各省產製運銷各項行政事宜，不在總所及各分所權限之內，惟行鹽數目，關於稅收，行鹽引票，可由所員簽印給發，由此行政與稽核，分爲兩大部分，已與官制原則不合。詎意財長周學熙，復提出借款大綱，與銀行團磋議，而鹽務官制，遂與借款合同，亦有關係。鹽稅收入，擔保借款，爲一問題，改良稅收，整頓鹽務，關於中國行政，另爲一問題，竟將官制訂入合同，鑄此大錯。查善後借款合同第五款所載，其最要之點：一、發給引票彙編各項收入之報告及表册，均由總所總會辦專任監理。二、各分所經協理會同擔負徵收存儲鹽務收入之責任，監理引票之給發，暨徵收各項費用及鹽稅，並將收支各事，詳細報告該地方鹽運使，及北京稽核總所。三、各產鹽地方鹽斤，納稅後，須有該處經協理會同簽字，方准將鹽放行。四、所有徵收之款項，應存於團銀行，或存於銀行以後所認可之存款處，歸入中國政府鹽務收入帳內。五、鹽務進款帳內之款，非有總所總會辦會同簽字之憑據，不能提用，該總會辦，有保護鹽稅擔保之各債先後次序之職任。民國三年，改訂之稽核章程，即以此項合同爲根據，凡在產鹽區徵稅後放鹽，須以分所經協理會同簽字之單據，或以該分所印信爲憑，其管理稱鹽及由倉坨放鹽事務各員，應爲分所屬官，經協理暨其所屬之稱鹽及放鹽之員，對於場坨放鹽，須稽查是否有正式准單，是否照章完全納課，是否祇照允准之數量放出，並按時期，向該分所所轄地點內之場坨查視。是收稅放鹽，完全由分所主管，而納稅以後，始准放運，實爲先稅後鹽之政策，亦即就場徵稅之基礎。鹽政改革，因緣稽核制度，得以進行，具有相當成績。稽核總分所，是中國鹽務機關，縱令任用洋員，亦是爲中國服務。最大缺點，惟在鹽稅收款，須存於外國團銀行，非獨損失國權，抑且影響金融，咎在訂債約者，毫無考慮，急於飲鴆以止渴，不知木腐而蟲生，此乃極一不幸之事。若就鹽務而論，則機關新設，制度優良，既無舊染之污且收整頓之效，實於改進鹽法，大有裨益。況稽核所主掌收稅，對於外國債權，自當負責，而行政機關無與焉。所以民國二三年間，稽核所成立後，開始整理鹽務，議者不明眞相，遂因其與借款合同有關，集矢於稽核所，殆與事實，未能盡符，即不免有種種誤會，固宜分別觀之。

民國二年九月，裁撤鹽務籌備處，改設鹽務署，定制，財政總長兼任鹽務署督辦，財政次長兼任鹽務署署長（其時北京政府各部，均置一次長，惟財政部因有管理鹽務關係，置兩次長，以一次長專任鹽務）並兼任稽核總所總辦，將造報二字删去，改爲稽核所，仍依原例，於總所設總辦一員，洋會辦一員，於分所設經理一員，洋協理一員，稽核所直接受財政總長之管轄。當時釐定官制，緣受借款合同之束縛，與原定計畫，不能相符。鹽務署原係採用前淸鹽政院及海關稅務處之例，本爲獨立制，嗣因借款合同，載明中國政府在北京設立鹽務署，由財政總長管轄，故採兼領制，由財政總長，兼任督辦，以符原文。但鹽務署官制，自民國二年九十月間，業經規定，延至三年五月，始克頒布。於署長下，置設一處二廳，曰總務處，曰場產廳，曰運銷廳（原定有筦權一廳，主管稅務，因與稽核所職掌相衝，遂乃删除。）在行政上，固爲中央最高機關，而地方官制，則迄未酌定，悉沿前清之舊。於產鹽區域，置鹽運使司或運副，於銷鹽區域，就原有督銷官運等局，改設榷運局。抑知揚子四岸督銷，義主官督商銷，改局以後，重在徵收岸稅，是有權而無運。吉黑兩省官運，向係官運商銷，採運鹽斤，並在營口照章繳稅，是有運而無權。若花定一區，祇在鹽池定邊兩縣，爲大花馬池產地，何能包括甘肅全區，所定名稱，均未確當。既以榷名，卽與稽核職權抵觸，而當時議者，乃又根據借款合同，謂稽核機關，祇能在產區設立，銷區稅收，不在稽核範圍，凡行政機關，遇有權限爭執之事，莫不以合同爲口實，抑已傎矣。

查民國二年底，曾訂鹽務署顧問辦事章程，載明稽核總所會辦，應作爲鹽務署顧問，凡整理鹽政，及運銷各處鹽斤辦法，官運商運民運，均包括在內。並發緊要命令時，於未決定實行以前，須得顧問之同意。顧問與署長，對於所商各事，有不同意者，須呈由財政總長核奪。此項章程，自三年二月，以部令公布。議者復謂總所會辦，後以洋顧問兼職，侵涉鹽務行政，如長蘆開放官運引地，本因總所提議取消商岸，改行自由貿易而起，迨後招商包運，成爲一種假改革，可證洋員對於行政，未曾干涉，蓋借款合同，將官制訂入，利在維持引票，顧問章程，專重運銷，未及場產，亦係別有作用，物必自腐，其信然矣。民國三年二月，稽核新章公布後，重新改組，總所自總會辦以下，分設三股，曰英文股，曰漢文股，曰會計股，股長以下，分科辦事，各區分所內容組織，略如總所之例。至於揚子四岸，爲銷鹽區，按照借款合同，未便設立分所，於三年間，在漢口置駐漢總稽核處，特派華總稽核員一人，洋副總稽核員一人，在各榷運局委駐稽核員，專司審核鹽款帳目，及收發鹽斤之事，徵收岸稅，仍由榷局收納。及八年間，裁撤總稽核處，於鄂湘西皖各設稽核處，特派華稽核員一人，洋副稽核員一人。又如吉黑官運餘利，雖非稅款可比，然關於鹽務收入，自應審核，於四年間，在哈爾濱置稽核處，特派華洋稽核員監查榷局運銷鹽斤，及餘利款項，此則銷鹽區域，祇設稽核處，不設分所，華洋稽核員，其職權與經協理相等，蓋變例也。若甘肅一區，產鹽甚多，兼銷蒙青鹽斤，口北晉北兩區所銷之鹽，向以蒙鹽爲大宗，本區亦產土鹽，按照稽核章程，關於收稅事務，自應統歸總所直轄。三年十一月，始將口北熱河兩榷運局一併裁撤，在多倫置收稅總局，特派華洋助理員，充任收稅官，綜理其事。同時鹽務署，亦於口北設立蒙鹽局，管理收鹽暨緝私事宜。其後於六年間，在甘肅蘭州，置花定收稅總局，七年間，又在山西太原，置晉北收稅總局，此則雖屬產區稅入無多，祇設收稅總局，不設分所，亦變例也。總之，民初官制，既將政務與稅務劃分，以鹽務署及所屬主掌行政事宜，以稽核總所及所屬主掌收稅事宜，事權不一，責任不專，鹽務是整個的，稍有牽制，即難進行，就令和衷共濟，同力合作，究不免枝枝節節而爲之。故在民國十六年以前，改革政策，終未貫徹，僅能達到一部分，則以場產運銷及緝私，未嘗切實整理耳。茲將民初鹽務機關，略述於下：

甲　鹽務署所屬之機關

一、鹽運使司，凡十，曰長蘆，曰山東，曰東三省，曰兩淮，曰兩浙，曰兩廣，曰福建，曰河東，曰四川，曰雲南。

長蘆福建等區運使，於民國元年先後置設，二年，置河東雲南兩區運使，三年，始任命四川運使，十六年，曾裁花定榷運局，改設花定鹽運使，設立未久，旋又裁廢。

二、運副，凡六，曰淮北，曰松江，曰潮橋，曰廈門，曰川北，曰青島。

淮北於民國元年，廢海州運判，改設淮北總場長，三年，改爲場務局，旋裁場務局，改置運副。松江於元年，曾設鹽政局，二年，改爲蘇五屬榷運局，三年，裁榷運局，改置運副。潮橋舊有運同，於元年廢止，四年，始置運副。川北運副，亦於四年置設。廈門於九年置設。青島則因收回時，曾由鹽務署派員駐青管理鹽田事務，於十三年，改置運副。

自民國三年五月，頒布鹽務署官制後，於九十月間，先後以署令頒布運使暨運副公署章程，凡產鹽區設鹽運使管理鹽務行政，其區域較廣大者，更設運副以輔之，自運使運副以下，各設總務場產運銷三課，辦事員額，視各區情形而定。其所屬各場，設場知事一員，承鹽運使或運副之命，掌理各該管區域內之產製貯藏，及倉坨鹽警，並監督捆運徵收場課各事宜。各場得設佐理員，有文牘會計稽查等員，幫同知事，辦理一切，其場區較廣者，另設場佐，輔助知事，分掌場務。

三、榷運局，凡九，曰鄂岸，曰湘岸，曰西岸，曰皖岸，曰宜昌，曰晉北，曰花定，曰廣西，曰吉黑。

民國二年，將前清督銷官運等局，改爲榷運，先後設吉林黑龍江漢口長沙南昌大通宜昌河南正陽江寧建昌蘇五屬熱河口北晉北等十五榷運局。三年，又設永七花定貴州廣西榷運局，並將吉林黑龍江兩局，併爲吉黑局，其河南正陽江寧蘇五屬熱河口北六局，一律裁撤。四年，又將永七建昌貴州三局裁撤。

榷運局本屬銷區行政機關，各局設局長一人，下設總務運銷筦榷三課，於本區重要地方，得酌設分局，其隸屬分局管轄者，則爲分卡，局設局長，卡設卡長，皆因事務之繁簡，酌定辦事員額，惟吉黑向係辦理官運，設有採運轉運等局，於民國八年，核定裁局設倉，仍留分局名義，以倉長兼任局長，主管收鹽發鹽事宜，並於長春哈爾濱，設兩總倉。花定晉北，則係產區，故所屬設有產鹽局，若口北蒙鹽局，其性質亦與榷局相類。河南於十六年，復設榷運局，後又改稱督銷局。

乙　鹽務稽核總所所屬之機關

一、稽核分所，凡十有三，曰長蘆，曰山東，曰奉天，曰河東，曰揚州，曰淮北，曰兩浙，曰松江，曰福建，曰廣東，曰川南，曰川北，曰雲南。

民國二年一月，創立稽核機關，原定在產區設置分所。於二年間，先後設長蘆山東奉天河東兩淮兩浙福建廣東八處。三年，又設四川雲南兩處。是年六月，核定蘇五屬鹽斤，一律在上海徵稅，杭州兩浙分所，祇任秤放之責，添設松江分所。又以濟南場鹽，運銷揚子四岸，事務殷繁，專設淮北分所，名曰海州稽核分所，後改稱淮北分所，其兩淮分所，改稱揚州分所。四年，又以四川產區遼闊，添設川北分所，原設之四川稽核分所，改稱川南分所。

自三年二月，稽核新章頒布後，內容改組，自經協理以下，置文牘會計兩課，各設主任一員，文牘主任，掌管理漢英文事件，會計主任，掌綜核收支事件。復設分支機關，以分辦徵收秤放及查驗各事宜。

稽核分所，主管收稅放鹽事務，繁重。凡產區廣大者，於分所下，酌設支所，派委華洋助理員各一人，輔助經協理，分治其事。若長蘆之豐蘆，山東之王官，淮南之泰州十二圩，淮北之青口陳家港，兩浙之寧波，福建之廈門，松江之葉榭，廣東之汕頭平南，川南之五通橋，雲南之黑井白井磨黑井，皆因事務之需要，陸續組設。

二、稽核處，凡七，曰鄂岸，曰湘岸，曰西岸，曰皖岸，曰重慶，曰宜昌，曰吉黑。

民國三年四月，始置駐漢總稽核處，以漢口爲駐在地，專司稽核鄂湘西皖四岸宜昌各榷運局，及沙市運銷局鹽款鹽斤，（沙市運銷局於民國九年裁撤，）並於各局委駐稽核員。八年八月，裁撤總稽核處，改於四岸，各置稽核處。九年十年，先後設宜昌重慶稽核處。至吉黑稽核處，則於四年一月設立，蓋做駐漢稽核處之例。

稽核處之設，原因各岸榷運局，所收岸稅，既係按引徵收，自應由稽核所查核，奈因借款合同關係，由鹽務署與稽核總所，會同議決，置設駐漢總稽核處，華總稽核員，洋副總稽核員，均由鹽務署長呈明財政總長委派。各岸駐局稽核員，由鹽務署遴員委任，歸駐漢總稽核處指揮監督。此項變通辦法，在名義上，雖屬稽核，在實際上，乃歸鹽務署管轄，統系不明，已可證見。開辦以後，毫無效益。故至民國八年，改在各岸設立專處，直接由稽核總所管轄，其組織法，略與分所相同。

三、收稅總局，凡三，曰口北，曰晉北，曰花定。

民國三年，整理長蘆鹽稅，以口北附近蘆鹽銷區，蒙鹽稅輕，不免侵衝，於是年將口北熱河榷運局裁廢，改設口北收稅總局，以便整理蒙鹽稅收。是稅局之設，以口北為最先，其後因花定榷運局，弊竇滋多，稅入短絀，不能不設法整頓，於六年四月，設花定收稅總局，七年四月，又設晉北收稅總局。近今如河南陝西西北等處，皆設收稅總局，蓋做其例。

收稅總局，設華收稅官一員，洋副收稅官一員，皆以助理員充其任。自華洋收稅官以下，有文牘會計兩課，其組織略如支所。當開辦之初，各屬鹽稅，多由蒙鹽分局，或榷運分局兼收。對於稅務，雖受稅局節制，而權限究未劃清，且行政機關人員隨時更易，與稽核久任之制相背，故其後收稅事務，遂乃委派專員，設立分局焉。

民國十二年，國民政府在廣東時代，收管廣東分所，改稱廣東稽核所，組織一切，悉任其舊。但因稽核制度，與善後借款合同相關，損失國權甚大，主張取消。並以官制亟宜統一，於十五年四月，將兩廣鹽運使，暨廣東稽核所，同時裁撤，改置鹽務總處。十六年六月，國民政府，奠都南京，因在財政部內，設鹽務處，並將淮南兩浙松江福建各產區，鄂湘西皖各銷岸所有稽核機關，一律停止，暫由運使運副或榷運局，兼理收稅。並擬另設鹽務監理局，以代稽核之職務，事未果行。是年十月，以鹽務亟應整理，仍倣民初官制，裁撤鹽務處，改設鹽務署，並主恢復稽核所，於是另訂稽核章程，在上海設立總所，在各省設立分支所。十七年一月，又將上海設立之總所取消，並停止新委江浙各省新委稽核人員職務，同時令淮原有機關，加以改組，恢復其職權，因於鹽務署內，設稽核處，管理各分所事宜。其時徵收鹽稅，仍歸運使運副或榷運局主管，無有起色。十八年一月，於是改訂稽核章程，將損失國權之處，完全修正。關於一切外債，凡與鹽款有涉者，悉由財政部負責稽核總所，專掌稅收，不受債約之束縛，令北平稽核總所，南遷改組，其鹽務署所設之稽核處，亦於是月裁撤。及七月間，財政部令飭各運使運副，各榷運局長，將收稅職權，限於八月一日，移交各該區稽核機關接收，於接收後自八月起，截至十八年年底止，稅收激增，成效大著。十九年四月，以下關掣驗局，原隸鹽務署，改歸稽核總所管轄，行政機關，改隸稽核，蓋始於此。二十年四月，復將各區緝私局，改歸稽核總所管轄，緝私機關，改隸稽核，又始於此。至二十一年八月，財政部爲統一事權起見，呈經行政院核准，以鹽務稽核總所總辦，兼任鹽務署署長，以淮北兩浙福建山東各區稽核分所經理，兼任各該區鹽運使，淮南松江分所經理，兼任各該區運副，厦門支所助理員，兼任厦門運副，鄂湘西皖四岸稽核處稽核員，兼任各該岸榷運局長，河南收稅總局總收稅官，兼任河南督銷局局長，惟長蘆河東口北晉北廣東四川雲南等處，不在其列。自兼任後，所有鹽務行政緝私各事宜，概由華員兼理，其稽核機關之洋員，依舊專任稽核事務。至於行政各署局原有人員，則分別考覈去留，所屬分支機關，一律裁廢，所遺職務，除有特別情形外，均由稽核人員兼辦，事權既一，效率增加，每年節省經費甚鉅，裁革陋規亦甚鉅，在鹽務官制史上，固屬一大革新。二十二年十月，裁撤陝西督銷局，改設陝西收稅總局。是年十一月，又令長蘆稽核分所經理兼任該區鹽運使，並將口北收稅總局，改爲口北支所，隸於長蘆。二十四年一月，又將口北蒙鹽局，改歸口北支所兼辦，並於西北，設立收稅總局，管理甘寧三省鹽務。是年四月，又令重慶稽核處稽核員兼任四川鹽運使，川北稽核分所經理，兼任川北運副，旋又將川南分所，改稱四川稽核分所，裁重慶稽核處，改設支所。二十五年五月，將淮南運副裁撤，歸併兩淮鹽運司，並將揚州分所，改爲支所，其淮北分所，改稱兩淮分所。七月，又將川北運副裁撤，歸併四川鹽運司，並將川北分所，改爲支所，受四川分所之直轄，此皆最近之變更也。先是民國二十年五月，國民政府公布新鹽法，第三十三條，關於鹽務機關之規定，中央設鹽政署及稽核總所，直隸於財政部，各產鹽場區，設鹽場公署，及稽核分所，隸屬於鹽政署及稽核總所。鹽政署及所屬機關，掌理鹽務行政，場警編制，倉坨管理，及鹽之檢驗收放事宜。稽核總所及所屬機關，掌理鹽稅徵收，稽查鹽斤收放，及編造報告事宜。事項規定，祇於場區設立鹽場公署，及稽核分所，銷鹽區域，並不設官，將從前運使運副，暨榷運局，悉行廢除，較諸民初官制，業已改正。但將政務與稅務，分爲兩大組，仍與民初官制無異。稽核所之職掌，是專辦收稅，鹽政署之職掌名爲行政，實是辦理與收稅有聯帶之事務。鹽之爲物，產出於場，銷歸於岸，有產始有運，有運始有銷，運銷者榷稅之根源，而整理場產，又爲鹽務之根源，尤在杜防場私之走漏，故場務運務銷務緝務，皆與稅務互有聯帶，斷斷不可劃分，應由收稅機關辦理，方能指揮靈便，收獲效力。在新鹽法通過之時，稽核所尙未兼辦行政緝私，故仍循用民初舊制，自兼辦後，產運銷緝種種事務，得以同時並舉，積極整理，成效已有可觀。按照目前事實，鹽務官制，漸已統一，故新鹽法鹽務機關一章，自應加以修正。因於財政部組織法中，特訂鹽務機關組織法，將鹽務署曁稽核總所，並所屬各機關，一律取消，於財政部內，設鹽政司，置司長一人，自司長以下，分科治事，專辦審核事宜，另設鹽務總局，直隸於財政部，置總辦一人，會辦一人，自總會辦以下，分設五科，一總務、二稅務、三產銷、四稅警、五經理，專辦執行鹽務事宜，各產鹽區，設鹽務管理局，置局長一人，副局長一人，自總副局長以下，分設總務產銷稅警三課，各管理局所轄鹽場，得按產鹽之數量分別等級，設鹽場公署，各置場長一人，掌理場產及收稅放鹽事宜。此項組織法，以鹽務總局爲執行機關，辦理整個之鹽務，以鹽政司爲審核機關，審核執行機關所辦鹽務，既無駢枝之嫌，且有監察之益，經行政院會議及立法院之議決，於二十五年七月十四日，公布在案。茲將組織法條，錄列於後：

財政部鹽務總局組織法

第一條　本法依財政部組織法第二十六條之規定制定之。

第二條　鹽務總局直隸於財政部，承部長之命，辦理全國鹽稅徵收及其他一切鹽務，並兼管硝磺事務。

第三條　鹽務總局置左列各科。

一　總務科。

二　稅務科。

三　產銷科。

四　稅警科。

五　經理科。

第四條　總務科掌左列事項。

一　關於文件收發、分配、撰擬、繕校及保管事項。

二　關於典守印信事項。

三　關於本局及所屬機關職員之任免、遷調及訓練事項。

四　關於鹽務章則之擬訂事項。

五　關於鹽務公報之編輯事項。

六　關於本局現金、票據、證券之出納及保管事項。

七　關於本科職掌事務之各種表册及報告之編製專項。

八　關於庶務及不屬於其他各科事項。

第五條　稅務科掌左列事項。

一　關於稅務之設計、改進及處理事項。

二　關於稅務章則及稅率之擬訂、修改事項。

三　關於鹽税收入預算之擬編事項。
四　關於徵税之考核及税款之審核及報解事項。
五　關於減税、免税案件之處理事項。
六　關於税務所用一切票照單證之擬訂、考核及繳銷事項。
七　關於硝磺之徵税或專賣事項。
八　關於本科職掌事務之各種表册及報告之編製事項。
九　關於税務之其他事項。

第六條　產銷科掌左列事項。
一　關於食鹽產銷之設計、改進及處理事項。
二　關於鹽及硝磺產銷章則之擬訂事項。
三　關於製鹽許可及產鹽銷鹽之估計及調節事項。
四　關於鹽質之檢定及農業、工業、漁業用鹽變性或變色之指導事項。

五　關於倉坨之設置、管理、產鹽之收放及鹽價之平定事項
六　關於鹽副產物之管理及取締事項。
七　關於鹽翠整理及劃歸地方升科事項。
八　關於硝磺之統制、產製及改良事項。
九　關於鹽及硝磺產銷所用一切票照單證之擬訂、考核及繳銷事項。
十　關於本科職掌事務之各種表册及報告之編製事項。
十一　關於鹽民生計之改良及失業鹽民之救濟事項。
十二　關於產銷之其他事項。

第七條　稅警科掌左列事項。

一　關於各產鹽場區警務之設計、改進及處理事項。
二　關於各產鹽場區水陸稅警之編製、訓練、指揮、調遣事項。
三　關於製鹽放鹽及鹽副產物之稽查事項。

四　關於鹽場、倉坨及鹽務官署之保衛事項。
五　關於鹽斤及硝磺私製、私運之查禁事項。
六　關於本科職掌事務之各種報告及表册之編製事項。
七　關於稅警之其他事項。

第八條　經理科掌左列事項。
一　關於營造、修繕各種工程之設計及監督事項。
二　關於各種物品之購辦及供應事項。
三　關於財產、公物之登記及保管事項。
四　關於稅警服裝、械彈之採辦、保管及發給事項。
五　關於鹽務所用一切票照單證之印製、保管及發給事項。
六　關於本科職掌事務之各種表册及報告之編製事項。
七　關於經理之其他事項。

第九條　鹽務總局設總辦一人，簡派。承財政部部長之命，綜理全局事務，並指揮監督所屬機關及職員。

鹽務總局設會辦一人，聘任。輔助總辦，處理收稅、放鹽事務。

第十條　鹽務總局設科長五人，由總局遴選合格人員，呈請財政部部長核准任用，承長官之命，分掌各科事務。

第十一條　鹽務總局設祕書二人，承長官之命，辦理機要文件，及其他交辦事務。

第十二條　鹽務總局設科員一百人至一百五十人，助理員三十五人至五十人，承長官之命，辦理各科事務。

鹽務總局設技正二人或三人，技士四人至六人，承長官之命，辦理鹽務及硝磺之技術事務。

第十三條　鹽務總局設視察員二人，調查員二人至四人，承長官之命，分赴各鹽區考察鹽務成績及查辦臨時發生之案件。

第十四條　鹽務總局得酌用僱員，辦理繕校及其他事務。

第十五條　鹽務總局經財政部部長之核准，於各產鹽區域設置鹽務管理局，辦理各該區域之鹽稅徵收及其他事務。

第十六條　各鹽務管理局設局長一人，副局長一人，總務課長一人，產銷課長一人，稅警課長一人。

前項人員由鹽務總局總辦遴選合格人員，呈請財政部部長核准任用之。

第十七條　鹽務管理局局長承鹽務總局之命，辦理各該局事務，指揮監督所屬機關及職員。鹽務管理局副局長，輔助局長，處理收稅、放鹽事務。

第十八條　鹽務管理局按事務之繁簡，設課員、視察員及技術員，其名額及人選，由鹽務總局分別擬定，呈請財政部部長核准任用之。並得酌用僱員。

第十九條　鹽務管理局所轄鹽場，得由鹽務總局劃分區域，設置鹽場公署管理之。

鹽場公署依左列標準分爲四等。

一　年產二十萬公噸以上者爲一等。

二　年產十萬公噸以上者爲二等。
三　年產五萬公噸以上者爲三等。
四　年產不滿五萬公噸者爲四等。

第二十條　鹽場公署各設場長一人，辦理各該場鹽稅之徵收，鹽質之產製、檢定及秤放等事務，並指揮稅警。

場長由鹽務總局任免、遷調，並受鹽務管理局之指揮，監督。

第二十一條　鹽場公署設場務員、僱員，其名額及人選由鹽務總局核定任用之。但月薪在五十元以下之人員，得由鹽務管理局遴選任用，並呈報鹽務總局核准備案。

第二十二條　鹽場公署因事務之需要，經鹽務總局核定，得酌設收稅或秤放等辦事處、稅警派出所。由各該場長直接指揮，並受鹽務管理局之監督。

第二十三條　鹽務總局對外公文，以財政部名義行之。但關於左列事項，得發局令。

一　遵照部令應行轉飭事項。

二　依照部令所定辦法督率進行事項。

三　曾經呈部核准事項。

第二十四條　鹽務總局設會計主任一人，統計主任一人，科員五十八至六十五人，分別辦理歲計、會計、統計事務，受鹽務總局總辦及財政部會計長之監督指揮。

鹽務總局所屬各機關之歲計、會計、統計事務，由主計處設主計人員依法辦理之。

第二十五條　鹽務總局在就場徵稅未完成時，經財政部部長核准，於不產鹽之重要省區，暫設臨時鹽務辦事處，由鹽務總局直接管轄，辦理清理存鹽及徵收完納未足額之鹽稅等事務。其員額不得超過鹽務管理局員額之半數。

第二十六條　鹽務總局，各鹽務管理局及鹽場公署辦事規則，由鹽務總局擬訂，呈請財政部核定之。

第二十七條　本法自公布日施行。

鹽政司職掌之事項

一　關於鹽務之計畫、及改進事項。
二　關於製鹽許可、及產鹽調節之核定事項。
三　關於倉坨設置管理，及其他鹽務工程之核定事項。
四　關於鹽質檢查改良之考核事項。
五　關於產鹽收放，及場價之考核事項。
六　關於鹽稅稅率，與鹽務章則之審核及解釋事項。
七　關於鹽及硝磺所用票照之審核事項。
八　關於鹽及副產物減稅免稅案件之審核事項。
九　關於鹽稅收支之考核事項。
十　關於稅警編制之審核事項。
十一　關於鹽纍整理，及產地測算之規劃事項。
十二　關於硝磺產銷改良之研究，及稅費之審訂事項。

十三　關於鹽務人員任免遷調訓練考績之監督事項。

十四　關於鹽政之其他事項。

依上述組織法觀之，鹽務官制，已有統一之規模。鹽政司之職掌，雖居於審核及監察地位。若就官制原則而論，祇應審核產銷情狀，鹽款收支，及鹽務人員之考成，如果事事均在審核範圍，則於鹽務行政，仍多牽制，立法不厭求詳，似應再加修正者也。抑又言之，稽核機關，創設於民國初元，自民國三年，及民國十八年，經兩次之改組，制度優良，日益完備，任用人員，除專家外，均由公開考試而來，非經考試及格者，不得派充戊己兩等之員司，凡人員經過試用期間補實者，無故不得免職，所以服務人員，皆以地位穩固，薪給優厚，實心辦事，不敢爲非，幾成爲特殊之習慣。故二十餘年來，具有特殊之成績。可見成績之著，斷非無因而致，實由員司有保障，得以久於任事，而經驗日宏，俸給較優，得以養成廉潔，而操守可恃。現今新組織法，即當施行，稽核名稱，既經改正，其原有制度之優點，應當保存，斯又官制之必要矣。

第四章　鹽禁

古者鹽権未興，山海之利，任民自取，固無所謂法禁也。春秋時，管仲相齊，以孟春既至，農事且起，令北海之衆，毋得聚庸煮鹽。論者謂後世禁私，卽始於此。然考當時立法之旨，一在注重農事，一在於限制鹽產，非專以防私也。自漢時有官與牢盆之說，私鹽之禁始著。惟鹽爲利藪，亦爲弊窟，國家方嚴禁以防私，奸民乃干法而圖利，法之興也愈繁，弊之出也愈滋。是以漢唐以降，法網日密，刑用滋章。沿及明清，復將鹽事禁例，纂入律條，著爲定制。逮乎民國，因時制法，經畫益備。蓋鹽爲官業，若違禁私營，其干犯法紀，固非尋常商貨漏私逃税者可比。故私鹽厲禁，著諸令申，有由來矣。玆將歷代鹽事則例之屬於禁私者，依次分述如左。

第一節　漢晉唐

漢武帝元狩五年，募民煮鹽，官與牢盆，敢私煮鹽者，釱左趾，沒入其器物。

晉令凡民不得私煮鹽，犯者四歲刑。

唐乾元初，第五琦立鹽法，盜煮私市者，論罪有差。貞元中，盜賣鹽一石者死。至元和中減死改流，皇甫鎛奏論死如初，一斗以上杖背，沒其車驢，能捕斗鹽者，賞千錢，賣鹽者，坊市居邸主人市儈皆論坐，刮鹽土一斗，比鹽一升，州縣團保相察，比於貞元加酷矣。宣宗時司空輿立新法，鹽盜持弓矢者死。周墀又言盜販者跡其居處保社按罪，賣五石，買二石，亭戶盜糶二石皆死。

第二節　五代

後唐長興四年鹽法條流：

一應食顆鹽州府省司，各置榷糶場院，應是鄉村，並通私商興販，所有折博，並每年人戶蠶鹽，不許帶一斤一兩入城，如違犯者，準條科斷。

一應食末鹽地界州府縣鎮並有榷糶場院，久來內外禁法，卽未一概條流，顆末等鹽，原不許界分參雜其顆鹽先許通商之時，指揮不得將帶入末鹽地界，如有違犯，一斤一兩，並處極法，所有隨行物，除鹽外，一半納官，一半與捉事人充賞，其洛京幷鎮定邢州管內，多北京末鹽入界，捉獲，並依洛京條流科斷，此後但是顆末青白諸色鹽侵界參雜，捉獲並準洛京條流施行。

一刮鹼煑鹽，不計斤兩多少，並處極法，兼許四鄰及諸色人等陳告，等第支給賞錢，如是收到鹼土鹽水，即委本處煑煉鹽數，準條科斷。

一諸犯鹽人，一兩以上至一斤，買賣人各杖六十，一斤以上至三斤，買賣人各杖七十，三斤以上至五斤，買賣人各杖八十，五斤以上至十斤，買賣人各徒二年，十斤以上，不計多少，買賣人各決脊杖二十處死，所有隨行錢物驢畜等，並納入官，其原有家業莊田，如是全家逃走，即行典納，仍是搬載脚戶，經過店主，並脚下人力等糾告，等第支與優給，如知情不告，與賣鹽人同罪，其犯鹽人經過處地分門司廂界巡檢節級所由，並諸色關連人等，不專覺察，委本州勘斷

一應刮鹼煑鹽，犯一兩以上至一斤，買賣人各杖六十，一斤以上至二斤，買賣人各杖七十，二斤以上至三斤，買賣人各徒一年，三斤以上至五斤，買賣人各徒二年，五斤以上，買賣人各決脊杖二十，

處死，或有已曾違犯，不至死刑，經斷後，公然不懼條流，再犯者，不計斤兩多少，所犯人並處極法，其有榷糶場院員僚節級人力煮鹽池客竈戶搬鹽船綱押綱軍將衙官梢工等，具知鹽法，如有公然偸盜官鹽，或將貨買其買賣人及窩盤主人，知情不告，並依刮鹼例五斤以上處死，其諸色關連人等，並合支賞錢，即準洛京諸鎭條流事例指揮。

一應門司關津口舖，捉獲私鹽十斤以上至五十斤，支賞錢二十千，五十斤以上至一百斤，支賞錢三十千，一百斤以上，支賞錢五十千。

一諸犯鹽人所有隨行物色，除鹽外，一半納官，一半與捉事人充賞。

一應諸道今後若捉獲犯私鹽人，罪犯分明，正該條法，便仰斷遣訖奏，若稍涉誤，祇須申奏取裁。

後周廣順二年敕定禁私條流：

一諸色犯鹽人等，所犯一斤以下至一兩，杖八十，配役，五斤以下一斤以上，徒三年，配役，五斤以上，並決重杖，處死。

一應所犯鹽關津門司廂巡門保，如有透漏，並行勘斷。

一刮鹼煮煉私鹽，所犯一斤以下，徒三年，配役，一斤以上，并決重杖一頓，處死，若捉到鹼水，抵煮成鹽，秤盤定罪，逐處凡有鹼鹵之地，所在官吏節級所由常須巡檢村坊鄰保，遞相覺察，若有所犯處彰露，并行勘斷。

一顆末鹽各有界分，若將本地分鹽，侵越疆界，同諸色犯鹽例科斷。

一鄉村人戶所請蠶鹽，祇得將歸供食，不得別將貨賣，投託與人，如違，並同諸色犯鹽例科斷。

一凡買鹽，並須於官場務內買，若衷私投與販，其買賣人並同諸色犯鹽例。

一諸官場官務，如有羨餘出賸鹽，並許盡底報官，如衷私貨賣者，買賣人並同諸色犯鹽科斷，若鹽店及諸色人與場院衷私貨賣者，並同罪科斷。

一諸犯私鹽，有同情共犯者，若有骨肉卑幼奴婢同犯，祇罪家長，主首不知情，祇罪造意者，餘減等科斷，若是他人共犯，並同罪斷，若與他人同犯，據逐人脚下所犯斤兩，依輕重斷遣。

顯德二年改定鹽法條流：

一贍國軍場務，邢洺州鹽務，應有見朶貯鹽貨處，並煎鹽場竈，及應是鹼地，並須四面修置牆塹，如是地里遥遠，難爲修置牆塹，即作壕籬爲規隔，於壕籬内，偷盜夾帶官鹽，兼於壕籬外煎造鹽貨，便仰收捉及許諸色人陳告，所犯不計多少斤兩，並決重杖一頓處死，其經歷地分及門司節級人員，並當量罪勘斷，所有捉事告事人賞錢二十千，一斤以上至十斤，賞錢三十千，十斤以上，賞錢五十千。

一應有不係官中煎鹽處鹼地，並須標識，委本州府差公幹職員與巡檢節級村保地主鄰人同共巡檢，若諸色人等偷刮鹵地便仰捉收及許人陳告，若勘捉不虚，捉事人每獲一人，賞絹十匹，獲二人，賞絹二十匹，獲三人以上，不計人數，賞絹五十匹，刮鹼煎鹽人並知情人，所犯不計多少斤兩，並決重杖一頓處死，其刮鹼處地分，並刮鹼人住處，巡檢節級所由村保等各徒二年半，令衆一月，依舊勾當刮鹼處地主，不切檢校，徒二年，令衆一月。

一顆鹽地分界内，有人刮鹼，煎造鹽貨，所犯並依前法。

一今緣改價賣鹽，慮有別界分鹽貨，遞相侵犯，及諸鹽入城，諸色犯鹽人，隨行物色，給與本家，其鹽沒納入官，所歷地分節級人員，並行勘斷，一兩至一斤，決臀杖五十，令衆半月，捉事告事人，賞錢五千，一斤以上至十斤，徒一年半，令衆一月，捉事人賞錢七千，十斤以上，不計多少，徒二年，配發運務，役一年，捉事告事人賞錢十千。

一河東界，如有人將鹽過來，及自家界內，有人往彼興販鹽貨，所犯者並處斬刑，其犯鹽人隨行驢畜資財，並與捉事人充賞，慶州青白榷稅院，原有透稅條流，所有隨行驢畜物色，一半支與捉事人充賞，其餘一半及鹽，納入官，其犯鹽人，仍舊一斗以上至三斗，杖七十，三斗以上至五斗，徒一年，五斗以上，處死。

一安邑解縣兩池，荊棘峻阻，不通人行，四面各置場門弓射，分擘鹽池，分居住，並在棘圍裏面，更不別有差遣，祇令巡護鹽池，此後如有人偷盜官鹽一斤一兩出池，其犯鹽人，應準原有敕條，並處極法，隨行錢物並納入官，其捉事人十斤以上至二十斤，支賞錢十千，二十斤以上至五十斤，支賞錢二十千，五十斤以上至一百斤，支賞錢三十千，一百斤以上，支賞錢五十千，若是巡檢弓射，池場門子，自不專切巡察，致有透漏，到棘圍外被別人捉獲，及有糾告，兼同行反告官中，更不坐罪，陳告人亦依捉事人支賞，應有知情偷盜官鹽之人，亦依犯鹽人一例處斷，其不知情關連人，臨時酌情定罪，所有透漏地分弓射，及池場門子，如是透漏出鹽二十斤以下，徒一年半。

一前項所定奪鹽法條流，其應屬州府捉獲抵犯之人，便委本州府，檢條流科斷訖，申奏，別報省司，其屬省院捉到犯鹽之人，干死刑者，卽勘情罪，申上，候省司指揮，不至極刑者，便委務司準條流決放訖，申報。

第三節　宋金

宋建隆二年，始定官鹽闌入法，禁地貿易至十斤，煑鹻鹽至三斤者，皆坐死。建隆三年，增闌入至三十斤，煑鹽至十五斤，坐死。自乾德四年後，每詔優寬。太平興國二年，乃詔闌入至二百斤以上，煑鹻及主吏盜販至百斤以上，並黥面送闕下。至淳化五年，改前所犯者，止配本州牢城，代州寶興軍之民私市契丹骨堆渡及桃山鹽，雍熙四年，詔犯者自一斤論罪有差，五十斤加徒流，百斤以上，部送闕下。

宋政和五年，議僞造鹽引者，並依川錢引定罪。

宋淳熙元年禁私敕令：

諸犯鹽一兩，笞四十，二斤加一等，二十斤徒一年，二百斤配本戍，煎煉者，一兩比二兩，以通商界鹽入禁地者，減一等，三百斤，流三千里，其人戶賣竈鹽，兵役賣食鹽，以官鹽入別縣界，一斤笞二十，二斤加一等，二百斤加一等，罪止徒三年。

諸犯鹽榷禁者，將有刃器仗隨行，以私有禁兵器者論罪。

諸販賣私鹽，捕獲到官之人，若罪合科徒流者，當官相驗身貌強壯，及得等杖，堪充征役，免罪，刺填軍額，身貌怯小，疾病不堪役使，卽依本法施行。

諸監司若當職官及巡捕官司所管諸軍公人，各及其家人，販榷貨者，加凡人一等，茶鹽又加一等，或將捉到茶鹽減尅，不送官，私自賣買，罪輕者各徒二年，知情不糾舉者，部轄人與同罪，所管官減二等，若失察者，各杖一百。

諸官司捕獲私鹽，輒將透漏地分妄入姓名，同狀申解者，杖一百。

諸色人如獲私有茶鹽及將通商界鹽入禁地，官鹽入別縣界者，准價以官錢支給，不滿一百斤，全給，一百斤以上給一百斤，二百斤以上給五分，獲販私有茶鹽，及告獲將通商界鹽入禁地，官鹽入別縣界販者，除以犯人隨行物全給外，別支賞錢，不滿十斤，給錢一十五貫，每一十斤，加一十五貫，至一百五十貫止。

諸客販鹽，往通商州縣，經過稅務，不將引狀批鑿者，杖六十，許人告。

諸客販鹽，經過稅務，將引狀不爲批鑿者，杖六十，若批鑿而故留滯經日，罪亦如之，每一日加一等，罪止杖一百。

金大定三年，定軍民私煮鹽及盜官鹽之法，命猛安謀克巡捕。大定二十八年，創巡捕使，收鹽使司弓手充巡捕人，且禁不得於人家搜索，若食鹽一斗以下，不得究治，惟盜販私煮，則捕之，在三百里內者，屬轉運司，外者卽隨路府提點所治罪，盜課鹽者亦如之。大定二十九年，罷巡捕使。明昌二年，詔自今如有盜販者，聽鹽司官輒捕民私煮及藏匿，則約所屬搜索，巡尉弓兵，非與鹽司相約，不得擅入人家。明昌三年，更定軍民犯私鹽者，皆令鹽司按罪，三百里外者，則付提點所，若逮問犯人，而所屬愆不遣者，徒二年。泰和四年，詔定收斂者，杖八十，十斤加一等，罪止徒一年，賞同私礬例。泰和七年，又定採黃穗草，燒灰淋滷者，亦杖八十。

第四節 元

中統二年詔定私鹽法：

一、諸犯鹽者，徒二年，決杖七十，財產沒官，決訖，發下鹽司，帶鐐居役，滿日疏放，若有告捕得獲，於沒官物內，一半充賞，如獲犯界鹽貨，減犯私鹽罪一等，仍委自州府長官提調禁治私鹽罪，如禁治不嚴，致有私鹽並犯界鹽貨生發，初犯笞四十，再犯八十，三犯已上，開具呈省奏聞定罪，若獲犯人，依上給賞，如有鹽司監臨官與竈戶私賣鹽者，同私鹽法科斷。

一今後諸鹽場遇有買納及支客鹽，無致留難，不受不給，或勘合號簿批引鈔，違限者並徒二年，若不依次第先給後受及秤盤不平者，徒二年，如客商買到官鹽，並官司綱運舡車，經由河道，其關津渡口橋梁，妄稱事故邀阻者，陳告得實，杖一百，因而乞取財物者，徒二年，官司故縱者，與同罪，失覺察者的決笞五十，如有遮當客旅，拘買取利者，徒二年，鹽付本主，買價沒官，仍禁治隨處官民，無得將舊來運鹽河道開決河水，澆溉稻田，以致水淺，澀滯鹽舡，有誤恢辦課程，依上治罪。

一、運鹽綱船諸人，不得拘擸應付。

一、隨處河道，若有舊立樁橛，仰該沿河官司，委官將帶深知河道水手夫役人等，檢踏盡行拔出，若不拔出樁橛，因而損壞船隻，據鹽本一切損失之物，當處官司賠償，將管民正官客旅買賣回回通事，諸色人等，不得將鹽司官約量的決。

一、經過巡鹽弓手，騎坐馬匹，販鹽車船頭匹，奪取走遞，因而停滯客旅，虧兌鹽課，如有違犯之人，聽所在官司陳告，開具姓名，申省奏治。

一、煎鹽燒鹽草，每年常有野火延燒，靠損草地，及有斫伐柴薪之人，以致闕用，仰鄰接管民正官，專一關防禁治，但犯決杖八十。

一、諸局院人匠鷹房打捕並軍人與魯諸色人等，犯私賣鹽貨，隱稅，遏所在捕捉，卻行聚衆刦奪，今後達魯花赤管民官管軍官並各管頭目，與犯人同罪，打奪因而致死傷者，各從重施行。

一、達達民戶，支取食鹽，因而夾帶私鹽貨賣，仰把隘人員，嚴切巡察，若有夾帶私鹽貨賣，把隘官與犯人同罪。

至元二十年新格鹽法：

諸茶鹽課程已有成法，其行省戶部，檢會原降例條，凡近年官吏，違犯禁條，營謀私利，侵損官課，阻礙商人者，逐一出榜，嚴行禁治，仍須差廉幹人員，不時暗行體察，務要茶鹽通行，公私便利。

諸場鹽袋，皆判官監裝，仍於袋上書寫監裝檢較職位姓名，以千字文爲號，如法編朵，凡遇商客支請，驗其先後，從上給付，行省戶部差官，不測體驗，但有搭帶餘鹽，或剋除斤重，及支給失次，刁蹬鹽商者，隨即追問，是實，各依所犯輕重理罪，仍聽按察官糾彈。

諸竈戶中鹽到場，皆須隨時兩平收納，不得留難，合給工本，運官一員，監臨給付，若鹽司官吏，因而有所剋減，或以他物移易准折者，計其多少論罪，仍勒賠償，每給工本時，肅政廉訪司差人暗行體察。

諸鹽司凡承告報私鹽者，皆須指定煎藏處所，詳審明白，計會所在官司，同共搜捉，非承告報，其巡鹽人員，止許依例用心巡捕，不得妄入人家搜捉。

諸捉獲私鹽，取問是實，依條追沒，其所犯情由，並追到錢物，皆須明立案驗，另附文歷，每月開申合屬上司。

至元二十九年條畫鹽法：

一、隨路應管公事官吏並軍民人匠打捕諸色頭目人等，常切禁約，毋得縱令不干礙人，虛椿飾詞，妄行煽惑，攪擾沮壞現辦課程，如有違犯之人，並行斷罪。

一、蒙古漢軍探馬赤打捕鷹房站赤諸色人等，一體買食官鹽，不得私煎販賣，如有違犯，或提點官禁治不嚴，並依敕旨斷罪。

一、近年各處轉運鹽使司，所用皆非其人，省降鹽引，多爲勢力之家賒買，賫引下場，攙越資次，多夾斤兩，遮當客旅，把握行市，以致鹽法不行，公私兩不便當，今後現錢賣引，照依資次支發鹽袋，監臨主守官吏並不得賒賣，違者其價與鹽俱沒官，詭名賫買者，仍徵倍贓，官解現任，司吏勒停。

一、各位下並權豪勢要之家，納課買引，赴場查鹽，不得攙越資次，恃賴氣力，逼勒場官，多要斤重，如有違犯之人，取問是實，依條斷罪。

一、運司煎鹽地面，如有依官山場草蕩，煎鹽草地，諸人不得侵佔斫伐及牧放頭匹及引火燒燃，仰所在官司，常切用心，關防禁治，如有違犯之人，斷罪賠償。

一、諸人販賣鹽貨，除官定袋法每引四百斤之外，夾帶多餘斤重者，同私鹽法科斷。

一、巡禁私鹽者，附場百里之內，從運司選委相應人員巡捉，其餘府州司縣，行鹽去處，摘委鹽司正官員與管民正官一同巡捉。

一、行鹽地面路府州縣，私立牙行大秤，有壞鹽法，仰所在官司，截日罷去，違者捉拏到官，痛行治罪。

一、竈戶煎到鹽數，在先當該官吏多取餘鹽，尅減工本，或以他物准折，致使生受，今後從實給散，但有依前尅減准折，虧損竈戶，嚴行治罪，仍勒賠償。

一、諸人與販鹽貨，務要兩平發賣，不得中間插和灰土，違者嚴行斷罪。

一、諸犯私鹽者，照依已降敕旨，科徒二年，決杖七十，財產一半沒官，決訖發下鹽司，帶鐐居役，滿日疎放，若有人告捕得獲，於沒官物內一半充賞，犯界鹽貨，減私鹽罪一等，兩鄰知而不首，減犯人罪一等，場官失覺察者，初犯笞四十，再犯杖八十，三犯杖一百除名，場官情知賣貨者，與犯人同罪，管民提點正官，不爲用心禁治捉拏，縱令百姓買食私鹽，與場官同罪，如經過關隘港渡去處，管軍官不爲用心盤捉，與管民提點官，一體斷罪，如有通同縱放貨賣私鹽者，與犯私鹽人同罪。

一、附場百里之內村莊鎮店，城郭人戶食用鹽貨，官爲置局發賣，驗各家食鹽月日，從運司出給印信，憑驗關防，無致私鹽生發，如是過期，卻有附餘鹽貨，別無由關，同私鹽法科斷。

一、諸人賣過鹽引，欽奉聖旨，限五日，赴所在官司繳納，隨路管民官，每月用心拘刷，每季繳申行省照勘，如不爲用心拘刷，縱令客旅，違限不納，夾帶私鹽，影射使用，行省究治。

元鹽法通例：

諸犯私鹽者，杖七十，徒二年，財產一半沒官，於沒官物內，一半付告人充賞，鹽貨犯界者，減私鹽罪一等，提點官禁治不嚴，初犯笞四十，再犯杖八十，本司與總管府官，一同歸斷，三犯聞奏定罪，如監臨官及竈戶私賣鹽者，同私鹽法。

諸僞造鹽引者斬，家產付告人充賞，失覺察者，鄰右不首告，杖一百，商賈販鹽，到處不呈引發賣，及鹽引數外夾帶，鹽引不相隨，並同私鹽法，鹽已賣，五日內，不赴司縣批納引目，杖六十，徒一年，因而轉用者，同賣私鹽法，犯私鹽及犯界，斷後發鹽場充鹽夫，帶鐐居役，役滿放還。

諸給散煎鹽竈戶工本官吏，通同尅減者，計贓論罪。

諸大都南北兩城關廂，設立鹽局，官爲發賣，其餘州縣鄉村，並聽鹽商販鹽，諸賣鹽局官，煎鹽竈戶，販鹽客旅，行鋪之家，輒插和灰土硝鹼者，笞五十七

諸蒙古人私煎鹽者，依常法。

諸犯私會赦，家產未入官者，革撥。

諸私鹽再犯，加等斷徒如初犯，三犯杖斷同再犯，流遠，婦人免徒，其博易諸物，不論巨細，科全罪。

諸轉買私鹽食用者，笞五十七，不用斷沒之令。

諸捕獲私鹽，止理發現之家，勿聽攀指平民，有権貨無犯人，以権貨解官，無権貨，有犯人，勿問。

諸巡捕私鹽，非承告報明白，不得輒入人家搜檢。

諸犯私鹽，被獲拒捕者，斷罪流遠，因而傷人者處死。

諸巡鹽軍官，輒受財脫放鹽徒者，以枉法計贓論罪，奪所佩符及所受命，罷職不敍。

第五節　明

洪武初鹽引條例：

一、客商販賣鹽貨每二百斤爲一引，運司給放半印引目，每引納官本米若干，收入倉，隨卽給引支鹽。

一、各場竈丁人等除正額鹽外，將煎到餘鹽夾帶及私煎貨賣者絞，百夫長知情故縱，或通同貨賣者同罪，兩鄰知私煎鹽貨不首告者，杖一百，充軍。

一、凡守禦官吏巡檢司，巡獲私鹽，俱發有司歸問，犯人絞，有軍器者斬，鹽貨車船頭匹沒官，引領牙人及窩藏寄放者杖一百，發烟瘴地面充軍，挑擔馱載者，杖一百，充軍，有能自首者免罪，常人捉獲者，賞銀一十兩，仍須追究是何場分竈戶所賣鹽貨，依律處斷，運司拏獲私鹽，隨發有司追斷，不許擅問，有司通同作弊脫放，與犯人同罪。

一、凡起運官鹽，每引四百斤，帶耗鹽一十斤，爲二袋，客鹽每引二百斤爲一袋，經過批驗所，依數掣摯秤盤，但有夾帶私鹽，隨發有司追斷，客商貨賣官鹽，俱係經過官司，辨驗鹽引，如無批驗掣摯印記者，笞五十，押回盤驗。

一、凡諸色軍民權豪勢要人等，乘坐無引私鹽船隻，不服盤驗者，杖一百，軍民俱發烟瘴地面充軍，有官者依律斷罪罷職。

一、凡將官運鹽貨偸取，或將沙土插和抵換者，計贓比常盜加一等，如係客商鹽貨，以常盜論，客商將買到官鹽，插和沙土貨賣者，杖八十。

一、凡客商興販鹽貨，不許鹽引相離，違者同私鹽追斷，如賣鹽畢，五日之內，不行繳納退引者，杖六十，將舊引影射鹽貨，同私鹽論罪，僞造鹽引者處斬。

一、起運官鹽，並場戶往來，搬運上倉，將帶軍器者，並行處斬。

一、諸人買私鹽食用者，減犯私鹽人罪一等，因而販賣者處絞。

一、凡各處鹽運司，運載官鹽，許用官船轉運，如竈戶鹽丁，卻用別船裝載，卽同私鹽科斷。

鹽法律條：

凡犯私鹽者，杖一百，徒三年，若有軍器者加一等，誣指平人者加三等，拒捕者斬，鹽貨車船頭匹並入官，引領牙人及窩藏寄頓者杖九十，徒二年半，挑擔馱載者杖八十，徒二年，非應捕人告獲者，就將所獲私鹽給付告人充賞，有能自首者免罪，一體給賞，若事發，止理見獲人鹽，當該官司不許輾轉攀指，違者以故入人罪論。

凡鹽場竈丁人等，除正額鹽外，夾帶餘鹽出場及私煎貨賣者，同私鹽法。

凡買食私鹽者，杖一百，因而貨賣者，杖一百，徒三年，百夫長知情故縱及通同貨賣者，與犯人同罪。

凡婦人有犯私鹽，若夫在家，或子知情，罪坐夫男，其雖有夫而遠出，或有子幼弱，罪坐本婦。

凡守禦官司及鹽運司巡檢司，巡獲私鹽，即發有司歸勘，各衙門不許擅問，若有司官吏通同脫放者，與犯人同罪，受財者，計贓以枉法從重論。

凡守禦官司及有司巡檢司，設法差人，於該管地面並附場緊關去處，常川巡禁私鹽，若有透漏者，關津把截官及所委巡鹽人員，初犯笞四十，再犯笞五十，三犯杖六十，並附過還職，若知情故縱及容令軍兵隨同販賣者，與犯人同罪，受財者，計贓以枉法從重論。

其巡獲私鹽入己不解官者，杖一百，徒三年，若裝誣平人者，加三等。

凡軍人有犯私鹽，本管千百戶有失鈐束者，百戶初犯笞五十，再犯杖六十，三犯杖七十，減半給俸，千戶初犯笞四十，再犯笞五十，三犯杖六十，減半給俸，並附過還職，若知情容縱及通同販賣者，與犯人同罪。

凡起運官鹽，每引二百斤爲一袋，帶耗五斤，經過批驗所，依數掣摯秤盤，但有夾帶餘鹽者，同私鹽法，若客鹽越過批驗所，不經掣摯關防者，杖九十，押回盤驗。

凡客商販賣官鹽，不許鹽引相離，違者同私鹽法，其賣鹽了畢，十日之內，不繳退引者，笞四十，若將舊引影射鹽貨者，同私鹽法。

凡起運官鹽並竈戶運鹽上倉，將帶軍器及不用官船起運者，同私鹽法。

凡客商將官鹽插和沙土貨賣者，杖八十。

凡將有引官鹽，不於拘該行鹽地面發賣，轉於別境犯界貨賣者，杖一百，知而買食者，杖六十，不知者不坐，其鹽入官。

凡監臨官吏詭名及權勢之人，中納錢糧，請買鹽引勘合，侵奪民利者，杖一百，徒三年，鹽貨入官。

凡客商中買鹽引勘合，不親赴場支鹽，中途增價轉賣，阻壞鹽法者，買主賣主，各杖八十，牙保減一等，鹽貨價錢並入官，其鋪戶轉買拆賣者，不用此律。

凡民間週歲額辦茶鹽商稅諸色課程，年終不納齊足者，計不足之數，以十分爲率，一分笞四十，每一分加一等，罪止杖八十，追課納官。若茶鹽運司，鹽場茶局及稅務等官，不行用心辦課，年終比附上年課額虧兌者，亦以十分論，一分笞五十，每一分加一等，罪止杖一百，所虧課程，著落追補還官，若有隱瞞侵欺借用者，並計贓，以監守自盜論。

鹽法條例：

一、各邊召商，上納糧草，若內外勢要官豪人家，開立詭名占窩，轉賣取利者，俱發邊衞充軍，干礙勢豪，參革治罪。

一、凡豪強鹽徒，聚衆至十八以上，撐駕大船，張掛旗號，擅用兵仗響器，拒敵官兵，若殺人及傷三人以上者，比照强盜已行得財律，皆斬，爲首者仍梟首示衆，其雖拒敵，不曾殺傷人，爲首者依律處斬，爲從者俱發邊衛充軍。若止十人以下，原無兵仗，遇有追捕拒敵，因而傷至二人以上者，爲首依律處斬，下手之人比照聚衆中途打奪罪人因而傷人律絞，其不曾下手者，仍爲從論。若貧難軍民，將私鹽肩挑背負，易米度日者，不必禁捕。

一、越境興販官私引鹽至三千斤以上者，問發附近衛所充軍，原係腹裏衛所者，發邊衛充軍，其客商收買餘鹽，買求掣摯至三千斤以上者，亦照前例發遣。經過官司縱放，及地方甲鄰里老知而不舉，各治以罪。巡捕官員，乘機興販至三千斤以上，亦照前例問發。

一、凡兩淮等處運司，中鹽商人，必須納過銀兩紙價，方給引目守支。若先年不曾上納，故捏守支年久等項虛詞奏擾者，依律問罪，仍照各處鹽場無籍之徒把持詐害事例發遣。

一、凡僞造鹽引印信，賄囑運司吏書人等，將已故並遠年商人名籍中鹽來歷，填寫在引，轉賣誆騙財物，爲首者依律處斬外，其爲從並經紀牙行店戶運司吏書一應知情人等，但計贓滿貫者，不拘曾否支鹽出場，俱發邊衛充軍。

一、各鹽運司總催名下，該管鹽課，納完者方許照名塡給通關，若總催買囑官吏並覆盤委官，指倉指囤，扶同作弊者，俱問發邊衛充軍。

一、各處鹽場無籍之徒，號稱長布衫趕船虎光棍好漢等項名色，把持官府，詐害客商，犯該徒罪以上及再犯杖罪以下者，俱發邊衛充軍。

第六節　清

鹽法律條：

凡犯（無引）私鹽（凡有確貨即是不必贓之多少）者，杖一百，徒三年，若有軍器者，加一等，（流二千里）鹽徒誣指平人者，加三等，（流三千里）拒捕者斬，（監候）鹽貨車船頭匹並入官，（道塗）引領（秤手）牙人及窩藏（鹽犯）寄頓（鹽貨）者，杖九十，徒二年半，（受雇）挑擔馱載者，（與例所謂肩挑背負者不同）杖八十，徒二年，非應捕人告獲者，就將所獲私鹽給付告人充賞，（同販中）有一人能自首者免罪，一體給賞，（若一人自犯而自首止免罪不賞仍追原贓）若私鹽事發，止理見獲人鹽，（如獲鹽不獲人者不追獲人不獲鹽者不坐）當該官司，不許（聽其）展轉攀指，違者（官吏）以故入人罪論。（謂如人鹽同獲止理見發有確貨無犯人者其鹽沒官不須追究）

按「拒捕者斬，」宣統二年改作「絞。」又「杖一百，」「杖九十，」「杖八十，」均刪。

凡鹽場竈丁人等，除歲辦正額鹽外，夾帶餘鹽出場及私煎鹽貨賣者，同私鹽法。該管總催知情故縱及通同貨賣者，與犯人同罪。

凡婦人有犯私鹽，若夫在家，或子知情，罪坐夫男。其雖有夫而遠出，或有子幼弱，罪坐本婦。決杖一百餘罪收贖

按宣統二年，刪律註「決杖一百餘罪收贖」八字。

凡買食私鹽者，杖一百。因而貨賣者，杖一百，徒三年。

按「凡買食私鹽者，杖一百，」宣統二年，奏改作「處十等罰。」又徒三年上「杖一百」三字刪。

凡守禦官司及鹽運巡檢司，巡獲私鹽，即發有司歸勘，原獲各衙門不許擅問。若有司官吏通同原獲各衙門脫放者，與犯人同罪。受財者，計贓以枉法從其罪之，重論。

按「守禦官司及鹽運巡檢司，」乾隆五年改作「管理鹽務及有巡緝私鹽之責文武各衙

門。」

凡守禦官司及有司巡檢司，設法差人，於該管地面並附場緊關去處，常川巡禁，私鹽若有透漏者，關津把截官及所委巡鹽人員，初犯笞四十，再犯笞五十，三犯杖六十，（公罪）附過還職，若知情故縱及容令軍兵隨同販賣者，與犯人同罪，（私罪）受財者，計贓以枉法從重論，其巡獲私鹽入己不解官者，杖一百徒三年，若裝誣平人者，加三等。（杖一百流三千里）

按「附過還職，」雍正三年，改作「並留職役。」又「守禦官司及有司巡檢司，」乾隆五年，改作「管理鹽務及有巡緝私鹽之責文武各衙門。」又「初犯笞四十，再犯笞五十，三犯杖六十，」宣統二年，改作「初犯處四等罰，再犯三犯遞加一等。」又「軍兵」改作「兵役，」其律文律註，「杖一百」三字均删。

凡軍人有犯私鹽，本管千百戶有失鈐束者，百戶初犯笞五十，再犯笞六十，三犯杖七十，減半給俸，千戶初犯笞四十，再犯笞五十，三犯笞六十，減半給俸，並附過還職，若知情容縱及通同販賣者，與犯人同罪。

按雍正三年奏准，令武職失察私鹽，與文職一例處分，亦無千百戶官名及減半給俸之事，此律删。

凡起運官鹽，每引照額定斤數爲一袋，並帶額定耗鹽，經過批驗所，依引目數掣摯秤盤，隨手取袋摯其輕重但有夾帶餘鹽者，同私鹽法。若客鹽越過批驗所，不經掣摯及引上不使關防者，杖九十，押回逐一盤驗。盡盤鹽而驗之有餘鹽以夾帶論罪

按「杖九十」宣統二年，改作「處九等罰。」

凡客商販賣有引官鹽，當照引發鹽不許鹽與引相離，違者同私鹽法，其賣鹽了畢，十日之內，不繳退引者，笞四十，若將舊引，不繳影射鹽貨者，同私鹽法。

按「杖四十」宣統二年，改作「處四等罰。」

凡起運官鹽，並竈戶運鹽上倉，將帶軍器及不用官船起運者，同私鹽法。

凡客商將驗過有引官鹽插和沙土貨賣者，杖八十。

按「杖八十」宣統二年，改作「處八等罰。」

凡將有引官鹽，不於拘(定應)該行鹽地面發賣，轉於別境犯界貨賣者，杖一百，知而買食者，杖六十。不知者不坐，其鹽入官。

按「杖一百」「杖六十」宣統二年，改作「處十等罰」「處六等罰」。

凡監臨(鹽法)官吏詭立(偽)名，及(內外)權勢之人，中納錢糧，(於各倉庫)請買鹽引勘合，(支領官鹽貨賣)侵奪民利者，杖一百，徒三年，鹽貨入官。(鹽引勘合追繳)

按此條係原例，宣統二年删。

凡客商(赴官)中買鹽引勘合，不親赴場支鹽，中途增價轉賣，(以致轉賣日多中買日少且詭冒易滋因而)阻壞鹽法者，買主賣主，各杖八十，牙保減一等，(買主轉賣之)鹽貨，(賣主轉賣之)價錢，並入官。其(各行鹽地方)舖戶轉買(本主之鹽而)拆賣者，不用此律。

按此條係原例，宣統二年删。

凡鹽運司鹽場等官，不行用心催辦課程，年終比附上年課額虧(欠)兌(缺)者，以十分論，一分笞五十，每一分加一等，罪止杖一百，不虧課程，著落追補還官，若(人戶已納而官吏人役)有隱瞞(不附簿因而)侵欺借用者，並計贓以監守自盜論。

按此條係原例，宣統二年，將「笞四十」「笞五十」「杖八十」「杖一百」改作「處四等罰」「處五等罰」「處八等罰」「處十等罰」。

鹽法條例：

一、各邊召商上納糧草，若內外勢要官豪人家開立詭名，占窩轉賣取利者，俱問發邊衛充軍，干礙勢豪，參究治罪。

按此條係原例，雍正三年奏准，今無召商納糧草事例文删。

一、凡豪強鹽徒，聚衆至十人以上，撐駕大船，張掛旗號，擅用兵仗響器，拒敵官兵，若殺人及傷三人以上者，比照強盜已行得財律，皆斬，為首者仍梟首示衆，其雖拒敵，不曾殺傷人，為首者依律處斬，為從者俱發邊衛充軍，若止十人以下，原無兵仗，遇有追捕拒敵，因而傷至二人以上者，為首者依律處斬，下手之人比照聚衆中途打奪罪人因而傷人律，絞，其不曾下手者，仍以為從論，若貧難軍民，將私鹽肩挑背負易米度日者，不必禁捕。

按此條係原例，乾隆五年改爲「殺傷三人以上者，比照強盜已行得財律，皆斬，爲首者仍梟首示衆，傷二人者，爲首斬決，爲從絞監候，傷一人者，爲首斬監候，爲從俱發邊衞充軍，其雖拒敵，不曾殺傷者，爲首絞監候，爲從流三千里」。三十二年，將傷一人爲從之犯，改發黑龍江爲奴。四十三年另定一條，「大夥梟徒，拒捕傷差案內得贓包庇之兵役，俱擬絞監候，私售之竈丁，及窩頓之匪犯，俱發伊犂烏魯木齊等處爲奴」。嘉慶六年，將前二條修併，改爲「凡豪強鹽徒，聚衆至十人以上，撐駕大船，張掛旗號，擅用兵仗響器，拒敵官兵，若殺人及傷三人以上者，比照強盜已行得財律，皆斬，爲首者仍梟首示衆，傷二人者，爲首斬決，爲從絞監候，傷一人者，爲首斬監候，爲從發黑龍江等處，給予披甲人爲奴，凡得贓包庇之兵役，俱擬斬監候，私售之竈丁及窩頓之匪犯，俱發伊犂烏魯木齊等處爲奴，其雖拒捕，不曾殺傷，爲首絞監候，爲從流三千里，若貧難軍民，將私鹽肩挑背負，易米度日者，不必禁捕」。十七年，調劑黑龍江遣犯，將例内拒捕傷一人爲從，改爲實發雲貴兩廣極邊烟瘴充軍。道光六年，調劑新疆遣犯，將例內發伊犂烏魯木齊等處爲奴之犯，改發雲貴兩廣極邊烟瘴充軍。二十四年，仍改歸伊犂等處。宣統元年，奏明以本條指水路而言，兵民聚衆十人以上一條，指陸路而言，其實水陸鹽徒，並無區別，自應合併爲一。又以竈丁私賣窩藏窩頓之犯，律內本有罪名，將本例「發遣爲奴」節去，其得贓包庇之兵役，添入下文嚴究來歷條內。又「貧難軍民」數語，乾隆年間，已定專例，應節删，故二年頒行現行刑律，將例文删除。

一、凡越境（如淮鹽越過浙鹽地方之類）興販官司引鹽至三千斤以上者，問發附近衛所充軍，原係腹裏衛所者，發邊衛充軍。其客商收買餘鹽，買求掣摯至三千斤以上者，亦照前例發遣。經過官司縱放，及地方甲鄰里老知而不舉，各治以罪。巡捕官員乘機興販至三千斤以上，亦照前例問發。（須至三千斤，不及三千斤在本行鹽地方，雖越府省，仍依本律）

按此條係原例，雍正三年奏准，軍民犯軍罪者，一體發遣，「原係腹裏衛所」二句删。嘉慶六年，改定例文「附近衛所」作「附近地方。」又經過官司云云，改作「掣驗官吏受財及經過官司縱放，並地方甲鄰里老知而不舉，各治以罪，」並增註，「掣驗官吏受財，依枉法，經過官司里老地方火甲依知罪人不捕，鄰右依違制。」宣統二年修改例文，將「問發附近地方充軍，」改爲「流二千里。」又「發遣」作「問發，」「問發」作「問擬。」

一、凡兩淮等處運司，中鹽商人，必須納過銀兩紙價，方給引目守支，若先年不曾上納，故捏守支年久等項虛詞奏擾者，依律問罪，仍照各處鹽場無籍之徒，把持詐害事例發遣。

按此條係原例，雍正三年奏准商人俱納課給引，無守支年久之事，例文删。

一、凡僞造鹽引印信，賄囑運司吏書人等，將已故並遠年商人名籍中鹽來歷，塡寫在引，轉賣誆騙財物，爲首者依律處斬外，其爲從並經紀牙行店戶運司吏書一應知情人等，但計贓滿數，應流者不拘曾否支鹽出場，俱發近邊充軍。

按此條係原例，計贓滿數下，「應流」二字，雍正三年增，宣統二年，以此例重在塡寫中鹽來歷，今無中鹽之制，例文删。

一、各鹽運司總催名下，該管鹽課，納完者方許照名塡給通關，若不曾納課總催買囑官吏並覆盤委官，假指課上已倉指上囤，扶同作弊者，俱問發近邊充軍。

按此條係原例，宣統二年，以今鹽商完課辦法，與此不同，例文删。

一、各處鹽場無籍之徒，號稱長布衫趕船虎光棍好漢等項名色，把持官府，詐害客商，犯該徒罪以上及再犯杖罪以下者，俱發近邊充軍。

按此條係原例，咸豐二年因「光棍」例應斬決，删此二字，宣統二年，以今無長布衫趕船虎等名色，例文删。

一、凡兵民聚衆十人以上，帶有軍器，興販私鹽者，不問曾否拒捕傷人，照強盜已行得財律，皆斬立決，若十人以下，拒捕殺人，不論有無軍器，爲首者斬，下手者絞，俱監候，不曾下手者，發邊衛充軍，其不帶軍器，不曾拒捕，不分十人上下，仍照私鹽律杖一百，徒三年，若十人以下，雖有軍器，不曾拒捕者，亦照私鹽帶有軍器加一等律，杖一百，流二千里，其失察文武各官，該督撫題參，俱交該部照例議處，有拏獲大夥私販者，亦著該督撫題明，交與各該部，照例議敍。

按此條係雍正五年定例，乾隆五年，改爲「凡兵民聚衆十人以上，帶有軍器，興販私鹽，拒捕殺人及傷三人以上，爲首並殺人之犯斬決，傷人之犯斬監候，未曾下手殺傷人者，發邊衛充軍，傷二人者，爲首斬，下手者絞，俱監候，傷一人者，爲首絞監候，下手者發邊衛充軍，爲從滿流，其雖帶有軍器，不曾拒捕者，爲首發邊衛充軍，爲從流二千里，若十人以下，拒捕殺人，不論有無軍器，爲首者斬，下手者絞，俱監候，不曾下手者，發邊衛充軍，傷至二人以上者，爲首者斬監候，下手之人絞監候，止傷一人者，爲首絞監候，下手之犯杖一百流三千里，其不曾下手者，仍照本律治罪，其不帶軍器，不曾拒捕，不分十人上下，仍照私鹽律杖一百徒三年，若十人以下，雖有軍器，不曾拒捕，爲首亦照私鹽帶有軍器加一等律，杖一百流二千里，爲從杖一百徒三年，其失察文武各官，交部議處，有拏獲大夥私販者，交部議敍。」二十四年，將例內拒捕傷一人下手之犯，應發邊衛充軍者，改「發黑龍江，給與披甲人爲奴。」嘉慶六年，改定例文，將十人以上，拒捕傷人案內，「未下手之犯，雖帶軍器，不曾拒捕之首犯」又「十人以下，拒捕殺人」案內，「不曾下手之犯，應發邊衛充軍」者，均改爲「發近邊充軍。」又「十人以上」一節，於「傷一人者」爲從下增「俱」字，又「滿流」下，增「若拒捕不曾傷人者，爲首發黑龍江等處給與披甲人爲奴爲從滿流」等字，又「十人以下」一節「止傷一人者」下，其「不曾下手者，仍照本律治罪」，改爲「俱仍照私鹽律，杖一百，徒三年」又於其下增「若拒捕不曾傷人者，爲首杖一百流三千里，爲從照私鹽本律擬徒」等字，又「雖有軍器，不曾拒捕，爲首亦照私鹽帶有軍器加一等律」改爲「帶有軍器，不曾拒捕者，爲首照私鹽擬徒本罪加一等律，」餘同。十九年議准，例內應發黑龍江之犯，改發雲貴兩廣極邊烟瘴充軍。宣統二年修改例文，與「豪強鹽徒」條合併爲一，改爲凡「聚衆十人以上，興販私鹽，帶有軍器殺人者，爲首並殺人之犯，擬絞立決，未下手之犯，發極邊足四千里安置，傷人者，爲首依律擬絞監候，下手之犯，發烟瘴地方安置，未下手之犯，流三千里，雖帶軍器，不曾拒捕者，爲首發極邊足四千里安置，爲從流二千里。」

一、凡竈丁販賣私鹽，大使失察者革職，知情者枷號一個月發落，不准折贖，該管上司，俱交該部議處。

按此條係雍正五年定例，宣統二年删。

一、凡回空糧船，如有夾帶私鹽，闖閘闖關，不服盤查，聚至十人以上，持械拒捕，殺人及傷三人以上者，爲首並殺傷人之人，擬斬立決，未曾下手殺傷人者，發邊衛永遠充軍，其雖拒捕，不曾傷人，及十人以下，拒捕傷人致死者，爲首擬斬監候，爲從者發邊衛充軍，頭船旗丁頭舵人等，雖無夾帶私鹽，但闖閘闖關者，枷號兩個月，發邊衛充軍，隨同之旗丁頭舵照爲從例，枷號一個月，杖一百，徒三年，不知情不坐，賣私之人及竈丁將鹽私賣與糧船者，俱各杖一百，流二千里，窩藏寄頓者，杖一百，徒三年，其雖不闖閘闖關，但夾帶私鹽，亦照販私加一等，流二千里，兵役受賄縱放者，計贓以枉法從重論，未受賄者，杖一百，革退，販私地方之專管官，降三級調用，兼轄官降一級，罰俸一年，押運官照徇庇例議處，隨幫革退，其倚恃糧船闖閘闖關者，押運等官，照溺職例革職，隨幫責三十板，革退，不服盤查，持械傷人者，押運等官革職，隨幫責四十板，革退，儻關閘各官，勒索留難，運官呈明督撫參處。

按此條係雍正五年定例，乾隆五年，改定例文，「殺人及傷三人以上者，爲首並殺人之犯，擬斬立決，傷人之犯，斬監候，未曾下手傷人者，發邊衞充軍，其雖拒捕，不曾殺傷人，爲首絞監候，爲從流三千里，十人以下，拒捕殺傷人者，俱照兵民聚衆十人以下例，分別治罪，」又「販私地方之專管官」云云，改爲「販私地方之專管官、兼轄官及押運官，並交部議處。」又倚恃糧船上，增「雖無夾帶私鹽」六字，嘉慶六年，又修改例文，定爲「聚至十人以上，持械拒捕殺傷人，及拒捕不曾殺傷人，並聚衆十人以下，拒捕殺傷人，及不曾殺傷人者，俱照兵民聚衆十人上下例，分別治罪，」餘與前同，光緒三十一年刪。

一、凡販賣私鹽案內擬徒之犯，已經發往配所逃走者，緝獲到案，除去役過月日，面上刺逃徒二字，原犯徒一年者，枷號一個月，杖八十，徒二年，徒一年半者，枷號三十五日，杖一百，徒三年，徒二年者，枷號四十日，杖一百，流二千里，徒二年半者，枷號四十五日，杖一百，流二千五百里，徒三年者，枷號五十日，杖一百，流三千里，其發往流所又逃走者，面上刺逃流二字，枷號兩個月，照依地里遠近，改發充軍。

按以下五條，係雍正六年定例，乾隆五年删。

一、凡販賣私鹽至三千斤以上者，照越境販鹽律，發邊衞充軍。

一、鹽徒聚衆除十人以上，拒捕若殺人及傷三人者，仍照例不分首從，皆斬，爲首者梟示外，其餘十人以上，會否拒捕，有無殺傷之案，亦照強盜例，嚴行審究，將法所難宥，情有可原者，一一於疏內開明，仍照例定擬斬決，具題大學士會同三法司，分別詳議，將應正法者正法，應發遣者發遣。

一、拏獲私鹽各官，將所獲鹽斤，盡入己囊，或與各役分肥，並以多報少者，即將該管官弁，指名題參革職，計贓以枉法律治罪，其未曾侵匿，不行詳究者，照例處分，上司各官，知情故縱及不知情而未經揭參者，照例分別議處。

一、州縣場司，設立十家保甲，互相稽察，凡首報私梟者，官爲立案，儻日後有挾讎糾黨誣攀報怨之事，加倍治罪。

一、凡拏獲私販，務須逐加究訊，買自何地，賣自何人，嚴緝窩頓之家，將該犯及窩頓之人，一併照興販私鹽例治罪，若私鹽買自場竈，即將該管場司並沿途失察各官，題參議處，其不行首報之竈丁，均照販私例治罪。

按此條係雍正六年定例，乾隆三十二年改爲「拏獲販私鹽犯，承審官務須先將買自何人何地，以及買鹽月日數目究明，提集犯證，並密提竈戶，煎鹽火伏簿扇，查審確實，將賣鹽及窩頓之人，均與本犯按照律例，一體治罪，若查審無據，即屬虛誣，將本犯依律加三等治罪，承審官不能審出誣攀者，交部分別議處，若審出買自場竈，即將該管鹽場大使並沿途失察各員，題參議處，其不行首報之竈丁，均照販私例治罪。」宣統二年，修併例文，改爲「拏獲販私鹽犯，務須先將買自何人何地，以及買鹽月日數目究明，提集犯證，並密提竈戶，煎鹽火伏簿扇，查審確實，如係大夥興販，將本犯並賣鹽及窩頓之人，照律治罪，本犯不據實供出，於應得本罪上加一等，如審係誣攀，依律加三等，若向老幼孤獨零星收買，實不能供出姓名者，仍以本罪科斷，承審官曲爲開脫，照故出人罪律，從重參處，不能審出誣攀者，交部議處，若審出買自場竈，卽將該管鹽場大使並沿途失察各官，奏參議處，其得贓包庇之兵役，從重治罪。」

一、拏獲私販本犯脫逃者，卽將脚夫水手，拘拏到案，詳究本犯蹤迹，勒緝務獲，於私販罪上，加倍治罪，並究出售與之人，亦照私販例治罪，其脚夫水手，分別治罪，若大夥興販，聚衆拒捕，及執持器械，殺傷巡役人等，脫逃之梟徒，照強盜例，勒緝務獲，照例定擬，儻有不行擒拏，故爲疏縱情弊，將地方文武各官，俱指名題參，從重議處，各役加倍治罪，各上司容隱不參，將專轄之上司，照例議處。

按此條係雍正六年定例，乾隆五年刪改例文，定爲「凡大夥興販，聚衆拒捕，及執持器械，殺傷巡役人等之梟徒，照強盜例勒緝，地方文武各員疏縱，及上司容隱不參，交部議處，」光緒年刪。

一、拏獲私鹽，限四個月完結，其案內私鹽，交與本處鹽商，較時價減十分之一二，立卽變價，所獲贏馬牛驢，如延挨不變，以致倒斃，著落該州縣官，照中等價值賠補，車船等物，亦照依時價，據實變價，報部查核，儻有侵漁捏報情弊，並逾限不行完結及不即變價報解者，將該州縣，分別議處治罪。

按此條係雍正七年定例，乾隆三十七年，將「較時價減十分之一二」句，改爲「照官鹽價值。」嘉慶十一年，修改例文，定爲「拏獲私鹽，限四個月完結，如人鹽並獲者，將所獲鹽貨車船頭匹等項，全行賞給，如係獲鹽而不獲人，確查鹽犯實係脫逃者，以一半給賞，一半充公，儻有故縱情事，無論巡役兵丁受賄者，計贓以枉法從重論，未受賄者杖一百革退，所獲鹽貨等項，一概充公，不准賞給，私鹽交與本處鹽商照官鹽價值，立即變價」「贏馬牛驢」云云下，與雍正例同。宣統二年，修改例文，於「人鹽並獲」上，删「如」字，「獲鹽而不獲人」上，删「係」字，又「給賞」作「賞給」「杖一百」作處「十等罰」其例文至「一概充公」爲止，下删。

一、鹽船在大江失風失水者，查明准其裝鹽復運，儻有假捏情弊，以販私律治罪。

按此條係雍正十年定例。

一、除行鹽地方，大夥私販，嚴加緝究外，其貧難小民，年六十歲以上，十五歲以下，及年雖少壯，身有殘疾，並婦女年老孤獨無依者，於本州縣報明，驗實註册，每日赴場買鹽四十斤挑賣，止許陸路，不許船裝，並越境至別處地方，及一日數次出入，如有違犯，分別治罪。

按此條係乾隆元年定例，宣統二年，於「貧難小民」刪「年六十歲以上，十五歲以下，及年雖少壯，身有殘疾」等字，並於「婦女」刪「年老」二字。

一、巡鹽兵捕，自行夾帶私販，及通同他人運販者，照私鹽加一等治罪。

按此條係乾隆五年定例。

一、凡收買肩販官鹽，越境貨賣，審明實非私梟者，除無拒捕情形，仍照律問擬外，其拒捕者，照罪人拒捕律加罪二等，如與販本罪應問充軍者，仍從重論，如拒捕毆人至折傷以上者，絞，殺人者，斬，俱監候，為從各減一等。

按此條係乾隆七年定例，宣統二年，修改例文，於「加罪二等」下，刪「如與販本罪應問充軍，仍從重論」等字，並改為「儻拒捕毆人至折傷以上者，絞監候，殺人者，亦絞監候，為從各減一等」，又增註「下手幫毆之人，以為從論」十字。

一、鹽商雇募巡役，如遇私梟大販，即飛報營汛，協同擒拏，其雇募巡役，不許私帶鳥槍，違者照私藏軍器律治罪，失察之地方官，交部照例議處。

按此條係乾隆八年定例，宣統二年，改鳥槍爲槍枝。

一、凡運鹽船戶，偸竊商鹽，整包售賣者，照船戶行竊商民例，分別首從，計贓科罪，各加枷號兩個月，仍盡本法刺字，所賣之贓，照追給主，如追不足數，將船變抵，其押運商廝起意通同盜賣者，依奴僕勾引外人，同盜家長財物，計贓遞加竊盜一等例治罪，如非起意，止通同偸賣分贓者，依奴僕盜家長財物，照竊盜例，計贓科斷，若商廝稽察不到，被船戶乘機盜賣者，照不應重律，杖八十，如押運之人，或係該商親屬，仍分別有服無服，照親屬相盜律例科斷。

按此條係乾隆十六年定例，宣統二年，修改例文，於「整包售賣者」下，刪「照船戶行竊商民例」八字，又於計贓科罪下，刪「各加枷兩個月仍盡本法刺字」十三字，又於「勾引外人，同盜家長財物」下，刪「計贓遞加竊盜一等」八字，又於「盜家長財物」下，刪「照竊盜例計贓」六字，又「奴僕」作「雇工人」「杖八十」作「治罪」。

一、埠頭明知船戶不良，朦混攬裝，及任意扣剋水脚，致船戶途間乏用，盜賣商鹽者，照寫船保載等行，持強代攬，勒索使用，擾害客商例治罪外，加枷號一個月，船戶變賠不足之贓，並令代補，如無前項情弊，止於保雇不實者，照不應重律，杖八十。

按此條係乾隆十六年定例，宣統二年，删改例文，於「照寫船保載等行，持強代攬，勒索使用，擾害客商例治罪」下，删「外加枷號一個月」七字，又「杖八十」作「治罪。」

一、販賣私鹽，數至三百斤以上及盤獲糧船夾帶，訊係大夥興販，均即究明，買自何處，按律治罪，如不將賣鹽人姓名，據實供出者，即將該犯於應得本罪上，加一等定擬，若向老幼孤獨，零星收買，數在三百斤以下，實不能供出賣鹽人姓名者，仍以本罪科斷，如承審各員，有心庇縱，含混完結，該管上司，不行詳揭，一併題參議處。

按此條係乾隆三十二年定例，宣統二年，删併見前。

一、拏獲船載車裝馬馱私鹽，該地方官如不按律治罪，曲爲開脫者，該管上司查出，即照故出人罪律，從重參處。

按此條係乾隆三十二年定例，宣統二年，删併見前。

一、引鹽淹消，具報到官，該地方州縣官，卽會同營員，查勘確實，限一月內，通詳鹽道，於詳到之日起，限半月內覈轉，以憑飭商補運，限三月內，過所運口岸，該鹽政仍將淹消補運鹽斤數目報部，其沿途督撫及該管鹽道知府，隨時查察，如有川縣營員，扶同商人，揑報及勒索捺閣情弊，卽行指名題參，商人照例治罪。

按此條係乾隆三十二年定例，宣統二年，於「鹽道」下，增「該道」二字，又「題參」作「奏參」。

一、江西省行銷淮鹽各州縣，並山西省河東鹽池地方，除商雇巡役，仍各照例辦理，不得擅帶鳥槍外，其各省派出緝私員弁兵役，准其攜帶鳥槍，編列字號，官爲給發，遇有大夥私梟，搶竊賊匪，持械拒捕者，許令施放鳥槍抵禦，登時格殺者，照罪人持仗拒捕登時格殺律勿論，若非格殺，或遇零星小販，及雖屬大夥，而非持械拒捕，或緝私兵役，所帶鳥槍，並無官編字號，實係抵禦聚衆私梟，輒行放槍，致有殺傷者，各依罪人不拒捕而擅殺傷律，分別科斷，至淮帶鳥槍之處，一俟梟販稍戢，卽行停止，儻准帶鳥槍，緝私大員仍有以力不能擒藉口者，卽以故縱私鹽律，從重懲究，其江西省各州縣，每月應銷引鹽若干，均分作十分，責令該管道府，將鹽快兵丁，按月提比，如月內緝私快兵能拏獲大夥私梟兩起，及引鹽暢銷十分以上者，酌量優賞，銷至八九分者，免其責罰，如止七分者，笞四十，六分者，笞五十，五分者，杖六十，枷號一個月，四分者，杖七十，枷號四十五日，三分者，杖八十，枷號兩個月，二分者，杖九十，枷號七十五日，滿日折責仍留役，如止銷至一分者，杖一百，枷號三個月，滿日折責革役，各該員弁，隨時稽查約束，如有任聽兵役得賄包庇者，即照故縱衙役犯贓例參處。

按此條係嘉慶二十年定例，道光五年增定，宣統二年删去「江西省行銷淮鹽地方」等字，改爲「凡商雇巡役，仍照例辦理，不得擅帶槍枝外」云云，並於編列字號下，删「官爲給發」四字。又「許令施放鳥槍抵禦，」改爲「許放槍抵禦。」又「登時格殺者，」删「照罪人持仗拒捕登時格殺律」十二字。又例內「鳥槍，」均改作「槍枝。」又藉口下，删「者」字，自「江西省各州縣」以下均删。

一、凡販私鹽徒，如有略置貨物，裝點客商，被官兵格傷後，挾制控告者，除聚衆販私殺人罪犯應死，無可復加外，餘於巡獲私鹽，裝誣平人，滿流律上加一等，發附近充軍，若與販本罪已至充軍，復行挾制控告者，於犯事地方加枷號一個月，滿日發配。

按此條係道光二年定例，宣統二年修改例文，將「發附近充軍」改作「發極邊足四千里安置，」自「若興販本罪」以下均刪。

一、凡鹽商雇募巡役，令將姓名，報明運司，造册送部，如因緝私，被鹽匪殺傷，或殺傷鹽匪者，依販私拒捕殺傷及擅殺傷罪人各本律例，分別科斷，若僅止報縣有名，並未詳司造册報部者，各以凡鬪殺傷及興販私鹽本律例，從其重者論。

按此條係道光五年定例，同治六年，改定「直隸山東兩省鹽商，雇募巡役，由州縣詳明運司，轉報鹽院有名者，如因緝拏鹽匪，致被殺傷，或殺傷鹽匪者，各照販私拒捕殺傷，並擅殺傷罪人本律例科斷，若僅報州縣有名，並未詳司報院者，仍各以凡鬪殺傷及興販私鹽本律例，從其重者論，俟數年後，梟匪稍戢，仍復舊例辦理。」宣統二年刪「直隸山東兩省」六字，改爲「凡鹽商雇募巡役」云云，其「俟數年後」以下刪。

考元、明、清三代法禁，元初多沿金舊，中統二年，始行更定，厥後時有損益，章則漸備，然其條畫，關於職制者居多，非專限於私鹽治罪法；逮乎明清，律例並著，律則注重治私，例則屬於鹽制，然條例中，亦有涉及鹽禁者，爰並錄之。

第七節　民國

私鹽治罪法（三年十二月二十二日公布）

第一條　凡未經鹽務署之特許，而製造販運售賣或意圖販運而收藏者，爲私鹽。

第二條　犯私鹽罪者，依左列處斷。

一　不及三百斤者，處五等有期徒刑或拘役。

二　三百斤以上者，處三等或四等有期徒刑。

三　三千斤以上者，處二等或三等有期徒刑。

攜有槍械意圖拒捕者，加本刑一等。

第三條　犯私鹽罪，結夥十人以上，拒捕殺人，傷害人致死及篤疾或廢疾者，處死刑，傷害人未致死及篤疾者，處無期徒刑或一等有期徒刑。

結夥不及十人，傷害人致死或篤疾或廢疾者，處死刑或無期徒刑，傷害人未致死及篤疾者，處無期徒刑或二等以上有期徒刑。

第四條　犯前條之罪應處死刑者，得用槍斃。

第五條　第三條之未遂犯，罰之。

第六條　知係私鹽而搬運受寄故買或爲牙保者，減第二條之刑一等或二等。

第七條　鹽務官員緝私場警兵役自犯私鹽罪，或與犯人同謀者，加第二條之刑一等，其知有人犯第一條情事而不予以相當之處分者，與犯人同罪，因犯前二項之罪而獲利者，併科所得價額二倍以下價額以上之罰金，若二倍之數不及一百圓，科一百圓以下價額以上之罰金。

第八條　犯第三條之罪者，褫奪公權，其餘得褫奪之。

第九條　犯私鹽罪者，所有之鹽及供犯罪所用之物，沒收之。

第十條　本法自公布日施行。

緝私條例（三年十二月二十九日公布）

第一條　凡未經鹽務署之特許，而製造販運售賣，或意圖販運而收藏者，由緝私營隊查緝之，地方官應負協助之責。

其經鹽務署特許，而製造販運售賣不如法者，由鹽場或掣驗榷運官吏查禁，但遇有重要情形，必須營隊協助者，經該官吏之商調，或鹽運使之調遣，緝私營隊應協助之。

第二條　緝私營隊緝捕前條第一項人犯，須人鹽同獲，獲鹽不獲人者，僅就現獲之鹽沒收之。

第三條　緝私營隊於執行職務時，遇有結夥執持槍械拒捕者，得格殺之。

第四條　緝私營隊緝獲人犯，應移送該管司法官署或兼理司法事務之縣知事審理。

第五條　緝私營隊緝獲私鹽，應解交就近鹽務官署，或解由司法官署及縣知事，轉解鹽務官署，沒收變價，除提成充賞外，歸入鹽務項下報解充公，其充賞成數，由鹽務署定之。

第六條　本條例第二條第三條第四條，於鹽場巡警或商雇巡役經官署許可者適用之。

第七條　本條例自公布日施行。

第八條　本條例施行後，凡從前關於緝私各項章程規則，與本條例不相抵觸者，仍繼續有效。

海關緝私充賞辦法：（十八年六月十二日公布）

一　私鹽案件經海關人員緝獲後，應將贓犯及犯私鹽罪所用物件，解送就近鹽務機關處置，其查獲人員之獎賞，應按海關擔數，每擔合一百三十三磅并一磅三分之一，在一百擔以下者，每擔給予獎金一元二角五分，在一百擔以上五百擔以下者，每擔給予獎金一元三角七分五釐，五百擔以上一千擔以下者，每擔給予獎金一元五角，一千擔以上者，每擔給予獎金一元六角二分五釐。

二　獎金應於鹽斤解到後，由鹽務機關如數交付海關查收。

三　獎金在鹽稅收入項下，以預支墊款名義開支。

四　私鹽及物件充公變賣後，其售價除扣去自私鹽物件解到鹽務機關後所用之正當費用外，餘數撥入鹽稅收入項下，如撥入之數不敷抵還獎金之數，在鹽稅收入帳內開支。

私鹽充公充賞暨處置辦法：（十八年八月十四日公布）

第一條　私鹽沒收充公後，應由運使運副或榷運局長督同緝私局，按照下列辦法變賣。

甲　在專賣區內交由當地專賣局或專商承買。

乙　在非專賣區內，或在專賣局專商未能於半月內承賣時，應由該管運使運副榷運局拍賣。

第二條　犯私鹽罪所用之物經沒收後，除帆船應鋸斷示衆外，餘均應由該管運使運副榷運局拍賣。

第三條　私鹽變賣及罰款，除應提各項稅款及緝私零支暨變賣充公鹽斤物件所支各種費用外，全數撥充賞款。

前項罰款，係指鹽務官署按照定章罰判所得，其司法官署及縣長按照私鹽治罪法判定刑期所折易之罰金，及緝私鹽治罪法所規定鹽務官員緝私場警兵役自犯私鹽各罪所併科之罰金，應作爲司法收入。

第四條　充公物之變價，除第三條私鹽變價及罰款不敷費用時，應儘先撥足外，其餘數在二百元以下者，全數撥充賞款，在二百元以上五百元以下者，以八成撥充賞款，五百元以上一千元以下者，以六成撥充賞款，一千元以上二千元以下者，以四成撥充賞款，二千元以上五千元以下者，以三成撥充賞款，五千元以上者，概以二成撥充賞款，其餘各成歸所報解，不須提扣，不敷費用者，亦照此辦理。

第五條　私鹽及充公物之變價與罰款，如提出各項稅款外，不敷開支，及認爲必須賞款時，可特案呈准財政部鹽務署在鹽款收入項下核給。

第六條　賞款按照下列方法分配。

甲　由鹽務官員緝私艦隊塲警所獲案件，其賞款應以六成發給緝獲人員，二成發給緝獲人員之主管機關，按官員薪水（夫役不在內）比例分給，以二成發給報信人，但報信人有特殊情形者，得酌量數目，先提賞款，餘數按八成分配，以六成發給緝獲人員，二成發給主管機關，如無報信人，則緝獲人員應得賞金全數之八成，直轄機關得二成。

乙　鹽務官員緝私艦隊塲警經地方軍警或官員協助而緝獲之案件，應以賞款五成發給緝獲人員，以五成發給協助人員。

丙　由地方軍警或官員獨立緝獲之案件，除私鹽及充公物解送就近鹽務機關變賣外，應以賞款全數發給緝獲人員。

第七條　賞款由運使運副或榷運局長督同緝獲人員之主管長官發給之，并掣取收條，呈送財政部鹽務署查核。

第八條　土鹽或不適用之鹽，或鹽質太劣不能變賣之鹽，經緝獲後應即銷燬，其充公物變價，除先提緝私零支及變賣充公物所支各種費用外，餘數按照第四條撥充賞款，如不敷開支及認爲必須賞款時，可特案呈准財政部鹽務署，在鹽稅收入項下核給。

第九條　海關緝私充賞辦法另定之。

第十條　本辦法得由鹽務署呈請財政部修正之。

第十一條　本辦法自公布日施行。

私鹽輕微案件處罰章程：（十八年八月十四日公布）

第一條　各鹽務緝私水陸艦隊及場警等，緝獲私鹽人犯時，如查係輕微案件，除私鹽及其應充公之物，照私鹽治罪法沒收外，所獲私販，按照本章程處罰。

第二條 輕微案件，以老弱婦孺誤犯鹽法，肩挑負販或隨身夾帶私鹽，其數在司馬秤一百斤以內，並無拒捕情事者爲限。

第三條 輕微案件處罰，分爲兩種如左。

甲 五十元以下二十元以上之罰金，或五十日以下二十日以上之拘役。

乙 二十元以下三元以上之罰金，或二十日以下三日以上之拘役。

第四條 輕微案件初犯者，按照前例乙項處罰，再犯者，按照甲項處罰。

第五條 輕微案件違犯至三次者，無論私鹽多寡，均按照私鹽治罪法及鹽務緝私條例辦理。

第六條 各鹽務緝私水陸艦隊及場警等緝獲輕微案件人犯時，應按照本章程擬具處罰辦法，報由該管長官核准施行，並將人犯姓名年歲籍貫職業面貌，呈由該管緝私局或場長，通行各屬備查。

前項所指該管長官，各緝私隊中隊長以上，艦隊艦長以上，場警區長以上，得核准之，其本由中隊長艦長區長緝獲者，仍應呈報該管長官核准施行。

第七條　各鹽務緝私水陸艦隊及場警等，應於每案辦結後，呈報該管緝私局或場長，彙造月報，呈由該管運使運副或榷運局長轉呈財政部鹽務署備案。

第八條　本章程每案所處罰金及没收鹽斤物件變價之款，按照私鹽充公充賞暨處置辦法辦理之。

第九條　各運使運副榷運局長得會同該屬緝私機關，根據本章程，擬具各該屬私鹽輕微案件處罰章程施行細則，呈報財政部鹽務署核准施行。

第十條　本章程得由鹽務署呈請財政部修正之。

第十一條　本章程自公布日施行。

附錄一

全國鹽務近五年平均產鹽放鹽及稅收表

區別	產鹽(市擔)	銷鹽(市擔)	稅收(元)	備考
長蘆	六、八二六、〇〇〇	四、七四〇、〇〇〇	一七、六六七、〇〇〇	口北區包括在內
河東	一、二〇一、〇〇〇	五〇八、〇〇〇	三、三四五、〇〇〇	
晉北	二七五、〇〇〇	五三三、〇〇〇	一、〇七〇、〇〇〇	
山東	九、三五〇、〇〇〇	三、三六〇、〇〇〇	八、八二七、〇〇〇	
淮北	八、四九五、〇〇〇	二、六七五、〇〇〇	一七、五〇一、〇〇〇	
揚州	一、一九一、〇〇〇	一、二〇八、〇〇〇	一三、〇八一、〇〇〇	
松江	四〇九、〇〇〇	一、七〇七、〇〇〇	一〇、五七六、〇〇〇	
兩浙	四、七三三、〇〇〇	三、〇四六、〇〇〇	九、四七〇、〇〇〇	
鄂岸		二、〇四七、〇〇〇	一三、五三四、〇〇〇	

湘岸		二、六五六、000	一三、七二五、000	
皖岸		一、0九四、000	五、四七八、000	
西岸		一、一八一、000	八、四00、000	
河南		三、三0四、000	六、一八七、000	
福建	一、二六六、000	一、00四、000	三、六二四、000	
廣東	四、一0一、000	四、五六四、000	一0、六五二、000	
雲南	六八九、000	六八三、000	二、二00、000	
川南	五、七一八、000	五、二三0、000	一二、四0七、000	
川北	一、七一0、000	一、七一0、000	一、八七0、000	
陝西	一七、000	四九二、000	六三四、000	該區收稅局係在民國二十二年始行成立其未成立以前之銷鹽數係河東區所放潞鹽及其稅收之數陝西所產土鹽二十二年以前無報告
西北	三四二、000	四二二、000	一、一九八、000	該區民國二十四年以前之數目係根據鹽務署統計數
總所	—	—	六0五、000	總所收入係銀行利息房產租金行政收入等及民國二十二三四年湘岸與陝西補徵淮潞鹽場稅均包括在內

總計	四六、三〇二、〇〇〇	四一、〇五四、〇〇〇	一六〇、〇四〇、〇〇〇	
運銷國外		四、四七六、〇〇〇	三三七、〇〇〇	運銷國外之鹽除民國二十四年閩鹽有少數鹽稅一萬元外其餘均係東鹽
合計	四六、三〇二、〇〇〇	四五、五三〇、〇〇〇	一六〇、三七七、〇〇〇	

各區產鹽表（民國二十年至二十四年）

以一千市擔爲單位

產區名	民國					合共	平均
	二十年	二十一年	二十二年	二十三年	二十四年		
長蘆（甲）	七、〇〇四	五、九〇〇	六、六五九	六、七四〇	七、七七六	三四、〇七九	六、八一六
河東	一、一九九	一、一三二	一、〇二四	一、二八二	一、三六六	六、〇〇三	一、二〇一
晉北	三一四	二四六	二一八	二九二	三〇五	一、三七五	二七五
山東	六、四九七	九、六三八	九、八〇四	八、八九〇	一一、九一九	四六、七四八	九、三五〇
淮北	五、〇九四	九、六〇八	六、六一二	七、六五六	一三、五〇六	四二、四七六	八、四九五

揚州	七二九	七三三	一、五五六	一、六八一	一、二二七	五、九五六	一、一九一
松江	三二九	三三九	三六三	五三四	五九一	二、〇四六	四〇九
兩浙	四、一一七	五、三六三	五、二四〇	五、〇八七	三、八〇二	三三、六〇八	四、七二三
福建	八七〇	一、二七三	二、四四九	一、二二六	五二六	六、三三三	一、二六六
廣東	四、五六六	五、〇三八	四、七八八	三、二六〇	二、八五三	二〇、五〇五	四、一〇一
雲南	六四一	六二〇	七五三	六五五	七七八	三、四四七	六八九
川南	五、六九三	五、六四三	五、六一八	五、八四八	五、七八九	二六、五九一	五、七一八
川北	一、八五〇	一、八三六	一、六三七	一、六二四	一、五九九	八、五四八	一、七一〇
西北	（乙）二〇六	（丙）三二二	三二一	二五八	六二六	一、七二三	三四二
陝西	（丁）	（丁）	三〇	三三	三一	八三	一七
總計	三九、〇九九	四七、六三〇	四七、〇六二	四五、〇四五	五二、六七四	一三二、五一〇	四六、三〇二

（甲）——包括口北區
（乙）——民國十四年以前之五年平均數
（丙）——假定每年銷鹽數爲產鹽數
（丁）——民國二十二年該區稅局未成立以前未據報告

各區銷鹽表（民國二十年至二十四年）

以一千市擔為單位

銷區名	民國 二十年	二十一年	二十二年	二十三年	二十四年	合共	平均
長蘆(甲)	四、一二一	五、一五一	四、七七七	四、五四九	五、一〇二	二三、七〇〇	四、七四〇
河東	四六〇	五七五	五二五	四七七	四九九	二、五三六	五〇八
晉北	七六七	五三三	五四一	四一四	四一一	二、六六六	五三三
山東	四、一二一	三、八九五	三、四五三	二、六六〇	二、六七三	一六、八〇二	三、三六〇
淮北	二、六一五	二、七三四	三、三五〇	一、九一八	二、七五九	一三、三七六	二、六七五
揚州	一、〇一九	一、一二七	一、四四九	一、二五五	一、〇九八	六、〇三八	一、二〇八
松江	一、七九二	一、五九一	一、七八二	一、七〇三	一、六六七	八、五三六	一、七〇七
兩浙	三、四三四	三、五一〇	三、三七七	二、三一三	二、五九六	一五、二三〇	三、〇四六
鄂岸	一、九三七	二、〇六二	二、二一七	二、一三三	一、八八四	一〇、二三三	二、〇四七
湘岸	三、三三六	二、七五〇	二、三一二	二、四八二	二、三九九	一三、二七九	二、六五六

皖岸	一、一一四	一、一〇五	一、一四九	一、〇二二	一、〇八三	五、四七三	一、〇九四
西岸	一、三二二	一、〇八二	一、一一四	一、二一三	一、一七六	五、九〇七	一、一八一
河南	二、四九八	二、〇四三	二、二七八	二、〇〇六	二、一九六	一一、〇二一	二、二〇四
福建	一、一六〇	一、二二七	一、〇九三	六五九	八八九	五、〇二八	一、〇〇四
廣東	五、一九八	四、五五二	五、四三三	三、八九三	四、七五五	二三、八三〇	四、五六四
雲南	六二五	六一八	七五九	六六三	七六〇	三、四二五	六八三
川南	五、二九三	五、一七四	五、一六四	五、二七三	五、二四五	二六、一四八	五、二三〇
川北	一、八三八	一、八五三	一、六一八	一、六一五	一、六二七	八、五五〇	一、七一〇
陝西	(乙)五〇五	(乙)三〇九	四八九	五八二	五七七	二、四六二	四九二
西北	(丙)二〇六	(丁)三二一	(丁)四四二	(丁)四九八	五九四	二、〇六一	四一二
總計	四三、三三二	四二、二九一	四三、三二一	三七、三三六	三八、九九〇	二〇五、二七〇	四一、〇五四
運銷國外	三、九〇五	四、三四〇	五、二六三	四、一九一	四、六七九	二二、三七八	四、四七六
合計	四七、二三七	四六、六三一	四八、五八四	四一、五二七	四三、六六九	二二七、六四八	四五、五三〇

（甲）——包括口北區
（乙）——根據河東區年報
（丙）——民國十四年前之五年平均數
（丁）——鹽務署統計數

各區稅收表（民國二十年至二十四年）

以一千元爲單位

區名	民國二十年	二十一年	二十二年	二十三年	二十四年	合共	平均
長蘆（甲）	一一、三三〇	一二、四六四	一四、八一一	二二、九五五	二六、七七五	八八、三三五	一七、六六七
河東	二、八三九	二、六二三	三、二三二	三、九六三	四、〇六七	一六、七二四	三、三四五
晉北	一、三〇四	九六四	九九八	一、〇八〇	一、〇〇五	五、三五一	一、〇七〇
山東	七、〇三九	七、九四二	九、三一三	一〇、五四九	九、二九四	四四、一三七	八、八二七
淮北	一一、七三九	一三、三七一	二〇、九二〇	二一、九一九	一九、五五五	八七、五〇四	一七、五〇一
揚州	一三、〇四一	一三、七五二	一四、六三四	一〇、六四〇	一三、三三六	六五、四〇三	一三、〇八一
松江	八、九三三	九、一六一	一〇、〇一五	一二、二〇二	一二、五六八	五二、八七九	一〇、五七六

兩浙	九、一三五	九、八五七	九、九三四	九、四一九	九、〇〇七	四七、三五二	九、四七〇
鄂岸	一一、七〇八	一三、五五七	一三、九五六	一五、七四九	一四、六五二	六七、六二二	一三、五二四
湘岸	一一、八〇九	一一、四四五	一三、八四〇	一四、一三〇	一三、四一二	六三、六二六	一二、七二五
皖岸	四、八二二	五、一三〇	五、二五三	六、一〇一	六、〇八四	二七、三八九	五、四七八
西岸	六、二三六	八、一八二	八、二〇三	一〇、二七五	九、〇八五	四二、〇〇一	八、四〇〇
河南	四、七〇一	五、一一八	六、一三八	七、二七三	七、七〇三	三〇、九三三	六、一八七
福建	三、六五〇	三、四四〇	三、五五六	二、七六四	四、七〇七	一八、一一七	三、六二四
廣東	一二、三三九	一〇、四六八	一一、五九四	九、五六六	九、二九〇	五三、二五七	一〇、六五一
雲南	一、二九一	一、六九八	二、六三一	二、四七三	二、九〇六	一〇、九九九	二、二〇〇
川南	一〇、〇八五	一一、六四五	八、九〇四	一〇、七八一	一五、六二一	五七、〇三六	一一、四〇七
川北	一、八五三	一、九〇一	一、七四六	一、七五八	二、〇九三	九、三五一	一、八七〇
陝西	（乙）—	（乙）—	二六二	一、四二七	一、四八〇	三、一六九	六三四
總所	四七	一六七	九五四	六三二	一、二二七	三、〇二六	六〇五
西北	（丙）八四三	（丙）一、一〇二	（丙）一、四四六	（丙）一、四八三	一、一一七	五、九九一	一、一九八

總計	一三四、七六三	一四二、九九六	一六〇、三三一	一七七、一二八	一八四、九八四	八〇〇、二〇二	一六〇、〇四〇
運銷國外	三〇八	二九一	三六二	三三三	三八九	一、六八三	三三七
合計	一三五、〇七一	一四三、二八七	一六〇、六九三	一七七、四六一	一八五、三七三	八〇一、八八五	一六〇、三七七

(甲)——包括口北區

(乙)——民國二十年及二十一年之稅收已包括在河東區數目之內

(丙)——根據鹽務署之數目

民國二十五年七月一日全國各鹽區銷地及稅率表

說明

(一)查各區中央附稅內各項細目業經合併爲一統稱中央附稅茲爲便於稽考起見特將細目仍行分列

(二)表內稅率有非在一區征收者其在別區征收之數均用括弧表明並於附註欄內加註以便對照

1. 長蘆(民國二十五年七月)

銷地	正稅		附加稅			由何區征收		共計(元)	附註
	場稅(元)	岸稅(元)	外債(元)	中央(元)	地方(元)	長蘆(元)	別區(元)		

河北岸	冀北（清苑等四十五縣）	三•七〇	—	〇•三〇	A 〇•一〇	a 〇•五〇 b 〇•五〇 c 一•〇〇 d 一•〇〇 e 一•〇〇 f 〇•〇三	八•一三	—	八•一三
	冀南（滄州等七十九縣）	三•七〇	—	〇•三〇	A 〇•一〇	a 〇•五〇 b 〇•五〇 c 一•〇〇 d 一•〇〇 d_1 〇•五〇 f 〇•〇三	七•六三	—	七•六三
北平岸（宛平大興二縣）		三•七〇	—	〇•三〇	A 〇•一〇	a 〇•五〇 b 〇•五〇 c 一•〇〇 d 一•〇〇 e 一•〇〇 f 〇•〇三	八•一三	—	八•一三
天津岸（天津一縣）		三•七〇	—	〇•三〇	A 〇•一〇	a 〇•五〇 b 〇•五〇 c 一•〇〇 d 一•〇〇 e 一•〇〇 f 〇•〇三	八•一三	—	八•一三

永平岸（盧龍等八縣）	三•七〇	—	〇•三〇	A 〇•一〇	f e d c b a 〇•〇三三 一•〇〇 一•〇〇 一•〇〇 〇•五〇 〇•五〇	八•一三三	—	八•一三三	定都縣係屬新置
口北（察哈爾張北等十六縣熱河承德等十九縣）	三•七〇	—	〇•三〇	A 〇•一〇	f b a 〇•〇三三 〇•五〇 〇•五〇	五•一三三	—	五•一三三	
河南岸（安陽等五十三縣）	三•〇〇	（三•五〇）	〇•三〇		f e b 〇•〇三三 〇•七〇 〇•五〇	四•五三三	（三•五〇）	八•〇三三	岸稅在豫征收
河南鞏孟等八縣	三•〇〇	（三•五〇）	〇•三〇		f e b 〇•〇三三 〇•七〇 〇•五〇	四•五三三	（三•五〇）	八•〇三三	岸稅在豫征收
河南汝光等十五縣	三•〇〇	（三•五〇）	〇•三〇		f e b 〇•〇三三 〇•七〇 〇•五〇	四•五三三	（三•五〇）	八•〇三三	岸稅在豫征收
晉北中南路		（二•七五）	（〇•三〇）	B （〇•五〇）	f b a 〇•〇三三 〇•五〇 〇•五〇	一•〇三三	（三•五五）	四•五八三	長蘆僅收地方附稅餘在晉北征收
魚鹽	〇•五〇			A 〇•一〇	b 〇•〇三三	〇•六三三	—	〇•六三三	

永利鹼廠（製鹼原料）									自民國十九年七月十一日起免稅三十年
渤海公司（製硫酸鹽原料）	〇•〇三					〇•〇三		〇•〇三	
北寧路局（軟水機用鹽）	三•七〇			A 〇•一〇	a 〇•五〇 b 〇•五〇 c 一•〇〇 d 一•〇〇 e 一•〇〇 f 〇•〇三三	八•一三三	—	八•一三	
河北省（滷塊）	〇•八〇					〇•八〇	—	〇•八〇	
河北省（皮硝）	〇•五〇					〇•五〇	—	〇•五〇	
河北省（蝦油蝦醬）	〇•三〇					〇•三〇	—	〇•三〇	
河北合記化學公司（硝土）	〇•〇五					〇•〇五	—	〇•〇五	
河北渤海化學公司（硝土）	〇•〇二					〇•〇二	—	〇•〇二	
河北渤海化學公司（滷湯）	〇•〇二					〇•〇二	—	〇•〇二	
察哈爾（萬全等十六縣——青鹽）	二•〇〇		〇•三〇			二•三〇	—	二•三〇	
綏遠（豐鎮集寧陶林三縣——青鹽）	二•〇〇		〇•三〇			二•三〇	—	二•三〇	

銷地	正稅 場稅(元)	正稅 岸稅(元)	附加稅 外債(元)	附加稅 中央(元)	附加稅 地方(元)	由何區征收 河東(元)	由何區征收 別區(元)	共計(元)	附註
晉北(渾原大同左雲天鎮四縣——青鹽)	2.00		0.30	B 0.50		2.80	—	2.80	
察哈爾(萬全等七縣——白鹽)	1.50		0.30			1.80	—	1.80	
綏遠(興和等五縣——白鹽)	1.50		0.30			1.80	—	1.80	
晉北(渾原等四縣——白鹽)	2.00		0.30	B 0.50		2.80	—	2.80	
察哈爾(萬全等七縣——土鹽)	1.50		0.30			1.80	—	1.80	
綏遠(興和等五縣——土鹽)	1.50		0.30			1.80	—	1.80	
晉北(渾原等四縣——土鹽)	2.00		0.30	B 0.50		2.80	—	2.80	

說明 (一)中央附稅欄 A 整理費 B 附加

(二)地方附稅欄 a 河工捐 b 產地捐 c 加征產捐 d 銷地捐 d_1 銷地整理費 e 軍事特捐 f 緝私捐

(三)表內稅率有非在一區征收者其在別區征收之數均用括弧表明並於附註欄內加註以便對照其他各區仿此

2. 河東(民國二十五年七月)

銷地	正稅 場稅(元)	正稅 岸稅(元)	附加稅 外債(元)	附加稅 中央(元)	附加稅 地方(元)	由何區征收 河東(元)	由何區征收 別區(元)	共計(元)	附註

山西安邑等四十五縣	二•五〇		〇•三〇			二•八〇	—	二•八〇	
晉北南部陽曲等三十四縣	二•五〇		〇•三〇			二•八〇	—	二•八〇	
陝西朝邑等三十六縣	二•五〇	(二•五〇)	〇•三〇			二•八〇	(二•五〇)	五•三〇	岸稅在陝征收
河南陝縣等二十六縣	二•五〇	(三•〇〇)	〇•三〇	B (〇•五〇)		二•八〇	(三•五〇)	六•三〇	岸稅及中央附稅在豫征收
河南鞏孟等八縣	二•五〇	(三•〇〇)	〇•三〇	B (〇•五〇)		二•八〇	(三•五〇)	六•三〇	岸稅及中央附稅均在豫征收
說明　中央附稅欄　B　附加									

8. 晉北(民國二十五年七月)

銷地	正稅		附加稅			由何區征收		共計(元)	附註
	場稅(元)	岸稅(元)	外債(元)	中央(元)	地方(元)	晉北(元)	別區(元)		
中南路(陽曲等十九縣——蘆鹽)		二•七五	〇•三〇	B 〇•五〇	a (〇•五〇) b (〇•五〇) f (〇•〇三三)	三•五五	一•〇三三	四•五八三	地方附稅在蘆征收
中南路(中南路土鹽)	一•五〇		〇•三〇			一•八〇		一•八〇	中南路土鹽係按鍋征收
中南路(北路土化紅鹽)	一•五〇		〇•三〇	B 〇•五〇		二•三〇		二•三〇	

中南路（北路土白鹽）	一•三五		〇•三〇	B 〇•五〇		二•〇五		二•〇五	
北路（蒙白鹽）		二•〇〇	〇•三〇	B 〇•五〇		二•八〇		二•八〇	
北路（北路土化紅鹽）	一•五〇		〇•三〇	B 〇•五〇		二•三〇		二•三〇	
北路（北路土白鹽）	一•三五		〇•三〇	B 〇•五〇		二•〇五		二•〇五	
綏磴（吉蘭泰鹽）		一•五〇	〇•三〇	B 〇•五〇		二•三〇		二•三〇	
綏磴（蒙白鹽）		一•五〇	〇•三〇	B 〇•五〇		二•三〇		二•三〇	
綏磴（花馬池鹽）		二•〇〇	〇•三〇	B 〇•五〇		二•八〇		二•八〇	
綏磴（河口及薩縣土鹽）	一•五〇		〇•三〇	—		一•八〇		一•八〇	河口及薩縣土鹽係按鍋征收
磧口（吉蘭泰鹽）		一•五〇	〇•三〇	B 〇•五〇		二•三〇		二•三〇	
磧口（蒙白鹽）		二•〇〇	〇•三〇	B 〇•五〇		二•八〇		二•八〇	
磧口（陝北土鹽）		一•五〇	〇•三〇	B 〇•五〇		二•三〇		二•三〇	

說明 （一）中央附稅欄 B 附加

（二）地方附稅欄 a 河工捐 b 產地捐 f 緝私捐

4. 山東(民國二十五年七月)

銷地	正稅 場稅(元)	正稅 岸稅(元)	附加稅 外債(元)	附加稅 中央(元)	附加稅 地方(元)	由何區征收 山東(元)	由何區征收 別區(元)	共計(元)	附註
東綱引岸(歷城等七十九縣)	二·五〇		〇·三〇	E 〇·二〇 D 一·〇〇 C 一·五〇		五·五〇	—	五·五〇	
東綱引岸壽光縣	二·五〇		〇·三〇	E 〇·二〇 D 一·〇〇 C 〇·七〇		四·七〇		四·七〇	
東綱引岸(昌益臨三縣)	三·三〇		〇·三〇	E 〇·二〇 D 〇·九〇		四·七〇	—	四·七〇	
東綱引岸(濰縣)	二·三〇		〇·三〇	E 〇·二〇 D 〇·九〇		三·七〇	—	三·七〇	
東綱引岸(河南歸德十縣)	二·〇〇	(二·五〇)	〇·三〇	E 〇·二〇 C 一·五〇		四·〇〇	(二·五〇)	六·五〇	岸稅在豫征收
東綱引岸(江蘇徐州五縣)	二·五〇		〇·三〇	E 〇·二〇 C 二·〇〇		五·〇〇	—	五·〇〇	
東綱引岸(安徽宿渦二縣)	二·五〇		〇·三〇	E 〇·二〇 C 二·〇〇		五·〇〇	—	五·〇〇	

東岸（拔縣等十八縣）	一・二〇		〇・三〇	EC 一・〇〇 〇・二〇		二・七〇	—	二・七〇	
膠濟鐵路軟水用鹽	二・五〇		〇・三〇	EDC 一・五〇 一・〇〇 〇・二〇		五・五〇	—	五・五〇	
鄂西（宜昌沙市）	三・五〇		〇・三〇	（六・六〇）		三・八〇	（六・六〇）	一〇・四〇	中央附稅在鄂征收詳見鄂岸表
鄂西（樊城）	三・五〇		〇・三〇	（五・三〇）		三・八〇	（五・三〇）	九・一〇	中央附稅在鄂征收詳見鄂岸表
沿海各地魚鹽	〇・三〇					〇・三〇	—	〇・三〇	
青島工業用鹽	〇・〇三					〇・〇三	—	〇・〇三	
運銷日本（食鹽）	〇・〇三					〇・〇三		〇・〇三	
運銷日本（工業用鹽）	〇・〇六					〇・〇六		〇・〇六	
輪運高麗	〇・一二					〇・一二		〇・一二	
帆運高麗	〇・一二					〇・一二		〇・一二	帆運高麗每擔由二角二分減至一角二分係奉財部二十四年二月二十三日鹽字第一二四三九號令准
鹹魚	〇・三〇					〇・三〇		〇・三〇	

蝦油蝦醬	〇·四〇					〇·四〇		〇·四〇

說明　中央附稅欄　C　軍用加價　D　財部附稅　E　建坨費

5. 淮北（民國二十五年七月）

銷地	正稅 場稅（元）	正稅 岸稅（元）	附加稅 外債（元）	附加稅 中央（元）	附加稅 地方（元）	由何區征收 淮北（元）	由何區征收 別區（元）	共計（元）	附註
皖北泗縣等十八縣及渦陽南部	三·七〇		〇·三〇	F 一·〇〇 G 一·〇〇 E 〇·一〇		六·一〇	—	六·一〇	
河南汝光（汝南等十五縣由平漢隴海兩路車運）	三·〇〇	（三·〇〇）	〇·三〇	B 〇·七〇 F 一·〇〇 E 〇·一〇		五·一〇	（三·〇〇）	八·一〇	岸稅在豫征收
河南汝光（汝南等十五縣—三河尖船運）	三·七〇	（一·五〇）	〇·三〇	F 一·〇〇 G 一·〇〇 E 〇·一〇		六·一〇	（一·五〇）	七·六〇	岸稅在豫征收
河南汝光（汝南等十五縣—三河尖肩挑）	三·七〇	（一·〇七）	〇·三〇	F 一·〇〇 G 一·〇〇 E 〇·一〇		六·一〇	（一·〇七）	七·一七	每挑七十斤到豫後征銷稅七角五分如以擔計每擔應征一元零七分

鄂岸	三•〇〇	(一•五〇)	(〇•三〇)	(四•三〇)—(五•六〇)		三•〇〇	(六•一〇)—(七•四〇)	九•一〇—一〇•四〇	除場稅在淮征收外餘在鄂征收詳見鄂岸表
鄂西	三•五〇		(〇•三〇)	(五•三〇)—(六•六〇)		三•五〇	(五•六〇)—(六•九〇)	九•一〇—一〇•四〇	除場稅在淮征收外餘在鄂征收詳見鄂岸表
湘岸	三•〇〇	(一•五〇)	(〇•三〇)	(〇•六〇)—(一•六八)	(一•六〇)—(三•九二)	三•〇〇	(四•〇〇)—(七•四〇)	七•〇〇—一〇•四〇	除場稅在淮征收外餘在湘征收詳見湘岸表
皖岸	三•〇〇	(〇•七〇)—(一•五〇)	(〇•三〇)	(三•一〇)—(三•六〇)	(二•七〇)	三•〇〇	(三•一〇)—(七•一〇)	六•一〇—一〇•一〇	除場稅在淮征收外餘在皖征收詳見皖岸表
西岸	三•〇〇	(一•五〇)	(〇•三〇)	(〇•六〇)	(五•〇〇)	三•〇〇	(七•四〇)	一〇•四〇	除場稅在淮征收外餘在贛征收詳見西岸表
江西建昌(南豐等五縣)	三•〇〇	(一•五〇)	(〇•三〇)	(〇•六〇)	(五•〇〇)	三•〇〇	(七•四〇)	一〇•四〇	除場稅在淮征收外餘在贛征收詳見西岸表
江蘇六岸(淮安等六縣)	二•七〇		〇•三〇	E 〇•一〇 B 二•〇〇		五•一〇	—	五•一〇	
江蘇五岸(沭陽等五縣)	二•七〇		〇•三〇	E 〇•一〇 B 二•〇〇		五•一〇	—	五•一〇	

山東臨沂等六縣	三·二〇		〇·三〇	E 一·〇〇 〇·一〇		四·六〇	—	四·六〇	
京市	三·三五		〇·二〇	A 〇·一〇 B 二·五〇	g 〇·五五 h 〇·二〇 i 〇·二〇	七·一〇	—	七·一〇	
肉鹽醃切鹽及陸地魚鹽	一·〇〇					一·〇〇	—	一·〇〇	
魚鹽	〇·三〇					〇·三〇	—	〇·三〇	魚鹽在濤青及其所屬每擔征稅三角
魚鹽	〇·二〇					〇·二〇	—	〇·二〇	魚鹽在猴嘴東陬山三港等處每擔征稅二角
上海天原電化廠工業用鹽	〇·〇三					〇·〇三	—	〇·〇三	
滷膏	一·〇〇					一·〇〇	—	一·〇〇	

說明 (一)中央附稅欄 A 整理費 B 附加 E 建坨費 F 軍費 G 蚌埠銷稅

(二)地方附稅欄 g 補助省庫加價 h 善後公債還本基金 i 場警經費

6. 揚州（民國二十五年七月）

銷地	正稅 揚稅（元）	正稅 岸稅（元）	附加稅 外債（元）	附加稅 中央（元）	附加稅 地方（元）	由何區征收 揚州（元）	由何區征收 別區（元）	共計（元）	附註
海門	二·〇〇		〇·三〇	A 〇·一〇 F 〇·七五 C 一·〇〇	i 〇·二〇 h 〇·二〇 g 〇·五五	五·一〇	—	五·一〇	揚州區各銷地揚警經費淮北鹽每擔征收一角五分較淮南鹽少征五分
皋寧等四縣（皋寧鹽城東台通縣）	一·七五		〇·三〇	A 〇·一〇 F 一·〇〇 C 一·〇〇	i 〇·二〇 h 〇·二〇 g 〇·五五	五·一〇	—	五·一〇	
如皋	一·五〇		〇·三〇	r 〇·四〇 A 〇·一〇 F 一·二五 C 一·〇〇	i 〇·二〇 h 〇·二〇 g 〇·五五	五·五〇	—	五·五〇	
興化寶應	一·五〇		〇·三〇	A 〇·一〇 F 一·二五 C 一·〇〇	i 〇·二〇 h 〇·二〇 g 〇·五五	五·一〇	—	五·一〇	
泰興等六縣（泰興泰縣揚中高郵江都及安徽天長）	二·二五		〇·三〇	A 〇·一〇 F 一·五〇 C 一·〇〇	i 〇·二〇 h 〇·二〇 g 〇·五五	六·一〇	—	六·一〇	

儀徵	二•三五		〇•三〇	AFC 〇•一〇 一•三〇 一•〇〇	ihg 〇•二〇 〇•二〇 〇•四五	六•一〇	—	六•一〇	
江寧等六縣（江寧江浦六合高淳溧水句容）	三•二五		〇•三〇	AFC 〇•一〇 一•五〇 一•〇〇	ihg 〇•二〇 〇•二〇 〇•三五	七•一〇	—	七•一〇	
京市	三•二〇		〇•三〇	AFC 〇•一〇 一•九〇 一•〇〇	ihg 〇•二〇 〇•二〇 〇•三五	七•一〇	—	七•一〇	京市於二十四年一月開放。為淮南及淮北鹽自由貿易區京市場暨經費淮南及淮北鹽相同每擔均征二角
東台輕稅區	一•一五		〇•一五	AFC 〇•一〇 〇•五〇 〇•五〇	i 〇•二〇	二•六〇	—	二•六〇	
常陰沙	三•四〇		〇•三〇	AFC 〇•一〇 一•二五 一•〇〇	i 〇•〇五	六•一〇	—	六•一〇	
鄂岸	三•〇〇	（一•五〇）	（〇•三〇）	（四•三〇）—（五•六〇）		三•〇〇	（六•一〇）—（七•四〇）	九•一〇—一〇•四〇	除場稅在揚征收外餘在鄂征收詳見鄂岸表
湘岸	三•〇〇	（一•五〇）	（〇•三〇）	（〇•六〇）—（一•六八）	（〇•六〇）—（三•九二）	三•〇〇	（三•〇〇）—（七•四〇）	六•〇〇—一〇•四〇	除場稅在揚征收外餘在湘征收詳見湘岸表

湘岸（新田寧遠江華永明道縣）	三·〇〇	（二·〇〇）				三·〇〇	（二·〇〇）	五·〇〇	除場稅在揚征收外岸稅在湘征收詳見湘岸表
皖岸	三·〇〇	（一·五〇）	（〇·三〇）	（一·六〇）	（一·七〇）—（二·七〇）	三·〇〇	（五·一〇）—（六·一〇）	八·一〇—九·一〇	除場稅在揚征收外餘在皖征收詳見皖岸表
西岸	三·〇〇	（一·五〇）	（〇·三〇）	（〇·六〇）	（五·〇〇）	三·〇〇	（七·四〇）	一〇·四〇	除場稅在揚征收外餘在贛征收詳見西岸表
西岸（蓮花寧岡遂川永新萬安）	三·〇〇	（一·五〇）	（〇·三〇）	（〇·六〇）	（三·二〇）	三·〇〇	（五·六〇）	八·六〇	除場稅在揚征收外餘在贛征收詳見西岸表
滁來縣來安全椒	三·〇〇	（〇·七五）	（〇·三〇）	H（一·七五） F（〇·一〇）	j（〇·四〇） k（〇·三〇）	三·〇〇	（三·六〇）	六·六〇	除場稅在揚征收外餘在皖征收
魚鹽	〇·二〇					〇·二〇	—	〇·二〇	

說明　（一）中央附稅欄　A　整理費　C　軍用加價　F　軍費　H　籌備費

（二）地方附稅欄　g　補助省庫加價　h　善後公債還本基金　i　場警經費

j　皖省加價　k　蘇省貼邊費

7. 松江（民國二十五年七月）

銷地	正稅 場稅（元）	正稅 岸稅（元）	附加稅 外債（元）	附加稅 中央（元）	附加稅 地方（元）	由何區征收 松江（元）	由何區征收 別區（元）	共計（元）	附註
吳縣等七縣	三·二〇		〇·三〇	D E 二·五〇 〇·一〇	n m l 〇·六〇 〇·四〇 〇·一〇	七·二〇	—	七·二〇	
江陰等十八縣	三·二〇		〇·三〇	D E 二·五〇 〇·一〇	n m l 〇·六〇 〇·四〇 〇·一〇	七·二〇	—	七·二〇	
常陰沙	三·二〇		〇·三〇	D E 二·五〇 〇·一〇		六·一〇	—	六·一〇	
上南川減地及寶山結一九	三·二〇		〇·三〇	D E 二·五〇 〇·一〇	n m l 〇·六〇 〇·四〇 〇·一〇	七·二〇	—	七·二〇	
上海租界	三·二〇		〇·三〇	D E 二·五〇 〇·一〇	n m l 〇·六〇 〇·四〇 〇·一〇	七·二〇	—	七·二〇	
崇明啓東	一·五〇		〇·一五	D E 二·二五 〇·一〇	n 〇·一〇	四·一〇	—	四·一〇	

横沙各島	一·〇〇			D 〇·一〇		一·一〇	—	一·一〇
魚鹽蜇鹽	〇·二〇					〇·二〇	—	〇·二〇
滷水	〇·〇三					〇·〇三	—	〇·〇三

說明 (一)中央附稅欄 E 軍費 D 建坨費

(二)地方附稅欄 l 省庫附加 m 省公債加價 n 教育費

8. 兩浙(民國二十五年七月)

銷地	正稅 場稅(元)	正稅 岸稅(元)	附加稅 外債(元)	附加稅 中央(元)	附加稅 地方(元)	由何區征收 兩浙(元)	由何區征收 別區(元)	共計(元)	附註
綱地(浙江嘉興等三十四縣安徽廣德七縣)	三·二〇		〇·三〇	A 一·〇〇 I 一·五〇 C 〇·一〇	o 〇·三〇 p 〇·五〇 q 〇·二〇	七·一〇	—	七·一〇	
綱地(江西玉山等七縣)	三·二〇		〇·三〇	A 一·〇〇 I 一·五〇 C 〇·一〇	o 〇·三〇 p 〇·五〇 q 〇·二〇 w (二·一〇)	七·一〇	(二·一〇)	九·二〇	口捐在贛征收

肩地（杭縣等七縣）	三·六〇		〇·一五	A I C 〇·三〇 〇·七五 〇·一〇	q p o 〇·三〇 〇·五〇 〇·二〇	六·一〇	—	六·一〇
肩地（上四鄉）	三·一〇		〇·一五	A I 〇·九五 〇·一〇		四·三〇	—	四·三〇
住地（嵊縣等四縣）	三·六〇		〇·一五	A I C 〇·三〇 〇·七五 〇·三〇	q p o 〇·三〇 〇·五〇 〇·二〇	六·一〇	—	六·一〇
寧屬引地（鄞縣等四縣）	二·八五		〇·一五	A I C 〇·五〇 〇·五〇 〇·一〇	q p o 〇·三〇 〇·四〇 〇·二〇	五·一〇	—	五·一〇
溫處厘地（縉雲永康武義）	二·七〇		〇·一五	A I C 〇·五〇 〇·七〇 〇·一〇		四·三〇	—	四·三〇
溫處厘地（處州泰順—麗水等十縣）	二·一五		〇·一五	A I C 〇·五〇 〇·八〇 〇·一〇	q p o 〇·一五 〇·二五 〇·一〇	四·三〇	—	四·三〇
溫處厘地（永嘉城廂）	二·〇五		〇·一五	A I 〇·九三 〇·一〇	q p o 〇·一〇 〇·一六七 〇·一〇	三·六〇	—	三·六〇
溫處厘地（永嘉孝義鄉）	一·〇〇		〇·三〇	A I C 〇·五〇 〇·九六六 〇·一〇	q p o 〇·二〇 〇·三三四 〇·二〇	三·六〇	—	三·六〇

溫處厘地（平陽樂清瑞安）	一·六〇		〇·一五	A 〇·一〇 I 一·三八三	q 〇·一〇 p 〇·一六七 o 〇·一〇	三·六〇	—	三·六〇	
溫處厘地（永嘉瑞安平陽近海處）	一·六〇			A 〇·一〇 I 一·九〇		三·六〇	—	三·六〇	
溫處厘地（楚門坎門——閩鹽）	（一·〇〇）	一·三〇		A 〇·一〇		一·四〇	（一·〇〇）	二·四〇	場稅在閩征收
台屬厘地（臨海天台仙居）	一·二〇			A 〇·一〇 I 一·〇〇 C 〇·五〇	q 〇·二〇 p 〇·四〇 o 〇·二〇	三·六〇	—	三·六〇	
杭屬輕稅（黃灣）	二·〇〇			A 〇·一〇		二·一〇	—	二·一〇	
杭屬輕稅（鮑郎）	一·五〇			A 〇·一〇		一·六〇	—	一·六〇	
杭屬輕稅（蘆瀝）	〇·七〇			A 〇·一〇		〇·八〇	—	〇·八〇	
寧屬輕稅（餘姚鳴鶴清泉穿長大嵩）	一·〇〇			A 〇·一〇		一·一〇	—	一·一〇	
寧屬輕稅（定海）	〇·七〇			A 〇·一〇		〇·八〇	—	〇·八〇	
寧屬輕稅（寧海北牛縣）	二·八五			A 〇·一〇		二·九五	—	二·九五	
溫屬輕稅（樂清玉環）	一·六〇			A 〇·一〇		一·七〇	—	一·七〇	
台屬輕稅（寧海塘裏葭芷海門新亭湧泉）	一·二〇			A 〇·一〇		一·三〇	—	一·三〇	

台屬輕稅（象山南田）	一•〇〇			A 〇•一〇		一•一〇	—	一•一〇	
台屬輕稅（寧海東鄉）	〇•九〇			A 〇•一〇		一•〇〇	—	一•〇〇	
台屬輕稅（黃岩花橋）	〇•三〇			A 〇•一〇		〇•九〇	—	〇•九〇	
溫屬魚鹽（玉環南麂北麂）	〇•八〇					〇•三〇	—	〇•三〇	
溫屬魚鹽（南麂北麂——閩鹽）		〇•三〇				〇•三〇	—	〇•三〇	
台屬魚鹽（海門玉泉象山）	〇•三〇					〇•三〇	—	〇•三〇	
寧屬魚鹽（定海沈家門岱山）	〇•三〇					〇•三〇	—	〇•三〇	
寧屬醬鹽（定海岱山）	一•二〇		〇•一五	A 〇•一〇 I 一•一五 C 〇•五〇	q 〇•二〇 p 〇•四〇 o 〇•二〇	三•九〇	—	三•九〇	
寧屬醬鹽（餘姚）	三•六〇		〇•一五	A 〇•一〇 I 〇•七五 C 〇•五〇	q 〇•二〇 p 〇•五〇 o 〇•三〇	六•一〇	—	六•一〇	
溫處屬全區醬鹽	二•一五		〇•一五	A 〇•一〇 I 〇•八〇 C 〇•五〇	q 〇•一〇 p 〇•二五 o 〇•一五	四•二〇	—	四•二〇	
台屬全區醬鹽	一•二〇			A 〇•一〇 I 一•六〇 C 〇•五〇	q 〇•二〇 p 〇•四〇 o 〇•二〇	四•二〇	—	四•二〇	

淡竹鹽（寧波上海）	1.75		0.15	A 0.50 I 0.50 C 0.10	o 0.30 p 0.50 q 0.20	4.00	—	4.00
工業用鹽（上海）	0.03					0.03	—	0.03
滷塊（諸暨義烏浦江金華等屬）	0.16					0.16	—	0.16
鹺餅（溫處各屬）	0.18					0.18	—	0.18
鹺餅（溫屬台屬及舊金華衢州嚴州徽州廣信各屬）	0.18					0.18	—	0.18
苦滷（兩浙全區）	0.03					0.03	—	0.03

說明 (一)中央附稅欄 A 整理費 C 軍用加價 I 善後軍費
(二)地方附稅欄 o 善後公債加價 p 整理公債加價 q 續發公債加價 w 口捐

9. 鄂岸（民國二十五年七月）

銷地	正稅 場稅（元）	正稅 岸稅（元）	附加稅 外債（元）	附加稅 中央（元）	附加稅 地方（元）	由何區征收 鄂岸（元）	由何區征收 別區（元）	共計（元）	附註
鄂東腹岸（武昌等二十五縣——淮鹽）	(3.00)	1.50	0.30	B 5.50 H 0.10		7.40	(3.00)	10.40	場稅在淮征收內荆門鍾祥潛江三縣係鄂東西併銷區域

鄂東邊岸（黃梅——淮鹽）	(三·〇〇)	一·五〇	〇·三〇	HB 四·三〇 〇·一〇		六·一〇	(三·〇〇)	九·一〇	場稅在淮征收
鄂東邊岸（應山等五縣——淮鹽）	(三·〇〇)	一·五〇	〇·三〇	HB 四·三〇 〇·一〇		六·三〇	(三·〇〇)	九·三〇	場稅在淮征收
鄂東邊岸（英山——淮鹽）								七·四〇	英山現行稅率係以皖北現行稅率及羅田現行稅率四三搭配征收以四票六元一角三票九元二角計算平均每一市擔稅率爲七元四角三分並奉部准核改爲七元四角以免畸零
鄂東邊岸（隨縣襄陽棗陽宜城——淮鹽）	(三·〇〇)	一·五〇	〇·三〇	HB 三·八〇 〇·一〇		五·七〇	(三·〇〇)	八·七〇	場稅在淮征收襄陽棗陽宜城三縣爲鄂東西併銷區域
鄂東邊岸（鄖陽等七縣——淮鹽）	(三·〇〇)	一·五〇	〇·三〇	HB 三·八〇 〇·一〇		五·七〇	(三·〇〇)	八·七〇	場稅在淮征收鄖陽分岸原爲鄂東西併銷區域現祇銷鄂東票鹽又房縣竹谿之間尙有竹山一縣似應列入鄖陽分岸內
鄂西（宜昌等十五縣——淮鹽）	(三·五〇)		〇·三〇	HB 六·五〇 〇·一〇		六·九〇	(三·五〇)	一〇·四〇	場稅在淮征收內荆門鍾祥潛江等三縣係鄂東西併銷區域又鄖陽分岸各縣現祇銷鄂東票鹽

鄂西（宜昌等十五縣——川鹽）	（一·〇〇）	二·五〇	〇·三〇	B 六·五〇 H 〇·一〇		九·四〇	（一·〇〇）	一〇·四〇	場稅在川征收尚有鄖陽分岸各縣現祗銷鄂東票鹽
鄂西（宜昌等十五縣——山東青鹽）	（三·五〇）		〇·三〇	B 六·五〇 H 〇·一〇		六·九〇	（三·五〇）	一〇 四〇	場稅在青島征收尚有鄖陽分岸各縣現祗銷鄂東票鹽
鄂西（襄陽棗陽宜城——淮鹽）	（三·五〇）		〇·三〇	B 四·八〇 H 〇·一〇		五·二〇	（三·五〇）	八·七〇	場稅在淮征收襄陽等三縣為鄂東西併銷區域
鄂西（襄陽棗陽宜城——川鹽）	（一·〇〇）	二·五〇	〇·三〇	B 四·八〇 H 〇·一〇		七·七〇	（一·〇〇）	八·七〇	場稅在川征收
鄂西（襄陽棗陽宜城——山東青鹽）	（三·五〇）		〇·三〇	B 四·八〇 H 〇·一〇		五·二〇	（三·五〇）	八·七〇	場稅在青島征收
巴東等四縣（巫鹽及雲鹽）	（一·四〇）	一·〇〇	（〇·三〇）	B 一·五〇 H 〇·一〇		二·六〇	（一·七〇）	四·三〇	場稅及外債在川征收

說明　中央附稅欄　B　附加　H　警備費

10. 湘岸（淮鹽）（民國二十五年七月）

銷地	正稅	附加稅				由何區征收		共計（元）	附註
	場稅（元）	岸稅（元）	外債（元）	中央（元）	地方（元）	湘岸（元）	別區（元）		
長沙湘陰寧鄉常德桃源漢壽益陽	（三·〇〇）	一·五〇	〇·三〇	B 〇·二四 H 〇·一〇	r 四·七一 s 〇·二四 t 〇·三一	七·四〇	（三·〇〇）	一〇·四〇	場稅在淮征收

湘潭湘鄉	(三·〇〇)	一·五〇	〇·三〇	H 〇·一〇 B 〇·二七	t 〇·一三 s 〇·二四 r 四·八六	七·四〇	(三·〇〇)	一〇·四〇	場稅在淮征收
南縣	(三·〇〇)	一·五〇	〇·三〇	H 〇·一〇 B 〇·八三	s 〇·二四 r 四·四三	七·四〇	(三·〇〇)	一〇·四〇	場稅在淮征收
沅江	(三·〇〇)	一·五〇	〇·三〇	H 〇·一〇 B 〇·七四	t 〇·三一 s 〇·二四 r 四·二一	七·四〇	(三·〇〇)	一〇·四〇	場稅在淮征收
醴陵	(三·〇〇)	一·五〇	〇·三〇	H 〇·一〇 B 〇·七四	t 〇·一五 s 〇·二四 r 四·三七	七·四〇	(三·〇〇)	一〇·四〇	場稅在淮征收
新化	(三·〇〇)	一·五〇	〇·三〇	H 〇·一〇 B 一·〇三	t 〇·一五 s 〇·二四 r 四·〇八	七·四〇	(三·〇〇)	一〇·四〇	場稅在淮征收
岳陽平江衡山	(三·〇〇)	一·五〇	〇·三〇	H 〇·一〇 B 一·二四	t 〇·一五 s 〇·二四 r 三·八七	七·四〇	(三·〇〇)	一〇·四〇	場稅在淮征收
臨湘華容攸縣	(三·〇〇)	一·五〇	〇·三〇	H 〇·一〇 B 一·二四	t 〇·一五 r 四·一一	七·四〇	(三·〇〇)	一〇·四〇	場稅在淮征收
漵浦沅陵辰谿瀘溪古丈	(三·〇〇)	一·五〇	〇·三〇	H 〇·一〇 B 一·二四	t 〇·一五 r 三·一一	六·四〇	(三·〇〇)	九·四〇	場稅在淮征收

澧州石門慈利大庸安鄉臨澧	(三·〇〇)	一·五〇	〇·三〇	HB 一·五八 〇·一〇	r 三·九二	七·四〇	(三·〇〇)	一〇·四〇	場稅在淮征收
衡陽	(三·〇〇)	一·五〇	〇·三〇	HB 一·五五 〇·一〇	r 二·一五	五·六〇	(三·〇〇)	八·六〇	場稅在淮征收
寶慶武岡	(三·〇〇)	一·五〇	〇·三〇	HB 一·五〇 〇·一〇	t 〇·二〇 r 二·〇〇	五·六〇	(三·〇〇)	八·六〇	場稅在淮征收
乾城、麻陽永綏保靖永順龍山鳳凰桑植	(三·〇〇)	一·五〇	〇·三〇	HB 一·五〇 〇·一〇	r 二·二〇	五·六〇	(三·〇〇)	八·六〇	場稅在淮征收
芷江晃縣會同黔陽	(三·〇〇)	一·五〇	〇·三〇	HB 一·五〇 〇·一〇	r 〇·八〇	四·二〇	(三·〇〇)	七·二〇	場稅在淮征收
靖縣綏寧通道	(三·〇〇)	一·五〇	〇·三〇	HB 一·一〇 〇·一〇	—	三·〇〇	(三·〇〇)	六·〇〇	場稅在淮征收
祁陽耒陽常寧安仁	(三·〇〇)	一·五〇	〇·三〇	HB 一·〇〇 〇·一〇	r 一·三〇	四·二〇	(三·〇〇)	七·二〇	場稅在淮征收
零陵新寧城步東安	(三·〇〇)	一·五〇	〇·三〇	HB 〇·五〇 〇·一〇	r 〇·六〇	三·〇〇	(三·〇〇)	六·〇〇	場稅在淮征收
茶陵	(三·〇〇)	一·五〇	〇·三〇	HB 一·〇〇 〇·一〇	r 二·七〇	五·六〇	(三·〇〇)	八·六〇	場稅在淮征收

新田寧遠江華永明道縣	(三•〇〇)	二•〇〇			—	二•〇〇	(三•〇〇)	五•〇〇	場稅在淮征收

說明　(一)中央附稅欄　B 附加　H 籌備費

(二)地方附稅欄　r 附加　s 賑捐　t 平瀏路捐

11. 湘岸（粵鹽）（民國二十五年七月）

銷地	正稅 場稅(元)	正稅 岸稅(元)	附加稅 外債(元)	附加稅 中央(元)	附加稅 地方(元)	由何區征收 湘岸(元)	由何區征收 別區(元)	共計(元)	附註
衡陽衡山寶慶武岡常寧耒陽（水運及旱運）	(三•二〇)	四•〇〇	(〇•三〇)			四•〇〇	(三•五〇)	六•五〇	場稅及外債由粵征收岸稅欄內係統稅一元三角及補征統稅二元七角又統稅一元二角係由粵代征
城步新寧東安祁陽安仁寧遠零陵道縣新田江華永明（水運及旱運）	(三•二〇)	一•三〇	(〇•三〇)			一•三〇	三•五〇	三•八〇	場稅及外債由粵代征統稅一元三角係由粵代征
郴縣桂東資興永興桂陽郴縣汝城宜章臨武嘉禾藍山	(三•二〇)	一•三〇	(〇•三〇)			一•三〇	(三•五〇)	三•八〇	場稅及外債由粵代征統稅一元三角係由粵代征

（以上所列係由廣東入湘粵鹽稅率）

寶慶武岡（水運）	（二·三〇）	五·七〇	（〇·三〇）			五·七〇	（二·五〇）	八·二〇	場稅及外債由粵征收岸稅欄內包括水運加稅一元五角在內
寶慶武岡（旱運）	（二·三〇）	二·五〇	（〇·三〇）			二·五〇	（二·五〇）	五·〇〇	場稅及外債由粵征收
新寧（水運）	（二·三〇）	五·三〇	（〇·三〇）			五·三〇	（二·五〇）	七·八〇	場稅及外債由粵征收岸稅欄內包括水運加稅一元五角在內
新寧（旱運）	（二·三〇）	二·六〇	（〇·三〇）			二·六〇	（二·五〇）	五·一〇	場稅及外債由粵征收
城步（水運）	（二·三〇）	二·九〇	（〇·三〇）			二·九〇	（二·五〇）	五·四〇	場稅及外債由粵征收岸稅欄內包括水運加稅一元五角在內
城步（旱運）	（二·三〇）	一·三〇	（〇·三〇）			一·三〇	（二·五〇）	三·八〇	場稅及外債由粵征收
零陵東安寧遠道縣江華永明（水運）	（二·三〇）	三·八〇	（〇·三〇）			三·八〇	（二·五〇）	六·三〇	場稅及外債由粵征收岸稅欄內包括水運加稅一元在內
零陵東安寧遠道縣江華永明（旱運）	（二·三〇）	一·二〇	（〇·三〇）			一·二〇	（二·五〇）	三·七〇	場稅及外債由粵征收

（以上所列係由廣西入湘粵鹽稅率）

12. 湘岸（川鹽）（民國二十五年七月）

銷地	正稅 場稅(元)	正稅 岸稅(元)	附加稅 外債(元)	附加稅 中央(元)	附加稅 地方(元)	由何區征收 湘岸(元)	由何區征收 區別(元)	共計(元)	附註
澧州石門慈利大庸安鄉臨澧(富榮濟楚花鹽水運)	(一·〇〇)	(二·五〇) 〇·六五	(〇·三〇)	B (六·五〇) H (〇·一〇) B 〇·九〇	u 〇·一〇 v 一·五〇 t 〇·二〇	三·三五	(一〇·四〇)	一三·七五	場稅一元在川征收岸稅二元五角外債三角中央附稅六元六角共九元四角在鄂征收岸稅六角五分中央附稅九角地方附稅一元八角共三元三角五分在湘征收川鹽運湘秤卸後由湘處給單證明商入可向鄂處收回在湘處征收之三元三角五分故實征之稅共計仍係十元四角至旱運川鹽在湘征稅二元八角均係零星屑挑爲數甚少
龍山保靖永順乾城麻陽永綏鳳凰(富榮巴鹽水運及旱運)	(二·五〇)	〇·五〇	(〇·三〇)	B 〇·四〇	u 〇·一〇 v 一·〇〇 t 〇·四〇 w 〇·五〇	二·九〇	(二·八〇)	五·七〇	龍山等縣所銷川鹽係富榮巴鹽由四川酉陽秀山入境

說明　(一)中央附稅欄　B附加　H籌備費

(二)地方附稅欄　u路股　v勦匪軍費　t平瀏路捐　w口捐

13. 皖岸（民國二十五年七月）

銷地	正稅附加稅 場稅(元)	岸稅(元)	外債(元)	中央(元)	地方(元)	由何區征收 皖岸(元)	別區(元)	共計(元)	附註
和縣石棣太平旌德當塗太湖	(三·〇〇)	一·五〇	〇·三〇	F 一·五〇 H 〇·一〇	x 一·〇〇 j 〇·四〇 k 〇·三〇	五·一〇	三·〇〇	八·一〇	場稅在場征收
蕪湖等二十一縣	(三·〇〇)	一·五〇	〇·三〇	F 一·五〇 H 〇·一〇	x 二·〇〇 j 〇·四〇 k 〇·三〇	六·一〇	(三·〇〇)	九·一〇	場稅在場征收
潛山舒城合肥等三縣	(三·〇〇)	一·五〇	〇·三〇	F 一·五〇 H 〇·一〇	x 一·〇〇 j 〇·四〇 k 〇·三〇	五·一〇	(三·〇〇)	八·一〇	場稅在場征收
滁縣來安全椒及嘉山（從滁縣來安兩縣所劃部份）	(三·〇〇)	〇·七五	〇·三〇	F 一·七五 H 〇·一〇	j 〇·四〇 k 〇·三〇	三·六〇	(三·〇〇)	六·六〇	場稅在場征收又滁來全岸稅及外債係由滁來全秤放處代揚州分所征收
嘉山（從盱眙定遠兩縣所劃部份）	(三·〇〇)	(〇·七〇)	(〇·三〇)	F (一·〇〇) G (一·〇〇) E (〇·一〇)		—	(六·一〇)	六·一〇	正附各稅均在淮北征收

說明　(一)中央附稅欄　F 軍費　G 蚌埠銷稅　H 籌備費　E 建坨費

(二)地方附稅欄　x 皖省附稅　j 皖省加價　k 蘇省貼邊費

14. 西岸（民國二十五年七月）

銷地	正稅 場稅（元）	正稅 岸稅（元）	附加稅 外債（元）	附加稅 中央（元）	附加稅 地方（元）	由何區征收 西岸（元）	由何區征收 別區（元）	共計（元）	附註
江西南昌等四十七縣（淮鹽）	（三·〇〇）	一·五〇	〇·三〇	HF 〇·五〇 〇·一〇	zy 三·七五 一·二五	七·四〇	（三·〇〇）	一〇·四〇	場稅在淮征收
蓮花寧岡遂川永新萬安	（三·〇〇）	一·五〇	〇·三〇	HF 〇·五〇 〇·一〇	zy 一·九五 一·二五	五·六〇	（三·〇〇）	八·六〇	場稅在淮征收
建昌專岸南豐等五縣（淮鹽）	（三·〇〇）	一·五〇	〇·三〇	HF 〇·五〇 〇·一〇	zy 三·七五 一·二五	七·四〇	（三·〇〇）	一〇·四〇	場稅在淮征收地方稅附稅三元七角五分內有補助運商費七角五分查該項補助費自二十三年一月改衡後改爲一元二角五分同年六月八日復改爲七角五分故該岸稅率實爲九元六角五分
建昌專岸南豐等五縣（閩鹽）	（二·〇〇）		（〇·三〇）	（四·一〇）	W 二·〇〇	二·〇〇	（六·四〇）	八·四〇	除口捐二元在贛征收外餘在閩征收詳見福建表
贛東玉山等七縣（浙鹽）	（三·二〇）		（〇·三〇）	（二·六〇）	W （一·〇〇） 二·一〇	二·一〇	（七·一〇）	九·二〇	除口捐二元一角在贛征收外餘在浙征收詳見兩浙表
贛南上猶等五縣（粵雄鹽）	（二·二〇）		（〇·三〇）		W 一·四〇	一·四〇	（二·五〇）	三·九〇	除口捐一元四角在贛征收外餘在粵征收詳見廣東表

贛南石城等八縣(粵潮鹽)	(二·二〇)		(〇·三〇)		w 一·四〇	一·四〇	(二·五〇)	三·九〇	除口捐一元四角在贛征收外餘在粵征收詳見廣東表
贛南信豐四縣(粵惠鹽)	(一·八〇)		(〇·一五)		w (〇·三〇) 一·四〇	一·四〇	(二·二五)	三·六五	除口捐一元四角在贛征收外餘在粵征收詳見廣東表

說明 (一)中央附稅欄 F 軍費 H 籌備費

(二)地方附稅欄 y 教育基金及撥還金融庫款基金 z 公路附捐 w 口捐

15. 河南(民國二十五年七月)

銷地	正稅		附加稅			由何區征收		共計(元)	附註
	場稅(元)	岸稅(元)	外債(元)	中央(元)	地方(元)	河南(元)	別區(元)		
安陽等五十三縣(蘆鹽)	(三·〇〇)	三·五〇	(〇·三〇)		b (〇·五〇) e (〇·七〇) f (〇·〇三)	三·五〇	(四·五三)	八·〇三	除岸稅在豫征收外餘在蘆征收
汝光十五縣(蘆鹽)	(三·〇〇)	三·五〇	(〇·三〇)		b (〇·五〇) e (〇·七〇) f (〇·〇三)	三·五〇	(四·五三)	八·〇三	除岸稅在豫征收外餘在蘆征收
汝光十五縣(淮鹽——由隴海平漢兩路車運)	(三·〇〇)	三·〇〇	(〇·三〇)	F (一·七〇) E (〇·一〇)		三·七〇	(四·四〇)	八·一〇	除岸稅在豫征收外餘在淮征收

汝光十五縣(淮鹽——三河尖船運)	(三·七〇)	一·五〇	(〇·三〇)	E G F (一·〇〇)(一·〇〇)(〇·一〇)		一·五〇	(六·一〇)	七·六〇	除岸稅在豫征收外餘在淮征收
汝光十五縣(淮鹽——三河尖肩挑)	(三·七〇)	一·〇七	(〇·三〇)	E G F (一·〇〇)(一·〇〇)(〇·一〇)		一·〇七	(六·一〇)	七·一七	除岸稅在豫征收外餘在淮征收每挑七十斤到豫後征岸稅七角五分如以擔計每擔應征一元零七分
鞏孟等八縣(蘆鹽)	(三·〇〇)	三·五〇	(〇·三〇)		f e b (〇·五〇)(〇·七〇)(〇·〇三三)	三·五〇	(四·五三三)	八·〇三三	除岸稅在豫征收外餘在蘆征收
鞏孟等八縣(潞鹽)	(二·五〇)	三·〇〇	(〇·三〇)	B 〇·五〇		三·五〇	(二·八〇)	六·三〇	除岸稅及中央附稅在豫征收外餘在河東征收
陝縣等二十五縣(潞鹽)	(二·五〇)	三·〇〇	(〇·三〇)	B 〇·五〇		三·五〇	(二·八〇)	六·三〇	除岸稅及中央附稅在豫征收外餘在河東征收
歸德等十縣(東鹽)	(二·〇〇)	一·五〇	(〇·三〇)	E C (一·〇〇)(〇·二〇)		一·五〇	(三·五〇)	五·〇〇	除岸稅在豫征收外餘在山東征收

說明 (一)中央附稅欄 B 附加 C 財部附稅 E 建坨費 F 軍費 G 蚌埠銷稅

(二)地方附稅欄 b 產地捐 e 軍事特捐 f 緝私捐

16. 福建（民國二十五年七月）

銷地	正稅 場稅（元）	正稅 岸稅（元）	附加稅 外債（元）	附加稅 中央（元）	附加稅 地方（元）	由何區征收 福建（元）	由何區征收 別區（元）	共計（元）	附註
延建邵屬南屏等十八縣	二•〇〇		〇•三〇	E 〇•一〇 B 四•〇〇		六•四〇	—	六•四〇	行銷江西建昌五縣閩鹽到岸後由贛征收口捐二元連在閩征收之正附稅六元四角共八元四角
福州屬閩侯等六縣	二•〇〇		〇•三〇	E 〇•一〇 B 四•〇〇		六•四〇	—	六•四〇	
福州屬福清平潭二縣	二•〇〇		〇•三〇	E 〇•一〇 B 一•五〇		三•九〇	—	三•九〇	
福寧屬福安等四縣	二•〇〇		〇•三〇	E 〇•一〇 B 四•〇〇		六•四〇	—	六•四〇	
福寧屬福鼎一縣	二•〇〇		〇•三〇	E 〇•一〇 B 〇•五〇		二•九〇	—	二•九〇	
石碼屬華安等十縣	二•〇〇		〇•三〇	E 〇•一〇 B 一•九五		四•三五	—	四•三五	
石碼屬輕稅	二•〇〇		〇•三〇	E 〇•一〇 B 〇•五〇		二•九〇	—	二•九〇	尚有汀州屬本係厘鹽區現改爲輕稅食鹽區暫歸石碼管轄

漳州屬漳浦雲霄詔安三縣	二·〇〇		〇·三〇	E 〇·一〇		二·四〇	—	二·四〇	
廈門屬思明等三縣 泉州屬晉江等七縣 莆仙屬莆田仙遊二縣	二·〇〇		〇·三〇	B 〇·五〇 E 〇·一〇		二·九〇	—	二·九〇	
魚鹽	〇·五五			B 〇·五〇		一·〇五	—	一·〇五	
浙江楚門坎門	一·〇〇	(一·三〇)		A 〇·一〇		一·〇〇	(一·四〇)	二·四〇	除場稅在閩征收外餘在浙征收
廣東省河(省配)	〇·二〇	(二·二〇)	(〇·三〇)			〇·二〇	(二·五〇)	二·七〇	除場稅在閩征收外餘在粵征收
廣東潮橋橋上(坐配)	〇·四〇	(二·二〇)	(〇·三〇)		aa (〇·一五)	〇·四〇	(二·六五)	三·〇五	除場稅在閩征收外餘在粵征收
鹽滷	一·〇〇					一·〇〇	—	一·〇〇	

說明 (一)中央附稅欄 B 附加 E 建坨費 A 整理費
(二)地方附稅欄 aa 勦匪附加

17. 廣東（民國二十五年七月）

銷地	正稅 場稅（元）	正稅 岸稅（元）	附加稅 外債（元）	附加稅 中央（元）	附加稅 地方（元）	由何區征收 廣東（元）	由何區征收 別區（元）	共計（元）	附註
省河（中櫃北櫃西櫃）（場鹽—省配）	二.二〇		〇.三〇			二.五〇	—	二.五〇	
省河（借運閩鹽—省配）	（〇.一〇）	二.二〇	〇.三〇			二.五〇	（〇.一〇）	二.六〇	場稅在閩征收
潮橋橋上（場鹽—坐配）	二.二〇		〇.三〇		aa 〇.一五	二.六五	—	二.六五	
潮橋橋上（借用閩鹽—坐配）	（〇.四〇）	一.八〇	〇.三〇		aa 〇.一五	二.二五	（〇.四〇）	二.六五	場稅在閩征收
潮橋橋下（坐配）	二.二〇		〇.三〇		aa 〇.一五	二.六五	—	二.六五	
惠來特別區（坐配）	二.二〇					二.二〇	—	二.二〇	
海南（坐配）	一.五〇				ab 〇.三〇	一.八〇	—	一.八〇	
東櫃（東江—附場）	一.六〇		〇.一〇		ab 〇.二〇	一.九〇	—	一.九〇	
東櫃（東江—坐配）	一.八〇		〇.一五		ab 〇.三〇	二.二五	—	二.二五	
東櫃（海陸豐—附場）	一.六〇		〇.一〇		ab 〇.二〇	一.九〇	—	一.九〇	
東櫃（海陸豐—坐配）	一.八〇		〇.一五		ab 〇.三〇	二.二五	—	二.二五	

南櫃(梅蓁安舖)平櫃(党屋馬屋長墩公館)中櫃(恩春)(坐配)	一·五〇		〇·一五		a_b 〇·三〇	一·九五	—	一·九五	
南櫃(梅蓁安舖)平櫃(党屋馬屋長墩公館)中櫃(恩春)(附場)	一·〇〇		〇·一〇		a_b 〇·二〇	一·三〇	—	一·三〇	
寶安(附場)	一·〇〇		〇·一〇		a_b 〇·二〇	一·三〇	—	一·三〇	
寶安(坐配)	一·五〇		〇·一五		a_b 〇·三〇	一·九五	—	一·九五	
廣西邊區(省配)	二·二〇		〇·三〇		a_c 一·〇〇 a_d 〇·四〇	三·九〇	—	三·九〇	地方附稅在廣西征收
廣西邊區(坐配)	一·五〇		〇·一五		a_b 〇·三〇 a_c 一·〇〇 a_d 〇·四〇	三·三五		三·三五	地方附稅除購艦附捐三角在粵征收外其餘在廣西征收
廣西內地(省配)	二·二〇	二·〇〇	〇·三〇		a_c 一·〇〇 a_d 〇·四〇	五·九〇		五·九〇	岸稅及地方附稅在廣西征收
福建西部(坐配)	(〇·四〇)	(〇·三三三) 一·〇〇	〇·三〇		a_a (〇·六九二六) 〇·一五	二·二五	(一·四三五六)	三·六七五六	場稅四角在閩詔浦征收坐配稅一元八角勦匪附加一角五分外債三角在汕頭征收餘在峯市收

贛南上猶等五縣(雄鹽)	二·二〇		〇·三〇		W (一·四〇)	二·五〇	(一·四〇)	三·九〇	口捐一元四角在贛征收
贛南石城等八縣(潮鹽)	二·二〇		〇·三〇		W (一·四〇)	二·五〇	(一·四〇)	三·九〇	口捐一元四角在贛征收
贛南信豐等四縣(惠鹽)	一·八〇		〇·一五		W ab 〇·三〇 (一·四〇)	二·二五	(一·四〇)	三·六五	口捐一元四角在贛征收
湘南(由廣東入湘水旱運)	二·二〇	(一·三〇)—(四·〇〇)	〇·三〇			二·五〇	(一·三〇)—(四·〇〇)	三·八〇—六·五〇	詳見湘岸粵鹽表
湘南(由廣西入湘水運)	二·二〇	(二·九〇)—(五·七〇)	〇·三〇			二·五〇	(二·九〇)—(五·七〇)	五·四〇—八·二〇	詳見湘岸粵鹽表
湘南(由廣西入湘旱運)	二·二〇	(一·二〇)—(三·六〇)	〇·三〇			二·五〇	(一·二〇)—(三·六〇)	三·七〇—六·一〇	詳見湘岸粵鹽表
貴州區	二·二〇		〇·三〇			二·五〇		二·五〇	在貴州征稅若干未詳
漁鹽(党屋)	〇·二〇					〇·二〇		〇·二〇	
漁鹽(海陸豐)	〇·三四五					〇·三四五		〇·三四五	

說明 地方附稅欄 aa 勸匪附加 ab 購艦附加 ac 津貼費 ad 京耗局緝私費 W 口捐

18. 雲南(民國二十五年七月)

銷地	正稅		附加稅			由何區征收		共計(元)	附註
	場稅(元)	岸稅(元)	外債(元)	中央(元)	地方(元)	雲南(元)	別區(元)		

黑井區（阿陋井）	四·〇〇		〇·三〇		a_g 一·〇〇 a_f 〇·〇六 a_e 二·〇〇	七·三六	—	七·三六
黑井區（元永井）	三·五〇		〇·三〇		a_g 〇·二〇 a_f 〇·〇六 a_e 二·〇〇	六·〇六	—	六·〇六
黑井區（黑　井）	三·〇〇		〇·三〇		a_g 〇·八〇 a_f 〇·〇六 a_e 二·〇〇	六·一六	—	六·一六
黑井區（琅　井）	三·〇〇		〇·三〇		a_g 〇·六〇 a_f 〇·〇六 a_e 二·〇〇	五·九六	—	五·九六
黑井區（汪家坪）	三·五〇		〇·三〇		a_g 〇·六〇 a_e 二·〇〇	六·四〇	—	六·四〇
白井區（白鹽井）	三·五〇		〇·三〇		a_g 〇·六〇 a_e 二·〇〇	六·四〇	—	六·四〇
白井區（喬后井）	三·五〇		〇·三〇		a_g 〇·六〇 a_e 二·〇〇	六·四〇	—	六·四〇
白井區（芒市近邊）	一·〇〇				a_e 二·〇〇	三·〇〇	—	三·〇〇
白井區（滬放極邊）	〇·一〇				a_e 二·〇〇	二·一〇	—	二·一〇

白井區(彌沙井)	三•五〇		〇•三〇		a_g 〇•六〇 a_e 二•〇〇	六•四〇	—	六•四〇	
白井區(雲龍井)	三•五〇		〇•三〇		a_g 〇•六〇 a_e 二•〇〇	六•四〇	—	六•四〇	
白井區(南甸近邊)	一•〇〇				a_e 二•〇〇	三•〇〇	—	三•〇〇	
白井區(隴川極邊)	〇•一〇				a_e 二•〇〇	二•一〇	—	二•一〇	
白井區(喇雞井)	三•五〇		〇•三〇		a_g 〇•六〇 a_e 二•〇〇	六•四〇	—	六•四〇	
磨黑區(磨黑井)	三•五〇		〇•三〇		a_g 〇•六〇 a_e 二•〇〇	六•四〇	—	六•四〇	
磨黑區(石膏井)	三•五〇		〇•三〇		a_g 〇•六〇 a_e 二•〇〇	六•四〇	—	六•四〇	
磨黑區(按板井)	三•五〇		〇•三〇		a_g 〇•六〇 a_e 二•〇〇	六•四〇	—	六•四〇	
磨黑區(香鹽井)	三•五〇		〇•三〇		a_g 〇•六〇 a_e 二•〇〇	六•四〇	—	六•四〇	
磨黑區(益香井)	三•五〇		〇•三〇		a_g 〇•六〇 a_e 二•〇〇	六•四〇	—	六•四〇	

磨黑區（鳳崗井）	三·五〇		〇·三〇		a_e 二·〇〇 a_g 〇·六〇	六·四〇	—	六·四〇
磨黑區（猛野井）	三·五〇		〇·三〇		a_e 二·〇〇 a_g 〇·六〇	六·四〇	—	六·四〇

說明　（一）地方附稅欄　a_e 軍餉捐　a_f 人馬脚捐　a_g 鹽股捐

（二）滇鹽稅率以雲南銀幣爲本位

19. 四川（民國二十五年七月）

銷地	正稅		附加稅			由何區征收		共計（元）	附註
	場稅（元）	岸稅（元）	外債（元）	中央（元）	地方（元）	四川（元）	別區（元）		
富榮濟楚岸（鄂西——花鹽）	一·〇〇	（二·五〇）	（〇·三〇）	（五·三〇）（六·六〇）		一·〇〇	（八·一〇）（九·四〇）	九·一〇 一〇·四〇	除場稅在川征收外餘在鄂征收詳見鄂岸表
富榮濟楚岸（湘岸澧州六縣——花鹽水運）	一·〇〇	*（二·五〇）▲（〇·六五）	*（〇·三〇）	*（六·六〇）▲（〇·九〇）	▲（一·八〇）	一·〇〇	*（九·四〇）▲（三·三五）	一三·七五	除場稅在川征收外*在鄂征收▲在湘征收詳見鄂湘表
富榮渠河計岸（四川廣安等七縣——花鹽）	二·五〇		〇·三〇	一·七〇 〇·一〇		四·六〇		四·六〇	

富榮瀘南計岸（四川瀘縣等八縣——花鹽巴鹽）	二·五〇		〇·三〇	一·七〇 〇·一〇		四·六〇		四·六〇	
富榮涪萬計岸（四川涪陵等五縣——花鹽巴鹽）	二·五〇		〇·三〇	一·七〇 〇·一〇		四·六〇		四·六〇	
富榮綦邊計岸（四川綦江南川二縣——巴鹽）	二·五〇		〇·三〇	一·七〇 〇·一〇		四·六〇		四·六〇	
富榮綦邊邊岸（貴州貴陽等二十八縣——巴鹽）	二·五〇		〇·三〇	一·七〇 〇·一〇		四·六〇		四·六〇	
富榮涪邊計岸（四川酉陽等四縣——巴鹽）	二·五〇		〇·三〇	一·七〇 〇·一〇		四·六〇		四·六〇	
富榮涪邊邊岸（貴州鎮遠等二十二縣——巴鹽）	二·五〇		〇·三〇	一·七〇 〇·一〇		四·六〇		四·六〇	

富榮仁邊邊岸（貴州仁懷等十八縣—巴鹽）	二·五〇		〇·三〇	一·七〇 〇·一〇		四·六〇		四·六〇
富榮陸運票岸（四川富順等廿二縣—花鹽巴鹽）	二·九〇		〇·三〇	〇·三〇 〇·一〇		三·六〇		三·六〇
犍爲納萬川計岸（四川納溪等八縣—巴鹽）	二·一〇		〇·三〇	一·一〇 〇·一〇		三·六〇		三·六〇
犍爲納萬楚計岸（湖北利川等八縣—巴鹽）	二·一〇		〇·三〇	一·一〇 〇·一〇		三·六〇		三·六〇
犍爲滇邊計岸（四川犍爲等十四縣—巴鹽）	二·一〇		〇·三〇	一·一〇 〇·一〇		三·六〇		三·六〇

犍爲滇邊邊岸（雲南東川等十二縣巴鹽）	2.10		0.30	1.10 0.10		3.60		3.60	
犍爲永邊計岸（四川敍永等三縣巴鹽）	2.10		0.30	1.10 0.10		3.60		3.60	
犍爲永邊邊岸（貴州畢節等十二縣巴鹽）	2.10		0.30	1.10 0.10		3.60		3.60	
犍爲府河計岸（四川成都等十七縣巴鹽）	2.10		0.30	1.10 0.10		3.60		3.60	此岸本爲樂山場銷岸每年借犍鹽以一千引爲限
犍爲南河計岸（四川崇慶等七縣巴鹽）	2.10		0.30	1.10 0.10		3.60		3.60	此岸本爲樂山場銷岸每年借犍鹽以一千引爲限
犍爲雅河計岸（四川雅安等七縣巴鹽）	2.10		0.30	1.10 0.10		3.60		3.60	此岸本爲樂山場銷岸每年借犍鹽以一千引爲限

犍爲陸運票岸（四川犍爲——花鹽巴鹽）	二•二〇		〇•四〇	〇•一〇		二•六〇		二•六〇	
樂山府河計岸（四川成都等十七縣——巴鹽）	二•一〇		〇•四〇	一•一〇 〇•一〇		三•六〇		三•六〇	
樂山南河計岸（四川崇慶等七縣——巴鹽）	二•一〇		〇•四〇	一•一〇 〇•一〇		三•六〇	—	三•六〇	
樂山雅河計岸（四川雅安等七縣——巴鹽）	二•一〇		〇•四〇	一•一〇 〇•一〇		三•六〇	—	三•六〇	
樂山陸運票岸（四川樂山等十縣——巴鹽花鹽）	二•二〇		〇•四〇	〇•一〇		二•六〇	—	二•六〇	
樂山水運票岸（四川樂山等十縣——巴鹽）	二•二〇		〇•四〇	〇•一〇		二•六〇	—	二•六〇	

井仁陸運票岸（四川井研等四縣一花鹽巴鹽）	一•七〇		〇•三〇			二•〇〇	—	二•〇〇	
鹽源陸運票岸（四川鹽源等九縣一巴鹽）	一•七〇		〇•三〇			二•〇〇	—	二•〇〇	
資中陸運票岸（四川資中等三縣一花鹽巴鹽）	一•七〇		〇•三〇			二•〇〇	—	二•〇〇	
鄧關陸運票岸（四川富順一巴鹽）	一•七〇		〇•三〇			二•〇〇	—	二•〇〇	
大足陸運票岸（四川大足銅梁二縣一花鹽）	一•七〇		〇•三〇			二•〇〇	—	二•〇〇	
富榮滷塊	〇•八〇					〇•八〇	—	〇•八〇	
犍爲樂山井仁資中大足滷塊	〇•六〇					〇•六〇	—	〇•六〇	

雲陽萬楚楚計岸（湖北恩施等五縣花鹽）	一·七〇		〇·三〇			二·〇〇	—	二·〇〇
雲陽萬楚川計岸（四川萬縣巫山花鹽）	一·七〇		〇·三〇			二·〇〇	—	二·〇〇
雲陽陸運票岸（四川雲陽等三縣花鹽）	一·七〇		〇·三〇			二·〇〇	—	二·〇〇
大寧巫楚楚計岸（湖北鶴峯等七縣花鹽）	一·七〇		〇·三〇			二·〇〇	—	二·〇〇
大寧巫楚川計岸（四川巫山一縣花鹽）	一·七〇		〇·三〇			二·〇〇	—	二·〇〇
大寧陸運票岸（湖北竹溪等三縣及四川巫溪巫山二縣花鹽）	一·七〇		〇·三〇			二·〇〇	—	二·〇〇

銷地	正稅 場稅（元）	正稅 岸稅（元）	附加稅 外債（元）	附加稅 中央（元）	附加稅 地方（元）	由何區征收 川北（元）	由何區征收 別區（元）	共計（元）	附註
彭水陸運票岸（湖北來鳳咸豐二縣及四川彭水等四縣——花鹽）	一·七〇		〇·三〇			二·〇〇	—	二·〇〇	
開縣陸運票岸（四川開縣等七縣——花鹽）	一·七〇		〇·三〇			二·〇〇	—	二·〇〇	
奉節陸運票岸（四川奉節——花鹽）	一·七〇		〇·三〇			二·〇〇	—	二·〇〇	
忠縣陸運票岸（四川忠縣——花鹽）	一·七〇		〇·三〇			二·〇〇	—	二·〇〇	

20. 川北（民國二十五年七月）

銷地	正稅 場稅（元）	正稅 岸稅（元）	附加稅 外債（元）	附加稅 中央（元）	附加稅 地方（元）	由何區征收 川北（元）	由何區征收 別區（元）	共計（元）	附註
南閬——南部等十三縣（水花及陸花）	一·七〇		〇·三〇			二·〇〇	—	二·〇〇	
射蓬——射洪等九縣（水花）	一·七〇		〇·三〇			二·〇〇	—	二·〇〇	

射蓬——射洪等九縣（陸花）	一·七〇		〇·三〇			二·〇〇	——	二·〇〇	
射蓬——射洪等九縣（水巴）	一·七〇		〇·三〇			二·〇〇	——	二·〇〇	
射蓬——射洪等九縣（陸巴）	一·七〇		〇·三〇			二·〇〇	——	二·〇〇	
射蓬——射洪等九縣（引巴）	二·二〇		〇·三〇			二·五〇	——	二·五〇	
射蓬——射洪等九縣（引花）	二·二〇		〇·三〇			二·五〇	——	二·五〇	
三台——三台等十縣（水花）	一·七〇		〇·三〇			二·〇〇	——	二·〇〇	
三台——三台等十縣（水巴）	一·七〇		〇·三〇			二·〇〇	——	二·〇〇	
三台——三台等十縣（陸花）	一·七〇		〇·三〇			二·〇〇	——	二·〇〇	
三台——三台等十縣（陸巴）	一·七〇		〇·三〇			二·〇〇	——	二·〇〇	
樂至——樂至等八縣（陸巴）	一·七〇		〇·三〇			二·〇〇	——	二·〇〇	
樂至——樂至等八縣（水花）	一·七〇		〇·三〇			二·〇〇	——	二·〇〇	
蓬中——蓬溪等八縣（陸花）	一·七〇		〇·三〇			二·〇〇	——	二·〇〇	
蓬中——蓬溪等八縣（陸巴）	一·七〇		〇·三〇			二·〇〇	——	二·〇〇	
綿陽——綿陽等十一縣（巴花）	一·七〇		〇·三〇			二·〇〇	——	二·〇〇	

綿陽——綿陽等十一縣（陸巴）	一·七〇		〇·三〇			二·〇〇——二·〇〇	
蓬遂——遂寧等六縣（水花）	一·七〇		〇·三〇			二·〇〇——二·〇〇	
蓬遂——遂寧等六縣（水巴）	一·七〇		〇·三〇			二·〇〇——二·〇〇	
西鹽——西充等十一縣（水花）	一·七〇		〇·三〇			二·〇〇——二·〇〇	
西鹽——西充等十一縣（水巴）	一·七〇		〇·三〇			二·〇〇——二·〇〇	
南鹽——鹽亭等八縣（陸花）	一·七〇		〇·三〇			二·〇〇——二·〇〇	
南鹽——鹽亭等八縣（陸巴）	一·七〇		〇·三〇			二·〇〇——二·〇〇	
射洪——射洪等三縣（水花）	一·七〇		〇·三〇			二·〇〇——二·〇〇	
射洪——射洪等三縣（陸花）	一·七〇		〇·三〇			二·〇〇——二·〇〇	
射洪——射洪等三縣（陸巴）	一·七〇		〇·三〇			二·〇〇——二·〇〇	
射洪——射洪等三縣（水巴）	一·七〇		〇·三〇			二·〇〇——二·〇〇	
簡陽——簡陽等三縣（水花）	一·七〇		〇·三〇			二·〇〇——二·〇〇	
簡陽——簡陽等三縣（陸花）	一·七〇		〇·三〇			二·〇〇——二·〇〇	
簡陽——簡陽等三縣（水巴）	一·七〇		〇·三〇			二·〇〇——二·〇〇	

銷地	場稅（元）	岸稅（元）	外債（元）	中央（元）	地方（元）	由何區征收		共計（元）	附註
簡陽——簡陽等三縣（陸巴）	一•七〇		〇•三〇			二•〇〇	—	二•〇〇	
簡陽——簡陽等三縣（引巴）	二•二〇		〇•三〇			二•五〇	—	二•五〇	
中江——中江等四縣（水花）	一•七〇		〇•三〇			二•〇〇	—	二•〇〇	
中江——中江等四縣（陸巴）	一•七〇		〇•三〇			二•〇〇	—	二•〇〇	

21. 陝西（民國二十五年七月）

銷地	正稅		附加稅			由何區征收		共計（元）	附註
	場稅（元）	岸稅（元）	外債（元）	中央（元）	地方（元）	陝西（元）	別區（元）		
朝邑等三十六縣（潞鹽）	（二•五〇）	二•五〇	（〇•三〇）			二•五〇	（二•八〇）	五•三〇	
膚施等三十五縣（甘鹽）		二•五〇				二•五〇		二•五〇	在甘征稅若干未詳
南鄭安康等二十一縣（甘鹽）		二•五〇				二•五〇		二•五〇	在甘征稅若干未詳
富平等八縣（滷泊灘及朝邑——晒鹽）	〇•四〇					〇•四〇	—	〇•四〇	
富平等八縣（滷泊灘及朝邑——鍋鹽）	六•〇〇					六•〇〇	—	六•〇〇	單鍋每月征稅六元
富平等八縣（滷泊灘及朝邑——鍋鹽）	三•〇〇					三•〇〇	—	三•〇〇	雙鍋每月征稅十二元

鹽之用途圖

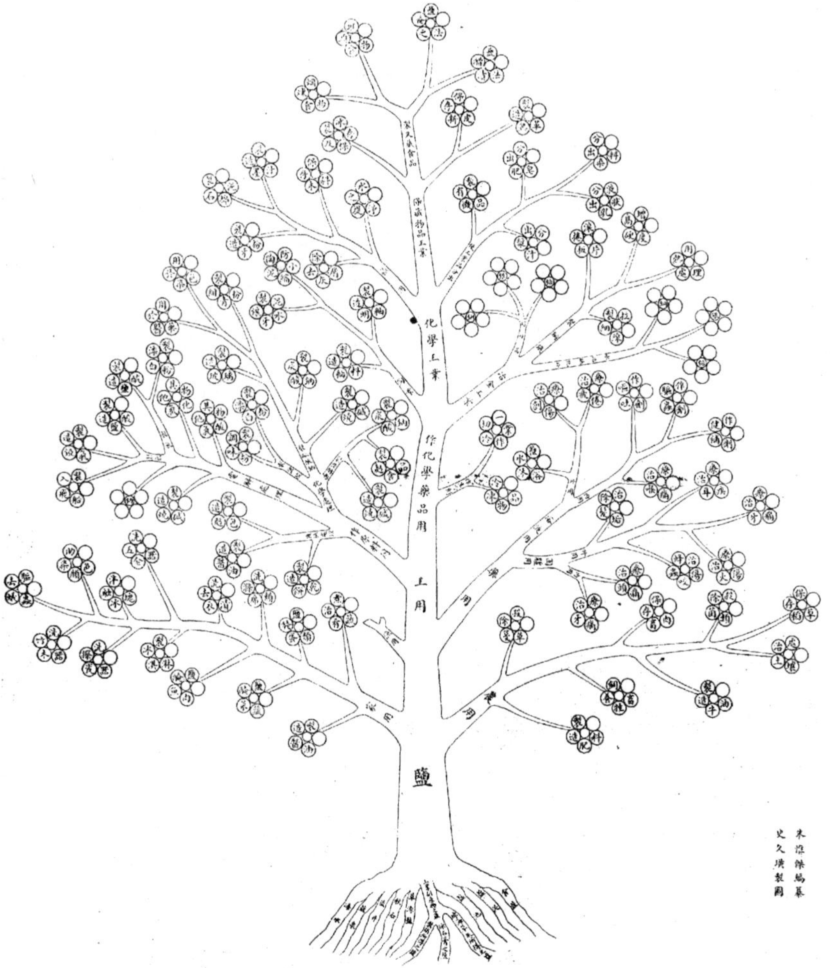

朱淮條編纂
史久墳製圖

全國產鹽銷鹽區域圖

中華民國二十五年七月

史久璜製

附錄二

民國鹽務改革史略

左樹珍

民二以前之鹽務情況

民二以前，鹽務情形，極不統一，省自爲制，各不相同，系統紊亂，弊竇百出，而行鹽引岸，由引商票商，專權運銷。茲擇其重要者，略述如下：

一、場產　民二以前，場產之鹽，毫無管理。一任竈戶曬戶，自將所產之鹽歸堆或歸坨，場官僅照例按期呈報產數，場私大批走漏，從未堵截防止。

二、放鹽　民二以前，各處鹽場，既乏保護，鹽官多與運商勾結，向不認眞掣放。故運商往往於稅鹽之外，任意多運。於是私鹽之多，莫甚於商私，一發而不可收拾。

三、耗鹽　耗鹽本應有額定斤重，最初每百斤鹽，止許加色索滷耗五斤，其運道遠者，亦不過百分之十。迨後鹽官遇事需索，鹽商亦動輒要求加耗，鹽官以加耗可收受賄賂，每以調劑爲名，呈請政府加耗，由百分之五增至百分之十五或二十，甚至加至百分之三十。然鹽商於加耗之外，仍夾運私鹽，乘機誅求無厭，又呈請政府，以恤商裕課爲詞，並謂以其暗中夾帶，不如明予加斤，於是每引有加至四五十斤，並有加至七十斤者。此項加斤，均係免稅，故在民二以前，鹽務腐敗，已達極點，國計民生，兩受其害，稅收損失，自不待言。

四、稅率　民二以前，稅率紊亂，極不平均。此省與彼省互異，即一省之內，參差不齊，同一引課，有正課雜課之分，同一加價，復有舊案新案之別，課價之外，又有課釐雜捐等項名目。全國稅目，多至七百餘種。但就山東一省而論，銷鹽引岸，既有商辦，又有官辦。商辦各區，稅率爲三十種或二十餘種。官辦各地，少者二十餘種，多者達四十三種。而所征稅款，大都奇零，至小數七位以上。所收錢幣，更是複雜，有按銀兩征收，或按銀元征收，或按制錢征收。所征稅款，如欲切實稽核，頗感困難。且其最大缺點，各區運使，對於秤放鹽斤，均爲先放鹽，後收稅，以致欠稅之事，時時發生，視爲常事。

五、鹽款　民二以前，鹽款收支，既無考核，又不統一。各省稅課，例歸中央稽核，但出入款項，報部者僅止十之二三，均係內銷之款，其外銷之款，並不報部。故全國稅收，從未統計。提用鹽款，聽憑各省隨意挪移，而鹽務機關，率皆任意濫支，從無一定標準。

就以上各點觀之，當時鹽務情形之腐化，已可想見。據民國紀元前一年度支部報告，全國稅收，估計約為四千六百三十一萬二千兩。但中央政府每年實收之數，迄未超過一千三百萬兩（合二千萬元）故鹽務在民二以前，亦無鹽制鹽法之可言。

民二以後之興革

民國二年一月，北京政府，為整頓鹽務，改革鹽政，集權中央起見，於是設立鹽務稽核所，在中央設總所，在產區設分所，在銷區設稽核處或收稅局，為實行整頓鹽務之嚆矢。鹽務之改進，稅收之增加，亦即從此始。迨國府統一以後，稽核職權，加以改革。稅收激增，鹽務日新，在鹽政史上，實為一大改革。茲將民二以後之鹽務，分為四個時期，分別述之：

一、開始整理時期　民國二年至六年

二、整理時期　民國七年至十二年

三、停頓時期　民國十三年至十七年

四、恢復及整理進步時期　民國十八年至現在

一　開始整理時期（民國二年至六年）

開始整理時期，亦可稱爲第一時期，約可分爲創設及改組兩時期。

當創設稽核所之時，北京政府頒布命令，「鹽務收入各款，應自民國二年一月起，專款存儲，無論何事，概不得挪移動用。」迨後財長周學熙，與五國銀行團簽訂大借款合同，將稽核所職權，及整理鹽稅辦法，訂入合同第五款，載有「各產鹽地方鹽斤納稅後，須有該處稽核分所華洋經協理會同簽字，方准將鹽放行。」又載「所有征收之款項，應存於銀行，歸入中國鹽務收入帳內，帳內之款，非有稽核總所總會辦會同簽字之憑據，則不能提用。」此項合同，於民國二年四月二十六日簽訂後，所有以前先放鹽後收稅以及鹽款毫無管理之重大錯誤，亦均藉以改正。

至民國三年二月九日，北京財政部以部令公布修改鹽務稽核所章程，同時並以命令將舊章

取消。於是稽核所內部，開始改組，各區鹽稅，概歸分所征收，規定整理辦法，其重要者計分五點：

一、先稅後鹽　所有各區場鹽，均須先繳全稅，方能放運（凡鹽於收稅後，須有正式准單，始能秤放，故放運鹽斤，必以分所准單爲憑）。

二、整齊稅率　將從前各項課稅名目，一律刪除，改徵統一稅。

三、劃一斤重　將從前引斤廢止，按擔收稅，不以引計。（每擔司馬秤一百斤，合英權一百四十磅。每十六擔，合英權一噸。）

四、廢除耗斤　將從前所准之耗鹽，概行停給，按照各省情況，於正鹽外，另加皮重分量，以杜夾運私鹽。

五、認眞掣放　凡已發給正式准單，所有放運鹽斤，必須切實稽查，祇照允准之數量放出。

綜此數大端，均屬重要之改革，弊源既絕，稅收亦從此增進。此項整理辦法，最先從長蘆入手，其後遂推行全國。最可惜者，如整理場產運銷緝私等與收稅有密切連帶關係之事務，因民二時劃入行政部份，歸鹽務署運使運副或榷運局辦理。稽核方面，雖屢次與行政機關，商酌整理方法，輒致停頓，無從進行。即或幸而贊成，然陽是贊同，陰圖破壞者，亦往往有之。故僅就長蘆一區建坨而論，幾費磋商，始克成功。鹽爲利藪，即爲弊窟，鹽官積習相沿，深恐一旦剷除，於己不利，故隨時隨地，無不設法阻撓也。

二　整理時期（民國七年至十二年）

整理時期，亦可稱爲第二時期。蓋民七以後，稽核組織，既日益完備，對於征收稅款及秤放鹽斤，已加切實整頓，乃致力於場產之管理及運制之改良。就運制言，淮北自民三議定取消票權，開放引地，當時不肖官吏，即乘開放之機會，訂立種種限制章程，從中取利。旋由稽核總所質問鹽署，方將各種章程取消，而開放自由，遂亦因而延擱。至十年二月，始將票權明令廢止，實行自由貿易，此其一。福建自民元採用官賣制度，官運官銷，辦理既未盡善，稅收亦屬無幾，所設分銷地點，達四百六十四處，售價過昂，人民嗟怨，時有搗毀鹽局之事發生。於是不得不廢止官賣，於七年八月十月將閩北閩侯等三十一縣，各地先後開放，改行自由貿易，八年十月及十一年一月，又將閩南莆田等二十四縣，暨詔浦雲霄兩屬，陸續開放，由是福建全屬，均爲自由貿易區域，此其二。陝甘自民四將全屬運銷蒙青及甘鹽之權，包與隴東隴西陝西三公司承辦，壟斷把持，弊端百出。榷運局長，且爲公司之背景，揑名商包，實歸局賣。於七年十一月，將公司取消，改爲自由貿易，此其三。雲南騰龍邊岸，自前清末葉，辦理官運。民國初年，仍舊未改，弊習相沿，多藉官運爲名，以圖中飽。於七年一月，將官運取消，此其四。就場產而論，長蘆自民六鹽坨竣工，每屆冬至，場鹽掃數歸坨，管理雖屬得宜，但民八灘產，達一千零八十餘萬擔之多，供過於求，未免漏私。於九年二月實行限制產額，此其五。四川自民六議定整理場產，本擬建築官倉，先從富榮南場着手，迄未實行。於九年十二月，西場貢井官倉成立，將行引巴鹽，一律運倉儲存，此其六。此六端者，不過略舉其大者而已，諸如此類之重要改革，各區均有，皆係稽核總所本原定之計劃，銳意革新，實以運務場務與征收鹽稅，息息相關，不得不設法整理。如果進行順利，則在民國八、九年間，整頓鹽務，當有根本改革之可能。惟因場務運務，爲稽核所權力所不及，所以改革雖有計劃，貫澈終難實現。

三　停頓時期（民國十三年至十七年）

停頓時期，亦即第三時期。蓋自稽核所成立以來，其行使職權最感困難之處，實爲地方秩序之不安定，與地方軍事當軸之截留鹽餘。在民國五、六年間，已有此種情況。如湘川桂滇各省，皆因政治上有特殊情形，遂致及於鹽務。稅收機關之完整系統，幾被破壞，然幸在職人員，猶能兼籌並顧，勉力維護，於無法之中，求一委曲調停之方，稽核職權，終未停頓。迨及十二年以後，福建兩浙鹽稅，橫被軍人干涉，而民國十三年八月，蘇省督軍乃令兩淮運使監收鹽稅，旋又改派守備司令監收，直至十五年一月，揚州分所收稅職權，方始恢復。蓋當時地方軍事長官干涉鹽務，實官制不能統一，有以致之。迨國民政府統一全國，其時財政部援照廣東成案，於部內設立鹽務處，統一鹽務機關組織，稽核職權，因之停頓。惟因辦理未臻完美，稅收日絀，私銷日盛。於是擬另設鹽務監理局以代稽核職權，雖未實施，然稽核制度之恢復，實萌芽於此。

四　恢復及整理進步時期（民國十八年至現今）

恢復及整理進步時期，亦卽第四時期。溯自民國十八年至現今，又可分爲兩大時期，以十八年爲實行恢復時期，十九年至現今爲實行整理，且較前大爲進步之時期。

一、恢復時期　自民國十六年十月，財政部長孫科，於蒞任之初，以鹽務亟應整理，因仿民初官制，裁撤鹽務處，改設鹽務署。並主張恢復稽核所，提出國民政府，議決照辦。於是另訂總分所章程，在上海設立總所，在各省設立分支所，是爲稽核所恢復所由起。至十七年一月，宋部長子文，重長財政，以從前稽核機關已往成績，收效甚著，重行規復稽核所，起用原有人員，同時令淮原有稽核機關加以改組，恢復其職權，並於鹽務署內，設立稽核處，管理各分所事宜。當此之時，征收鹽稅，仍歸運使運副暨榷運局等機關辦理。稽核機關，僅祗塡發准單秤放鹽斤，及編造稅款暨鹽斤帳目等事。及至十八年一月，頒布新訂之總分所章程，於是開始籌備恢復，令北平稽核總所南遷改組，直隸財政部，其鹽務署所設之稽核處，亦於是月裁撤，四月始行核定收回收稅職權辦法。其時宋部長決定整理鹽稅，於是年七月，調派會計司長朱庭祺，爲鹽務稽核總所總辦。並由財部令飭各運使運副各榷運局長，將收稅職權，限於八月一日移交各該區稽核機關接收。如長蘆、揚州、松江各分所，及宜昌稽核處，均於八月前後，恢復原有職權。兩浙分所及鄂湘皖三岸稽核處收稅事宜，概於八月一日接管，西岸稽核處收稅事宜，於十九年七八月間先後接管，至若廣東福建兩區分所，亦於十八、九年，規復收稅職權。惟遼寧、山東、河東、淮北、川南、川北、雲南各分所，及口北、晉北兩收稅局，從未停頓，稽核職權，花定收稅，業經停辦，尙未復設者，不在此例。故民國十八年間，在八月以前，爲籌備恢復時期，在八月以後，爲實行恢復時期。

二、整理期間　自十八年七月，各區鹽務稽核機關，業經陸續恢復。於是將內部大加整頓，以稽核制度，既已變更，乃照財部所頒新章，重行組織，並取舊制之所長，去舊制之所短。雖就舊有機關，重行改組，實無異創辦。而凡經停止職權各區及已裁撤各區，中間既經停頓，復遭破壞，情形複雜，於恢復之後，重加整頓，比較創辦尤爲困難。然對於改革事宜，無不積極籌劃，努力推行。是年八月整理稅收，甫經着手，除廣東外，截至十八年底僅五月之短時期，全國鹽稅共收四千八百六十餘萬元，其成績殊屬可觀。

改章以還，制度雖變，然自民十六年設立鹽務署，仍係依照民初辦法，將政務稅務劃分爲兩大部份，同屬財政部，同辦鹽務，統系不分明，責成即不能專。及至民國十九年，財政部長宋子文，以下關掣驗局，原隸鹽務署，專司查驗十二圩船運四岸及江寗食岸鹽斤，積弊太深，亟應整頓。於是年四月，令飭改歸稽核總所管轄，是爲行政機關改隸稽核之始。當由總所選派幹員接收整頓，積弊爲之一清。至二十年一月，又以各區緝私機關吃空吞曠，弊病甚多，先飭將緝私處經理獨立，改在稽核總所設立經理科，以資整理。迨四月間，復以部令飭將淮浙蘇魯閩豫及揚子四岸等十一區緝私機關，改隸稽核機關，當經分別由各該區稽核機關接收，澈底改編爲稅警，汰弱留強，嚴加訓練，實行軍需獨立，點名發餉，稅警聲譽，較昔大不相同。至二十一年，又以國庫支絀，鹽務行政機關，事簡人多，跡近駢枝，乃呈准行政院令將淮浙蘇魯閩豫及揚子四岸等十區運使運副榷運局等機關，均由稽核人員兼任，其所屬分枝機關，一律裁撤，概由稽核人員兼辦，是年節省經費在二百十五萬元以上。至是事權統一，系統一致，自後不僅辦事效率激增，且歷來積弊，亦一掃而清，在中國鹽政史上，不能不認爲一大改革。其後財政部長孔祥熙仍以稽核兼辦行政以來，效率卓著，稅收增加，乃於二十二年十一月令飭將長蘆鹽運使及緝私機關，改歸長蘆稽核分所兼辦。二十四年一月，陝西鹽務，亦令由稽核所派員辦理。本年（二十四年）四月，令飭將四川行政緝私等機關，一律改歸稽核機關接辦，澈底整頓。至今全國鹽務機關，除雲南兩廣山西外，事實上均已統一，而稅收數目，逐年遞增，要皆由於事權統一，有以致之。茲將整理中重要事件，略述於下：

甲、整理場產　場產鹽斤存放上之管理，爲整頓稅收基要工作，故整理場務必先建築倉坨，將鹽斤集中存儲，以便管理。從前由稽核總所提議，將長蘆一區建設大規模之鹽坨，以爲各區之模範。嗣於川南富榮東場建設官倉，商民至今稱便。民國十八年二月，稽核總所爲整理場產計，倣照長蘆建坨辦法，決定先從淮北一區着手。現在淮北鹽坨，已告完成。而山東等區，相繼建坨，揚子四岸，皆建鹽倉。兩浙松江福建廣東等區，亦仿淮北成例，正籌備建坨。但長蘆在民國四、五年間，緝私營隊，腐化已極，場私走漏，無從查禁。蓋由於場產未能切實管理，縱有良好鹽坨，以緝私爲稽核職權所不及，走私情弊，仍難杜絕。自二十一年秋稽核兼辦行政以後，建築鹽坨與整理緝私，同時並舉，事半功倍，收效頗大。故就淮北而論，私鹽較他區爲少，而官銷暢旺，稅收激增，如二十二年稅收，已達二千一百三十六萬六千餘元。皆由於場產管理得法，私鹽來源斷絕，將來各區鹽坨，陸續告竣，其成效自不待言。

乙、整理運銷　產出於場，銷歸於岸。鹽之產銷，以運輸爲樞紐，鹽有產必有銷，商販運鹽銷售，須於未起運以前，繳納稅款，並准用期票繳納。故運銷者榷稅所從出，銷鹽愈多，稅收愈旺，此一定不易之理也。我國行鹽，自受引制束縛以來，運鹽銷鹽，均不能自由，實於整頓鹽務，大有妨礙。稽核所自成立後，首先主張改良運制，廢除專商，任人民自由販賣，以達平等目的。計自民國三年至民國八、九年，引岸已開放者，有淮北、四川、兩廣、閩、晉各區，長蘆亦有一部份（河南銷岸，如輩、孟、汝、光各區。）當時成效頗有可觀，惜以政局不定，戰事頻仍，多有復行改制者。而川、閩兩區，破壞尤甚。至改良運銷制度，固應絕對自由，但若驟然急進，必致發生影響。稽核所對於改革事宜，向以漸進爲主，現今暫採過渡辦法，於民國二十一年八月，將浙東温處包商取消，實行自由貿易，於開放後，截至二十一年底止，五個月內所收稅款，共達五十八萬三千餘元，比較未開放以前之稅收，計增十五萬九千餘元。二十二年三月，以山東臨、郯、費、沂四縣，自民國六年，改爲東淮並銷，曾經開放自由，八年，又復招商承辦，由此仍歸專商專運專銷，每年認定之銷數，既未及額，且又私自設卡，藉收漁利。因將專商廢除，恢復自由貿易，所有四縣運銷，一律改作自由區域。至揚子四岸，素稱弊竇最多之處，自前清同治初年，改定票商，專商復活，並於各岸設立督銷局，名爲官督商銷，對於票商運銷鹽斤，規定種種取締方法，成爲輪檔之制，其於運鹽，每一商人，非俟其存倉之鹽全數售盡，不准運鹽到岸，各商須向運署註冊，按註冊之名次，定運鹽之先後，依次輪推，謂之輪運。凡商人運鹽到岸，須按到岸之先後，爲售鹽之次序，挨輪提賣，謂之輪銷。此種辦法，在當時定者，以為可以預防搶運搶銷之害，不知手續益繁，弊竇益多，積習相沿，從未加以整理，官商藉此舞弊營私，要以四岸為最甚。民國二十一年，以四岸淮鹽滯銷，實由於輪銷所致，乃先從鄂岸試辦有限制之自由貿易，以為廢止輪銷之初步。凡在鄂岸以內，無論何地，准許人民販賣，向售鹽處購鹽，任其販賣實行以後，頗有成效。現已倣照鄂岸辦法，推行於湘西皖三岸，此則稽核所自兼辦行政以後，四岸運銷，始得着手整頓之情形也。二十二年，又以淮鹽行銷四岸，場價岸價，向由鹽務官廳懸牌規定，本以杜止競爭，預防操縱。現在情勢既變，在場在岸，均因牌價限制，不能自由競售，徒使存鹽壅積，以致銷數日絀，不得不設法疏銷積滯。於是年四月，議定四岸淮鹽，無論在場在岸，悉以規定牌價為最高標準，准許各商在標準法定價下，自由縮減，俾得競售。至於四岸運輸，從前所運鹽斤，全係淮南所產之鹽。自前清末季，南產不敷銷額，始於淮北開灘晒製，以濟南銷。故現今濟南場鹽，完全配銷四岸。從前號稱淮南四岸者，今則為淮北銷區。產運情形，今昔既大不相同，則所銷鹽斤，自應由淮北直接輪運到岸，本屬至當不易之良法。在民國十一年間，淮北分所經理，曾與揚州分所經理咨商四岸輪運辦法，其時兩淮運使，竭力反對，遂致事不果行。現今提倡直接輪運，成效已著，大都係由淮北產區，直運到岸，而自十二圩運往者，仍係帆運。現於廢止帆運問題，正在設法。此外若鄂岸之規復鄖陽荒岸，山東之獎勵輸出，皆是疏銷工作。然根本整理，仍以改良運制爲先決問題。逐漸推行，暫時則以過渡辦法，以有限制之自由，以爲施行新法之準備。

丙、整理緝私　緝私在前清時，並無正式組織，僅蘇、浙兩省，設有鹽捕營，巡防太湖及揚州一帶，歸兩江總督及蘇、浙巡撫指揮管轄。所有管帶統領，大都係招撫之鹽梟，所駐各產區域巡丁，亦多由商人自募，謂之商巡。民國初年，始設緝私營隊，其後於產場各區，增設場警，均歸運使運副或榷運局節制調遣。民國十七年，財政部設立緝私處，派溫應星爲處長，將原隸鹽務署之緝私處劃出獨立，並將組織擴大，以冀整頓，於各區則設緝私局，惟場警仍由運使運副節制。十八年，復將緝私局改歸運使運副及榷運局管理，然雖組織屢更，終鮮效果。及至二十年三月財政部爲澈底整理緝務，以裕稅收起見，呈准行政院提交國務會議，議決將各省緝私隊及場警，改歸稽核所管轄，於是年四、五月間，將淮、浙、蘇、閩、魯、豫及揚子四岸等屬鹽務緝私營隊，歸由稽核機關接管，即於總所內設立稅警科，積極從事整頓，將各區緝私局先後裁撤，分別改組爲稅警局或稅警課，由各分所或稽核處直接指揮、緝私隊伍，亦着手改編，嚴加淘汰，所有空額，另募新警補充。並採行區制，以專責成。且以從前緝私官佐，弊在吃空，乃勵行軍需獨立。於是由分所派員點名發餉，上自官佐，下至士警，均發給隨身執照，黏貼照片，載明到差年月，暨出身經驗保證人等項，以杜虛冒。並改良士警待遇，並逐漸推行職位保障制。又派負責人員分赴各處，隨時嚴密視察，故種種積弊，得以革除。並爲造就稅警人才起見，復於松江設立稅警官佐教練所，聘選軍警專家，擔任教官，所有畢業學生，分發各區，充任稅警官佐，於各區設立稅警訓練所，將所有士警，輪流調所，嚴格訓練，一湔從前腐化，私鹽少，官鹽得以暢銷。

丁、整理稅率　前清末葉，稅率紊雜，名目繁多。民初一仍其舊，以致鹽務日益腐敗。自民二稽核所成立後，決意改良鹽稅，始將各種稅目，一律删除，統而爲一，於民國二年十二月由北京財政部，將鹽稅條例公布，並將衡量劃一規定，以作收稅及秤放鹽斤之用。並因所定衡量，尙未頒布全國鹽務，暫以司碼秤爲衡量。此項條例，規定鹽稅按擔征收，每百斤征稅二元五角，並聲明係暫時適用，一俟鹽法公布後，即行廢止。民國二年，又將鹽稅條例修正，每擔征稅三元，惟以各區情形不同，全國均稅，一時不能實施。但於民國三、四年間，實行新稅，雖揚子四岸，暨雲南一區，未能按照鹽稅條例，每擔或超過四元，或超過三元，而稽核方面，竭力主張先稅後鹽，始將從前欠稅積弊，一掃而空。乃至民五以後，軍事頻興，各省因籌備餉需，往往於正稅之外，任意增加附稅，以致各區稅率，又變爲參差不齊。近今從事整理，凡輕稅區域，一律提高重稅區域，逐漸議減，其中央地方附加各稅，名目繁多，難以考核。業已分別歸併，凡在產區繳納之場稅及中央附稅，統名之爲正稅，至銷區繳納之岸稅及中央附稅，統名之爲銷稅，其地方加征之附稅統名之爲附稅，惟附稅過重，以致鹽價昂貴，易啓私鹽之侵銷，自應逐漸減輕附稅，無如財政仍形窘乏，一時萬難核減，目前辦法，務在維持現狀。稽核機關，綜理鹽務，本其固有政策，始終以劃一稅率，減輕鹽稅爲宗旨，現今附稅，大多數超過正稅，稅收雖旺，並不認爲滿意。當俟場產管理完善，緝私整頓見效，然後實行減稅，方可試辦均稅，以期全國稅率平等。鹽稅收入，當以銷數爲比較，銷數旺則稅收增，此一定之理也。近五年來，稅收遞增，稅率加重，雖是一種原因，而銷數亦極有關。即就兩淮而論，如淮北近場五岸，從前都食私鹽，今則官鹽銷數大增。淮南場私，號稱難治，今則官鹽銷數大增，自非整理場產，與整頓緝私，曷克臻此。銷鹽之數，必以人口爲比例，中國人口，號稱四萬萬數千萬人，鹽之總銷額，當可達五千萬擔以上，（按新市秤估計）則漏稅私鹽，尚實佔五分之一強。果能私鹽絕跡，雖不加稅，而稅入斷無不增之理。故欲實行均稅，必先整理場產管理緝私，努力工作，標本兼治，庶幾私鹽來源既絕，然後可將輕稅提高，高稅減低，以達均稅之目的。

戊、革除陋規　鹽務之有陋規，始於宋元時代，此種陋規，名目繁多。一曰例規，又稱規費。蓋皆變相之賄款而已。至前清時代，專商以鹽官敲索，賄賂公開，而專商以專岸關係，亦樂於行賄。於是陋規一項，無異專商之保障，雖於雍乾年間，曾經裁革，但查出之陋規，一律歸公，以墨吏之賄款，作解部之正款，既乖政體，復長貪風，舊規方裁，新規又出，商人依然照例餽送，鹽官收之無愧，視爲應有，鹽務積弊，莫甚於此。在民國二、四年間，鹽務行政當局，曾提議裁革陋規，整頓鹽務，但十餘年來，陋規依然存在。直至民國二十一年，財政部長宋子文令將淮魯等十一區鹽務行政機關，改歸稽核兼任。自接辦後，以行政方面，從前積弊最深者，莫過於收受陋規，欲求政治清明，必以革除陋規爲當務之急。即由稽核總所嚴令各區，將各種陋規，根本剷除。始將千餘年來相沿成習之陋規，革除淨盡，鹽務至此，實爲一大改革。

就以上四個時期而論，由開始組織而方能着手整理，由組織完備而整理始漸覩成效，其後復因停頓而重行恢復，其間變遷迭生，制度屢易，要以改組期間與恢復期間，爲兩大關鍵。溯當開辦之時，適值借款交涉正在進行，其時改革鹽政，聲浪甚高，多主廢除引岸，取消專商票權。財長周學熙，爲淮南票商，爲保個人票業，將鹽務官制，暨整頓鹽稅辦法，以及發給引票，皆訂入借款合同之內。銀行團則以中國弊習，各省鹽稅，任意提用，矧當民國初立，秩序未復，鹽法破壞，此項稅入能否足敷償還，外人不無懷疑，須將鹽務收款全數解存團銀行，此債約之失敗，以致鹽稅一項，中國政府，無自主之權。迨國民政府統一以後，財政部始將此項稅權，完全收回自主，然當時因債約失敗，乃牽及於官制，將整個鹽務，強分爲行政與稅收，以場產運銷緝私歸諸於行政，以稅收放鹽歸諸稽核，以致事權不一，一切改革，莫由進行。然稽核所於職權範圍所及，如認眞掣放，改良稅收，盡力改革，稅收得以增加。惜以場務運務緝務，以權力所不及，以致任人之因循敷衍，從未切實整頓。自恢復後，財長宋子文，銳意整頓，以稽核制度已養成整理鹽務人員，爲改善行政起見，先將緝務行政，歸併稽核辦理，此蓋由於歷年整理鹽務之成績，有以致之也。

鹽務稽核所之略歷

鹽務稽核所，發軔於民國二年一月。當時北京政府爲保管鹽稅集權中央起見，先設立鹽務稽核造報所，任命蔡廷幹爲第一任總辦。是年三月，設立奉天鹽務稽核分所，四月，先後在長蘆、山東、兩浙、福建、廣東等區設立分所。同月二十六日，五國善後大借款在北京簽訂合同，聘任英人丁恩爲中國鹽務顧問，兼稽核總所會辦。五月，設立揚州稽核分所，六月，設河東稽核分所。是月二十三日，稽核總所會辦丁恩到任，九月以鹽務籌備處改設鹽務署，以稽核造報所改設稽核總所。是年十二月，財政部公布鹽稅條例十三條，其重要之點，如規定以司碼秤爲鹽務課稅衡量。至是征收鹽稅，始有劃一準確之衡量。民國三年二月，財部公布鹽務稽核總分所章程。三月設立雲南分所，四月設立四川及淮北稽核分所，六月設立松江分所，十二月先後成立鄂岸稽核處，及口北、熱河收稅局，四年一月，設立吉黑稽核處，六月設立川北分所，七年四月，設立晉北收稅局，十月設立湘岸稽核處，八年八月，設立皖岸稽核處，十一月設立西岸稽核處，九年一月，設立宜昌稽核處，十年三月，設立重慶稽核處。至是各省稽核組織，大部始告成功。至十六年七月一日，揚州、淮北、松江等區稽核機關，先後停辦。至十八年一月七日，財政部長宋子文以鹽務稽核總所，係爲整頓鹽務，集權中央之機關，命令重行恢復，並頒布總分所章程，於七月三日，調派會計司長朱庭祺爲鹽務稽核總所總辦，於是召集舊有工作人員，遵照新章，積極組織，各區稽核機關，先後組織成立，於是年八月一日，接收收稅及秤放權，同年十月，核定各區攤還外債總額爲一千零八十萬元，短款由國庫措足。二十年四月，部令將淮、浙、蘇、閩、魯、豫及揚子四岸等十一區鹽務緝私機關，概歸稽核機關接辦。二十一年八月鹽務稽核總所總辦朱庭祺奉令兼任鹽務署長，並奉令將淮、浙、蘇、閩、魯、豫及揚子四岸等十一區鹽務行政機關，改由稽核人員兼任，並以其附屬機關，跡近駢枝，一併裁撤。二十二年十一月，長蘆區鹽務行政及緝私機關，奉令歸稽核機關辦理，二十四年四月，四川鹽務行政及緝私機關，亦奉令歸稽核機關接辦。現在全國各鹽區，除山西、雲南、兩廣三處外，其餘各區，均已由稽核所統一辦理。

附錄三

鹽法

第一章　總則

第一條　鹽就場征稅，任人民自由買賣，無論何人，不得壟斷。

第二條　本法稱鹽者，指鹽及鹽滷鹽鑛並其他鹽化合物含有百分之三十以上之氯化鈉者而言。

第三條　鹽就其使用之目的，分左列三種。

一、食鹽

二、漁鹽

三、工業用鹽及農業用鹽

前項食鹽包括醬類醃臘，及其他製食品之用鹽在內。

第四條　食鹽以含有百分之九十以上之氯化鈉者爲一等鹽，含有百分之八十五以上之氯化鈉者爲二等鹽，氯化鈉未含百分之八十五者，不得用作食鹽。

前項一等食鹽所含水分不得超過百分之五，二等食鹽所含水分不得超過百分之八。

第五條　漁鹽以沿海之本國漁業所需用者爲限，但非沿海之漁業而許用漁鹽者，其區域以命令定之。

第六條　工業用鹽，以左列本國工廠所需用者爲限。

一、製造純鹼及其他鹼類工廠

二、製造鹽酸漂白粉及芒硝工廠

三、製造鈉氯及其他有關鈉氯之化學藥品工廠

四、製造鉀鎂工廠

五、製造皮革工廠
六、製造顏料工廠
七、製造肥皂及提煉油類工廠
八、冶金工廠
九、製冰工廠
十、製造玻璃工廠
十一、窰業工廠
十二、造紙工廠
十三、其他工廠需用工業用鹽經國民政府許可者
第七條　農業用鹽，分左列三種。
一、飼畜用鹽
二、選種用鹽

三、肥料用鹽

前項農業用鹽，以本國牧畜場農事試驗場及肥料製造廠所需用者爲限。

第八條　鹽非國民政府或受有國民政府之命令者，不得由外國輸入或由未施行本法之區域移入。

第二章　場産

第九條　鹽非經政府之許可，不得採製。

製鹽許可條例另定之。

第十條　産鹽之場區及每年産鹽之總額，政府得以全國産銷狀況限定之。

第十一條　鹽場以其産鹽數量爲標準，分左列四等。

一、年産二十萬公噸以上者爲一等場

二、年産十萬公噸以上者爲二等場

三、年産五萬公噸以上者爲三等場

四、年產不滿五萬公噸者爲四等場

第十二條　凡產少質劣、成本過重、或過於零星散漫之鹽場，政府認爲不適當者，得裁併之。鹽場裁併時，關於原製鹽人之善後辦法，以命令定之。

第十三條　硝鹽土鹽石膏鹽等，政府應分別取締，或收買改製。

第三章　倉坨

第十四條　政府應於鹽場適宜地點建設倉坨，爲儲鹽之用，其由私人建造之倉坨，應歸政府管理，或給價收歸國有。

第十五條　凡製鹽人製成之鹽，應悉數存儲政府指定之倉坨，不得私自存儲。

第十六條　凡精製鹽或再製鹽均應在鹽場內設廠製造，悉數存儲政府指定之倉坨。以已納稅之鹽而再加精製者，不受前項之限制。

第十七條　鹽場設置鹽質檢查員，凡鹽存入倉坨前，應經鹽質檢查員之檢定。前項檢查條例另定之。

第十八條　不合食鹽標準之鹽，應另行存儲，作漁業工業農業用鹽，或令原製鹽人改製。
第十九條　縣市衞生機關認爲市售食鹽不合法定標準時，得施行檢驗。
第二十條　鹽場設置監秤員，專司倉坨儲鹽之出納。凡鹽無鹽質檢查員之檢定證，不得存坨，無完稅憑單或免稅憑照，不得秤放。
第二十一條　倉坨管理條例另定之。

第四章　場價

第二十二條　凡由倉坨售出之鹽，由場長召集全體製鹽人之代表，按鹽之等次及供求狀況，議定場價公告之，場價有變更時亦同。
第二十三條　鹽之售出，應按各製鹽人之存鹽總數比例攤分，但製鹽人爲個人而其年產不滿五公噸者，得優先售出，年產不滿五公噸者不止一人時，得按比例優先售出。

第五章　征稅

第二十四條　食鹽稅每一百公斤，一律征國幣五元，不得重征或附加。

第二十五條　漁鹽稅每一百公斤，征國幣三角。

第二十六條　工業用鹽農業用鹽一律免稅，關於免稅管理方法，以規則定之。

第二十七條　前條免稅用鹽，應各按其用途，以購買人之費用施行變性或變色，但第六條第三款及第六款需用之鹽，得令購買人提供相當保證或擔保品，不施變性或變色。

鹽之變性或變色，由鹽質檢查員於倉坨內起運前行之，變性變色方法以規則定之。

第二十八條　凡需用多量免稅用鹽之工廠農場，請求不施變性變色者，得由鹽場公署及稽核分所分別派員駐於該工廠農場內，稽查鹽之收數及用途。

第二十九條　鹽副產物如苦滷滷塊滷膏硝晶鹼巴鹺餅等一律免稅，但出鹽時應受鹽場公署及稽核分所之檢查。

第三十條　鹽之包裝式樣得由鹽政機關規定，秤放時，除實在皮重外，不得有加耗等名目。

第三十一條　由外國進口之醬油醬油精及其他調味品，除進口稅外，得依其所含鹽分，照食鹽稅率征稅，並得加征傾銷稅。

未施行本法區域所產之鹽，因特別情形許其移入者，應於移入時按同一税率征收鹽税。

第三十二條　凡向鹽場買鹽，應先向稽核分所領取完税通知單，持向代理國庫銀行完納鹽税，領取完税憑證。

前項完税憑證，共分六聯，一聯爲銀行存根，一聯由銀行送交買鹽地之鹽場公署，一聯送交買鹽地之稽核分所，一聯送交審計機關，餘二聯發交買鹽人，由買鹽人以一聯向倉坨買鹽，一聯於經過稽查線時隨鹽截角放行。

第六章　鹽務機關

第三十三條　中央設鹽政署及稽核總所，直隸於財政部；各產鹽場區設鹽場公署及稽核分所，分別隸屬於鹽政署及稽核總所。

鹽政署及所屬機關，掌理鹽務行政，場警編制，倉坨管理，及鹽之檢驗收放事宜；稽核總所及所屬機關，掌理鹽税征收，稽查鹽斤收放，及編造報告事宜。

鹽政署稽核總所及其所屬機關之組織，均以法律定之。

坨。

第三十四條　產鹽場區應劃定稽查線，配置相當之水陸場警，稽查鹽之出入並保衞鹽場倉坨。

前項場警歸鹽場公署管轄，並受稽核分所之指揮，其編制另定之。

第三十五條　鹽政署及稽核總所因職務上之必要，均得設置巡察員，分赴各鹽區巡察。

第三十六條　自本法施行之日起，凡非依本法設置之鹽政機關稽核機關及緝私機關，應一律裁撤。

第七章　附則

第三十七條　本法公布後應設鹽政改革委員會，直隸於行政院，掌理基於本法之一切鹽政興革計劃，至鹽政改革完成之日裁撤。

前項委員會由委員七人至九人組織之，以行政院長爲委員長，財政部長爲當然委員，其組織法另定之。

第三十八條　自本法施行之日起，所有基於引商包商官運官銷及其他類似制度之一切法令，一律廢止。

第三十九條　本法施行日期，以命令定之。

本法施行之日，邊遠區域有因特別情形未能施行本法者，得以命令定其區域。

中華民國二十五年十二月初版

(35672·5)

中國文化史叢書 中國鹽政史一冊

每冊實價國幣壹元捌角

外埠酌加運費匯費

著作者 曾仰豐

主編者 王雲五 傅緯平

發行人 王雲五 上海河南路

印刷所 商務印書館 上海河南路

發行所 商務印書館 上海及各埠

張